자녀는 왜 부모를 거부하는가

성인 자녀가 부모와 단절하는 원인과
갈등을 회복하는 방법

차례

시작하는 글 _8

1장

멀어진 자녀와 관계를 회복할 수 있을까

지배적이고 강압적인 아버지에게서 벗어나기로 선언한 아들 _24

학대받고 자란 엄마와 엄마에게 상처받은 딸, 화해하는 방법 찾기 _34

2장

단절에 이르는 다양한 과정들

관계 단절에 이르게 되는 일반적인 유형 _48

우리 사회의 다양한 변화를 반영하는 '관계 단절' _52

'부모에게서 벗어나 당신을 찾으세요'라는 속삭임 _58

아이가 나를 떠났다 … 나는 실패한 부모인가 _62

3장

결혼,
이혼
그리고 단절

재혼 후 두 딸과의 관계가 끊어진 아버지 _66
엄마를 책임져야 한다는 압박감에
연락을 끊은 딸 _76
외도와 이혼, 그리고 자녀들의 대화 거부 _90

4장

문제 자녀에
대처하기

끊임없이 문제 일으키는 딸과의 줄다리기 _102
사회 취약 계층의 문제 자녀가 더 어려운 이유 _110
끝없이 마찰을 일으키는 성격장애 아들 _118

5장

그들의 잣대로
재단된 유년 시절

잘못된 심리상담이 갈라놓은 모자 관계 _126

6장

성격, 이념,
충돌하는 가치관

커밍아웃 후 시작된 부모와의 단절 _146
아들의 성 정체성과 신앙 사이에서 갈등하는 부모 _157
정치적 신념 때문에 갈라선 아들과 부모 _163

7장

결혼 후
달라진 자녀들

여자친구 등장 후 갈라진 가족관계 _168
사위 혹은 며느리로 인해 멀어진 관계 _172

8장

형제자매의
단절

부모의 편애와 오해가 빚은 자매의 갈등 _192

9장

돈과 단절의
관계

연락을 끊은 자녀, 상속을 거부하는 부모 _208
끊임없이 돈을 요구하는 폭력성향의 아들 _216
유언장에서 자녀를 제외시키기 _224
누구도 상처받지 않는 유언장 설계하기 _231

10장

자식에게 거부당하고
손주와 차단된
조부모

육아관 차이로 손주를 만날 수 없게 된 할머니 _236
단절로 이어진 이민가정의 세대 갈등 _244

11장

변화하는 시대의
새로운 기준과 대응

단절을 극복하고 화해로 나가는 길 __260
움츠러들지 말고 나의 행복 찾기 __271
내 아이가 돌아왔다, 이제 무엇을 해야 하나? __279

12장

부모와 자녀의
화해를 위한
새로운 규칙

부모와 자녀, 관계 회복을 위해 지켜야 할 것들 __290

13장

단절의 고통을
어떻게
치유할 것인가

상처를 딛고 일어서는 법 __304

맺는 글 __320

시작하는 글

슬프고 두렵고 화가 난다.

지금 당신은 이런 감정을 느끼기 때문에 이 책을 집어 들었을 거라고 생각한다. 다 커서 분가한 자녀나 손자 손녀에게서 연락이 없어 슬프고, 이들을 다시 볼 수 있을지 모르니 두렵고, 게다가 그토록 헌신적으로 키웠던 내 아이들에게 이런 대접을 받아야 한다니 화가 난다.

당신의 자녀가 당신과는 아무것도 함께하려고 하지 않고, 무엇보다 그 이유를 알 수 없다는 사실에 혼란스러워 이 책을 집어 들었을 수도 있다.

예전에 당신이 아이에게 커다란 실수를 했고 그로 인해 갈등이 있었지만, 언젠가는 해결될 수 있을 거라 생각하고 있는지도 모른다. 처음엔 '늘 그랬듯이 금방 회복되겠지. 너무 걱정할 필요는 없을 거야.'라고 생각하다가, '집을 나가 살고 싶다는데 대체 그 애는 무슨 생각이지?'로 바뀌고, 그러다가 '아니 부모 자식 연을 끊겠다는 것도 아니고, 어떻게 명절은커녕 부모 생일에도 발걸음을 딱 끊을 수가 있지?' 하는 단계로 넘어가는 중인지도 모르겠다.

방송 인터뷰를 할 때마다, 자녀와 멀어진 부모들이 하나같이 하는 말이 "나만 이런 일을 겪는 줄 알았어요!"이다. 부모들은 자녀와의 관계 단절에 대해 친구나 직장동료, 심지어는 가족 간에도 얘기를 꺼내지 않으려고 한다. "아이에게 어떻게 했길래….", "아이가 엄청나게 상처를 받았나 보네." 라는 식의 이야기를 듣게 되거나 그와 같은 평가를 받게 되는 것이 두려운 것이다.

어쩌면 당신은 이러한 사태를 가져올 만큼 잘못한 게 없을지도 모른다.

알고 보면 세상에는 자녀와의 관계 단절로 고통받고 있는 부모들이 많다. 그중 나에게 연락해온 부모들의 대다수는 다른 어느 세대보다 자녀에게 헌신적이고 애정적이며 교육을 잘 받은 사람들이었다. 그들은 수십 권의 자녀교육서를 읽었고, 아이들을 키우는 데 엄청난 시간을 투자했으며, 자신이 부모에게서 받은 것보다 자녀들에게 훨씬 더 많은 재정적 지원을 제공했다.

때로는 자녀에게 걱정거리가 있거나 우울감을 느낄 때, 또는 학습장애가 있거나 자존감이 떨어지거나 주의력결핍장애(ADD)가 있을 때, 아니면 아이를 키우는 데 그 어떤 종류의 문제가 있든지 인터넷을 검색해가며 자료를 찾고 원인에 대해 끊임없이 연구했다. 그들은 아이의 꿈에 세심하게 귀 기울이며, 행복하고 성공적인 삶으로 향하는 가장 안전하고 보장된 길을 아이에게 제공하려고 했다. 아이가 태어나기 전부터 자신들이 할 수 있는 한 최고의 부모가 되겠다고 마음먹고, 노심초사하며 잠 못 이루고 때로는 자책감에 빠진 적도 많았다.

나는 지금 부모들은 아무 문제가 없다는 이야기를 하려는 것이 아니다. 이상적인 양육방법이라는 것도 3~4년마다 계속 바뀌고 있으니 부모들이 아이들에게 무엇을 잘못했는지, 어떤 실수를 했는지 제대로 파악하기가 쉽지 않다. 아주 소소하고 흔한 실수인지, 조금만 노력하면 개선될 수 있는 실수인지, 아니면 도저히 회복할 수 없는 훨씬 크고 심각한 수준의 실수인지 어찌 알겠는가.

원인이 무엇이든 누구보다 사랑하고 소중히 여기는 자녀들로부터 거절을 당하면 따뜻하고 부드러운 기억이 의심과 자책으로 얼룩져버린다. 최고의 방법으로 아이를 양육하지 못했다는 자책감과 함께 '내가 그 말을 하지 않았더라면', '그렇게 행동하지 않았더라면', '그런 신호를 보내지 않았더라면' 하고 끊임없이 후회하면서 고통스러워한다. '이런 일이 안 일어났더라면….' 하며 과거를 부정하고 싶어지기도 하고, '나는 내 아이를 누구보다도 사랑해. 그 애도 날 너무나 사랑하지. 우리는 극복할 수 있어. 당연하지. 예전에 우리가 행복했었을 때 함께 찍은 사진을 보라고….' 하며 현실을 부정하기도 한다.

아이와의 단절이 갑작스럽게 일어났건 서서히 진행되었건 별로 다를 바 없다. 할머니가 선물해준 아기 이불에 싸여 당신 품에 안긴 채 잠든 아기가 아직도 눈에 선하다. 세상에 갓 나온 그 말간 얼굴이 어제처럼 생생하다. 아이가 크레파스로 그려준 어버이날 카드의 감동을 잊지 못한다(당신은 아직도 그 카드를 고이 간직하고 있을 것이다). 처음 자전거를 타던 날, 안장을 붙잡고 뒤에서 달려가다가 손을 놓았을 때 아이가 바람을 가르며 내달리던 모습이 생생하다.

나 또한 그러한 시절이 있었고, 딸이 나를 밀쳐냈을 때 나에게도 바로 그러한 순간이 찾아왔다. 딸 엘레나가 스무 살 초반 무렵, 나에게 가장 무서운 말을 내뱉었다. 나에게 실망했다는 말이었다. 딸이 필요로 할 때 내가 그 자리에 없었다고 했다. 내가 새로 꾸린 가정에서 딸에게 가족의 일원이라는 느낌을 주지 못했다며, 이제 우리의 관계는 다 끝났다고 말했다. 그것은 내 인생에서 겪어낸 것들 가운데 가장 고통스러운 경험이었다.

이혼과 재혼, 딸과 함께하는 소중한 시간

나는 스물다섯 살에 대학에서 딸아이의 엄마인 론다를 만났다. 우연히 강의실 옆자리에 앉은 그녀와 만난 지 6개월도 채 안 돼서 함께 살게 되었다. 결혼식도 하지 않고 준비된 상태도 아니었지만, 마침내 천생연분을 만난 것이라고 확신했다.

론다는 일 년도 안 돼서 임신을 했고, 나는 아빠가 될 준비를 했다. 하지만 임신과 출산의 고통 속에 힘들어하는 론다 곁에서 나는 사치스러우리만치 멀찍이 떨어져 평온을 유지하고 있었다. 갓 태어난 아기의 발그레한 얼굴이 고된 세상으로의 여정을 맞는 그 순간을 지켜보았다. 오므린 작은 입술, '누구세요?'라고 묻는 듯한 하늘색 눈망울. 갓 태어난 아기의 냄새와 순수하고 깨끗한 모습에 이끌려 정신이 아득해질 정도였다.

부모라는 유대감에도 불구하고 론다와 나는 일 년 반 만에 헤어졌다. 론다와 순번을 정해 아이를 맡기로 해, 나는 격주로 주말과 수요일 저녁에 딸 엘레나를 만날 수 있었다.

나는 엘레나와 함께 보내는 시간이 무척 행복했다. 엘레나는 쾌활하고 대담하며 자기 주관이 확고해서 쉽사리 이래라저래라 말하기 어려운 상대였다. 웃을 때는 머리를 뒤로 젖히고 활짝 웃곤 했다. 자전거를 배울 때는 금세 보조 바퀴를 떼었고, 두 바퀴에 익숙해지면서부터는 경주하듯 달리는 것을 두려워하지 않았다. 나는 아이의 보조를 맞추기 위해 숨차게 달려야만 했다. 딸아이가 우리 집에서 지낼 때는 내 부족한 요리 솜씨에 적응한 듯, 무엇이든 앞에 놓아준 것이면 다 잘 먹어주었다. 잠자기 전에 이야기를 들려줄 때면, 여자 영웅이 세상을 구해내는 이야기를 지어내서 들려달라고 나를 괴롭히곤 했다.

그러다가 엘레나가 일곱 살 되던 해 내가 재혼을 하고, 아이의 엄마 론다도 재혼했다. 면접교섭권에 따라 나는 한 달에 8일만 딸을 볼 수 있었다. 떨어져있는 기간에는 딸아이가 너무도 그리웠고, 만나면 주어진 짧은 시간을 즐겁게 보내기 위해 노력했다. 당연히 아이와 의견 대립이나 충돌은 없기를 바랐다. 오랫동안 못 만나던 아이를 겨우 만나서 훈육이나 실랑이를 벌이느라 혼란을 겪고 싶은 사람이 누가 있겠는가? "금방 저녁 먹을 거지만 아이스크림 하나쯤이야 더 먹어도 되지. 아이스크림은 맛있잖아!", "당연히 무서운 R 등급 영화를 봐도 되지. R의 진정한 의미는 '정말(Really) 좋다'는 뜻이거든!", "좋아, 잘 시간은 지났지만 조금만 더 놀자! 아빠랑 지내다 오면 왜 그렇게 피곤해하는지 엄마한테 다 얘기해줄게."

나는 딸과의 갈등은 절대 원하지 않았다. 갈등할 시간이 있다는 것조차 나에겐 사치로 보였다. 그만큼 딸과 만나는 시간이 소중했다.

이혼하고 나면 아이를 볼 수 있는 시간과 보지 못하는 시간 사이의 틈이 생길 수밖에 없다. 전처 혹은 전남편이 아무리 훌륭한 사람이라도, 당신과 아이와의 관계를 얼마든지 뒤흔들 수 있다. 아이와 함께한 시간에 대해 얘기하면서 즐거웠던 부분은 무시하고 불만스러운 부분만 강조하거나, 재혼한 배우자를 부모로서 높여주고 당신은 그저 멀리 떨어져 사는 삼촌 정도로 평가절하할 수도 있다.

연구 결과에 따르면, 아이들에게는 부모의 재혼이 이혼보다 더 힘든 문제라고 한다. 재혼은 전처 혹은 전남편에게도 어려운 문제다. 단순한 질투심 때문이 아니라, 특별하고 영원한 것으로 여겨지는 부모라는 역할을 두고 다른 누군가와 다투는 형편이 되기 때문이다. 내 앞에서 딸이 양부를 '또 다른 아빠'라고 지칭했을 때, 나는 머리끝까지 화가 치밀어 올랐다.

나는 화를 참으며 이렇게 말했다. "사랑하는 딸! 로브는 네 양아빠야. 그 사람이 또 다른 아빠는 아니지. 너에게 아빠는 나 하나밖에 없어."

딸은 뭔가 말하려는 듯하다가 이내 고개를 끄덕였다. 조숙한 아홉 살 아이는 예전에는 본 적 없는 아빠의 약한 모습을 충분히 알아차린 것 같았다. 어쨌든 전처와 나는 각자의 가정을 꾸렸고, 각자 자신이 맡은 역할에 충실했다. 문제는 양쪽 가정에서 자신의 역할을 수행해야 하는 우리 딸이다. 이혼한 부모 역할이 어렵다고들 하지만, 양쪽 부모의 필요와 기분을 기억하고 맞춰야 하는 딸은 더욱 어려웠을 것이다.

나는 딸아이와 함께하는 한정된 시간을 보다 가치 있게 쓰려고 노력했다. 공동양육을 하다 보면 운전에 많은 시간을 쓰게 된다. 아이를 데려오고, 데려다주고, 데려오고, 데려다주고…. 그런데 바꾸어 생각하면 운전하는 시간이야말로 다른 사람의 방해 없이 둘만의 시간을 가질 수 있어 더없이 좋다. 아이와 나는 차 안에서 좀 더 가까워질 수 있었다. 카 오디오에서 나오는 노래라면 뭐든지 함께 즐길 수 있었다.

그러던 중 우리 부부에게 쌍둥이 아들이 태어났다. 나이 사십이 된 나는 좀 더 성숙해지고 부모로서도 준비가 되어있었다. 육아를 전업으로 하는 것은 커다란 힐링이 되었다. 매일 아침 눈을 뜨면 아이들을 마주하고, 매일 밤이면 아들들을 침대에 뉘었다.

하지만 뒷마당에서 아들들과 놀아줄 때마다 딸아이에게는 해주지 못한 것들이 생각났다. 아들 둘을 전담해서 키우면서 반면에 다른 한 아이는 거의 살펴주지 못하는 나는 정말로 좋은 아빠일까? 나는 죄책감이 들었다. 세상 밖으로 딸을 데려온 순간 약속했던 것, 딸아이와 모든 순간을 함께하고 무슨 일이 있어도 지켜주겠다는 약속을 저버린 것처럼 느껴졌다. 내 딸은 지금 자기가 아빠라고 부르기로 한 다른 남자가 키워주고 있다.

딸이 열네 살에서 열다섯 살이 될 무렵, 나는 그 아이가 무슨 생각을 하고 뭘 느끼고 있는지 전혀 알지 못했다. 전처인 아이 엄마 집으로 전화를 걸었을 때, 딸아이의 목소리에서 처음으로 그것을 알아차렸다. 지루해하고, 딴 생각을 하고, 뭔가 단절되고, 짜증 나 있는 듯한 목소리…. 딸아이는 나에게 화가 났었던 걸까? 학교에서 무슨 일이 있었나? 남자친구 때문인가? 알 수 가 없었다. 내 아이에게 무슨 일이 벌어지고 있는지 알았으면 좋겠는데 그렇지 못했다.

딸과 좀 더 많은 시간을 가지고 싶어서 법원에 풀타임 양육권을 신청했다. 두 번째 신청이었다. 결과는 좋지 않았다. 잘 지내고 있는 상황을 바꾸어야 할 이유가 없다는 것이 판사의 주장이었다. 변화는 딸을 더 힘들게 할 뿐이라고 판사는 말했다. 나는 그럴수록 더 많은 시간을 함께하는 것이 좋다고 말했다. 하지만 판사는 단호했고 나는 그저 발길을 돌릴 수밖에 없었다.

3년 후 엘레나가 열일곱 살이 되었을 때, 딸아이가 법원에 끈질기게 주장한 덕분에 드디어 아이와 완전히 함께 살게 되었다. 마침내 나는 진짜 부모가 될 수 있었다. 나는 아이 엄마와 결혼할 때 연주했던 기타를 아이에게 물려주고, 몇 년 전에 내가 작곡한 클래식 음악을 가르쳐주었다. 아이는 즐겁게 배웠고 마주 보며 웃을 일이 많았다. 우리는 서로에게 새로운 밴드를 소개해주기도 했다. 치유를 위해 새로운 시작을 하는 것 같았다.

하지만 점점 내가 원했던 것과는 다른 방향으로 흘러갔다. 성품 좋고 참을성 있는 아내도 어디로 튈지 모르는 말썽꾸러기 쌍둥이 아들과 엘레나 사이에서 밸런스를 찾기 힘들어했다. 나도 딸아이가 뭔가에 억눌려있거나 우울해 보일 때 어떻게 다가가야 할지 몰랐다. 결국 엘레나는 또다시 불리한 처지가 되고 말았다.

딸이 대학에 입학하게 되어 학교에 데려다주던 날, 나는 가볍게 들떠있었다. 친아빠로서 딸에게 진짜로 뭔가를 해주는 기분이었다. 하지만 나는 어렴풋이 알고 있었다. 엘레나는 인생의 다음 단계를 맞을 준비가 안 되어있었다는 것을. 내 딸은 쌍둥이 동생들이 경험했던 안정적이고 화목한 가정을 가져보지 못했다. 애매모호함이 없는 무조건적이고 절대적인 안정감을 엘레나는 느껴본 적이 없었다.

엘레나가 스물두 살이 되었을 때, 내게 이런 말을 했다. 아빠가 자신을 1순위로 생각하지 않는다는 느낌이 든다고. 자신이 소중하거나 특별하게 여겨지지 않는 것 같다고도 했다. 그때 딸아이가 말한 것을 전부 다 정확하게 기억하지는 못한다. 그러기에는 고통이 너무나 크기 때문이다. 다만 기억나는 것은 딸의 분노와 고통, 그리고 솔직함이었다. 나는 그런 상황을 합리화하기 위해 변명을 했다. 다른 사람들을 비난하기도 했다. 물론 아무것도 먹혀들지 않았다. 딸은 더욱 깊숙이 뒤로 물러났다.

그게 전부였다. 그리고는 연락이 끊겼다. 전화도 받지 않고 찾아오지도 않았다. 이미 버스는 떠나갔고, 딸은 그렇게 시야에서 멀어져갔다. 우리가 다시 말을 나누게 된 것은 그로부터 몇 년이 지나고 나서였다.

자식과의 단절은 부모에게 커다란 상실감을 준다

나의 이야기가 당신의 경우와 비슷할 수도 있고, 우리처럼 이혼 가정이 아닐 수도 있다. 어쩌면 당신은 자녀가 결혼하기 전까지, 아니면 자녀가 아이를 갖기 전까지는 관계가 아주 좋았을지 모른다. 혹은 자녀가 심리상담을 받기 전까지는 좋았을지도 모르겠다. 어쩌면 이 모든 경우에 해당하지 않을 수도 있다. 상황이 어떻든 자녀와의 관계에서 느끼는 단절은 당신에게 상실감을 주고, 자녀의 연락에 온통 신경을 곤두세우게 만든다.

그래서 당신은 다양한 전문가들에게 조언을 얻으려 했을 것이다. 아마도 그 조언들이 해결의 실마리를 보여주지 않았거나, 그럴듯하게 들리지만 결국엔 상황을 더 악화시키기만 했을 수도 있다. 대부분의 조언은 이럴 것이다 "이건 단지 과정에 불과해요. 아이에게 시간을 좀 주세요.", "당신이 자식을 위해 헌신했던 모든 걸 아이에게 일깨워줄 필요가 있어요.", "일단 아이에게 찾아가서 만나자고 요구하세요!" 그렇게 당신은 헤어나올 수 없는 구덩이를 파고 있었을 것이다.

맞는 말이지만 별로 도움이 안 되는 그런 조언을 나 역시 받아본 적이 있기 때문에 누구보다도 당신의 기분을 이해한다. 자녀와의 관계 단절은 흔히 일어날 수 있는 다른 문제들과는 다르게 상당히 폐쇄적이다.

나는 운이 좋게도 현명하고 유익한 방향으로 사례 지도를 해주는 상담사를 만났고, 그 어떤 사례들보다 어려웠던 나 자신의 단절 문제에 대한 조언을 들을 수 있었다. 가슴이 무너지는 딸아이와의 문제 속에서 길을 헤매던 나는, 상담사 덕분에 딸에게로 돌아가는 길을 찾을 수 있었다. 그래서 나와 같은 처지에서 힘들어하는 다른 부모들을 돕기 위해 〈부모가 상처받을 때(When Parents Hurt)〉라는 책을 출간했다. 내가 했던 실수를 똑같이 반복하지 않도록, 자녀와 벌어진 틈을 메우고 치유하는 길을 찾을 수 있도록 도와주는 것이 나의 목표였다.

그 책이 성공을 거둔 덕분에 매주 자녀와 관계 단절에 관해 웹 세미나를 열고 전 세계 많은 부모들과 함께할 수 있었다. 매일 쏟아지는 이메일과 질문들에 제대로 응답할 수 없어서 정기적으로 월요일마다 질의응답 시간을 갖기 시작했다. 이와 더불어, 캘리포니아 오클랜드에 있는 사무실에서 국내외에 있는 부모들과 전문가들을 대상으로 상담을 이어가고 있다.

지난번 출판 이후 시간이 흐르면서 내가 알게 된 더 많은 것들을 당신과 나누고자 새 책을 내게 되었다. 내 생각들 중에도 효과가 있던 것이 있고 그렇지 않은 것이 있었다. 이 책에는 그런 부분을 충실히 반영했다. 무엇보다 자신들의 고통을 끝낼 수 있었던 방법을 공유해준 수많은 부모들의 목소리가 담겼다. 이 책을 통해 당신이 겪고 있는 문제에 도움을 받을 수 있기를 바란다.

부모의 확고한 의지와 용기가 필요하다

나는 부모 상담을 할 때, 그들이 자녀에게 잘했는지 잘못했는지 판단하지 않는다. 때로는 부모가 자신을 실제보다 이상적인 부모로 묘사하는 경우도 있다. 하지만 그들의 자녀를 만나 직접 이야기를 들어보면 자녀와 관계가 소원해지게 된 데에 부모가 얼마나 큰 영향을 미쳤는지 제대로 파악하게 되기도 한다. 반대로 부모는 꽤 합리적인 사람임에도 불구하고 자녀 또는 자녀의 배우자가 부모 자식 간의 관계에 문제를 일으키는 경우도 있다.

때로는 관계 단절의 원인을 찾기가 사막에서 모래알 찾기와 같을 때가 있다. 각 개인의 특성이나 가족력, 집안의 문제나 갈등이 원인과 결과의 연결고리로 작용하기보다는 쳇바퀴처럼 악순환을 가져오기도 하고, 부모와 자녀 그리고 주변인들의 가장 안 좋은 본능까지 끄집어내서 끊임없이 갈등을 증폭시키는 경우도 있다.

관계 단절에 관한 논의를 더 힘들게 만드는 요인 중의 하나는 우리 사회에 존재하는 이념적 갈등이 현대의 가족관계에 영향을 미친다는 점이다. 최근에는 우파와 좌파 사이의 적대적인 계파 갈등과 같은 모습을 부모와 자녀 사이에서 보게 되기도 한다.

이러한 복잡한 시대에 부모로서 어떻게 해야 할지 모른다고 해도 당신을 탓할 수 없을 것이다. 하지만 자녀와 지금과는 다른 관계를 만들고 싶다면 당신 쪽에서 먼저 변화할 필요가 있다. 관계 단절로부터 화해를 이끌어내려면 여태까지 경험했던 것과는 다른 뭔가를 시도하려는 자세가 필요하다. 이것은 쉽지 않을 뿐만 아니라, 솔직히 모두에게 도움이 되지는 않을 수 있다. 화해를 위해 가장 좋은 방법이라고 생각되었던 나의 접근법을 거부하고 상담을 끝낸 경우도 있다. 또는 부모가 자기 책임을 인지하고 개선하려는 목적보다는 자녀를 책망하기 위한 수단으로 가족 상담 치료를 이용하고 있어서 상담을 끝내야 했던 경험도 있다.

내가 제시하는 방법은 부모의 확고한 의지와 용기가 필요하다. 당신은 자녀의 시각에서 당신 자신을 보려고 노력해야 하고, 아이가 하는 말 속에 진실의 핵심이 있을 수 있다는 것을 알고 그 증거를 적극적으로 찾아야 한다. 아이의 생각과 비난이 말도 안 된다고 생각하거나, 심리상담사 또는 전처나 전남편이 만들어낸 이야기같이 생각된다고 해도 당신은 반드시 "좋아, 우리 같이 살펴보자."라는 말로 시작할 수 있어야 한다. 그들의 생각이 잘못되었다는 것을 입증하려 하지 말고 어떻게 여기까지 오게 되었는지, 왜 아이가 당신과 함께하지 않기로 마음먹었는지 이해하려고 해야 한다.

이 책은 누구를 위한 것인가?

이 책은 성인 자녀, 또는 손자 손녀와 멀어져서 고통받는 모든 이를 위한 것이다. 원래는 부모나 조부모를 위해 쓰여졌지만, 성인 자녀가 부모를 이해하고 공감하는 데 도움이 되는 새로운 관점들도 제시하고 있다. 단절은 고통스럽고 혼란스러우며 무척 복잡하다. 어디에나 딱 들어맞는 해결책이란 없다.

이 책은 크게 세 부분으로 나뉜다. 첫 번째 부분은 단절에 이르게 되는 가장 흔한 경로들을 다룬다. 여기에는 학대, 이혼, 정신질환 등이 해당된다.

두 번째 부분은 자녀와 관계가 단절된 부모 또는 조부모가 처하게 되는 상황들을 보여준다. 손자 손녀와 연락이 안 되는 조부모들은 절망에 빠져서 내게 묻곤 한다. "그 애들을 다시 볼 수 있을까요?" 이 책에서는 어떻게 손주들이 부모와 조부모 간의 관계 단절 때문에 피해자가 되는지를 살펴보고, 조부모들에게 그에 따른 조언을 제공해준다. 또한, 형제자매 간 오랫동안 계속된 갈등이 어떻게 부모와 자녀 사이의 갈등을 일으키고 관계 단절을 가져오는지, 자녀의 배우자와 부모 사이의 갈등이 어떻게 자녀 본인과 부모의 관계 단절이라는 결과를 가져오는지 살펴볼 것이다.

이 책의 마지막 부분에서는 40년간의 실무경험을 통해 얻은 결과를 토대로 성인 자녀와 부모 사이의 관계 회복을 위한 방법을 제시한다. 특히 부모들에게 건강하고 만족스러운 상태를 유지하기 위한 팁을 제공한다. 예를 들어 휴일을 견디는 법, 자녀에게 보상을 제공할 때의 테크닉, 무례와 학대에 대처하는 법, 고통을 치유하는 방법, 그 밖의 여러 가지 방법들을 알려준다. 부모 자녀 간 관계 단절의 사회적인 원인을 이해하는 것도 부모들에게 큰 도움이 된다. 사회적인 원인을 이해하고 나면 '나만 그런 것이 아니구나' 하는 생각에 덜 외롭고, 죄책감과 수치스러움도 덜어질 수 있다.

지난 10년 동안 나는 주로 관계 단절로 어려움을 겪는 부모들과 상담을 해왔다. 상담을 진행하면서 문득 궁금해졌다. 다른 나라에서도 자녀와의 관계 단절 문제를 똑같이 겪고 있는지, 점점 증가하고 있는지 아닌지 알고 싶어졌다. 이 책을 집필하면서 더 깊이 파고 들어갈 필요성을 느꼈다. 외국에서 가족과 청년 문제를 연구 중인 동료들에게 확인해본 결과, 많은 나라에서 비슷한 갈등을 겪고 있다는 사실을 알게 되었다. 그때부터 심리학, 역사, 사회학, 경제학에 관련된 수백 가지의 연구보고서와 책들을 읽기 시작했고, 위스콘신 대학과 연계해서 단독 연구를 수행했다.

나의 임무는 단절된 가족이 화해로 이어질 수 있도록 돕는 것이다. 예외적인 경우도 있겠지만, 서로 떨어져 지내는 것보다 화해하는 편이 낫다고 생각한다. 개인을 위해서는 물론이고 우리 사회 전체를 위해서도 그렇다. 설사 화해가 불가능한 경우더라도 낙담하지 말고 당신이 행복하고 건강한 삶을 살 수 있도록 돕고 싶다.

1

멀어진 자녀와
관계를
회복할 수 있을까

지배적이고 강압적인 아버지에게서 벗어나기로 선언한 아들

"모든 걸 통제하려는 아버지에게 지쳤어요"

부모와 자녀의 관계 단절에 부모가 거의 책임이 없을 때도 있지만 그 반대의 경우도 있다. 관계가 멀어지게 하는 행동을 수도 없이 한 부모들도 있다.

랠프는 아들이 연락을 끊자 내게 도움을 청해왔다. 그러나 내 조언이 그다지 마음에 들지 않는 모양이었다. 자신에 대한 아들의 냉혹한 평가에 대해서도 하나도 사실이 아니라고 굳게 믿고 있었다. 사실, 나는 아들의 평가가 좀 더 진실에 가깝다고 생각했다.

건설개발업자인 랠프는 불평이 많고 본인의 의견만 고수하는 자기중심적인 사람이었다. 그는 아들에게 결코 받을 수 없을 것 같은 감사와 존경을 기대했다. 아들에게 경제적인 도움을 준 것만으로도 그럴 자격이 있다는 착각이 그의 가장 큰 문제였다.

반면 그의 아들 프랭크는 아버지로부터 통제와 지배를 당하는 느낌을 받으면서 자랐다고 말했다. 아버지는 인문학을 전공하고 싶어 하는 아들의 의견에 반대했다. 그는 아들에게 '실질적으로 가족을 부양할 수 있는' 실용 학문이 아니라면 등록금을 대주지 않겠다고 선언했다. 그러나 아들 프랭크는 아버지보다는 어머니의 소양을 물려받았다. 어머니와 마찬가지로 조용한 성격에, 책을 좋아하고 예술 애호가의 기질을 지니고 있었다. 그는 부모의 뜻에 따라 대학에서 경영학을 전공했지만, 졸업 후 자신의 꿈을 이루기 위해 다시 대학원 영문학과에 입학했다. 그리고 만남을 요청하는 아버지에 맞서기 위해 심리상담도 열심히 받았다. 그는 자신이 힘겹게 이룬 것들에서 한 발자국도 되돌아갈 생각이 없다는 것을 분명히 했다.

초기 상담에서 아들은 어머니에 대해서는 친밀감을 드러냈지만 아버지를 향한 감정은 부정적이었다. 심리상담을 받으면서 그는 아버지와의 관계에 대해 솔직하게 털어놓았다.

"나는 더 이상 아버지에 대한 부정적인 감정을 가지고 살아가고 싶지 않습니다. 그 감정은 나를 너무 힘들게 하거든요. 나는 아버지가 나를 통제하려고 하는 것에 지쳐버렸어요. 아버지와의 연락을 끊고 나서 나는 훨씬 행복해졌습니다. 어머니와 계속 연락하고 지내는 것은 좋아요. 하지만 어머니는 그저 아버지 이야기에 따르기만 할 뿐이죠. 선생님도 우리 아버지를 만나셨으니 무슨 말인지 이해하실 거라 생각합니다."

나는 그의 말을 충분히 이해할 수 있었다.

"아들을 위해 다해줬는데, 내가 왜 사과를 하나요?"

관계 단절을 겪는 가족들과의 상담은 보통 2~5회기에 걸쳐서 진행된다. 대부분의 부모들이 나에게 상담을 요청하는 이유는 연락을 끊은 자녀와 소원해진 관계를 회복하기 위해서다.

첫 만남에서 나는 부모들의 어린 시절 성장 과정에 대해서 질문을 한다. 부모의 과거 경험이 현재에도 반복되고 있는지 또는 여전히 영향을 미치고 있는지를 알아보기 위해서다. 아울러 부모의 관점에서 본 자녀의 성장 과정 전체에 대해서도 자세히 듣는다. 자녀의 학업성적이나 사회생활에 대해서는 물론이고, 음주나 흡연 사실은 없는지, 학습장애나 기질적인 문제, 정신병리적인 문제는 없는지, 과거에 받았거나 지금까지 받고 있는 치료는 없는지에 대해서도 알아본다. 부모들에게 전문가 수준의 이해를 기대하는 것은 아니지만, 이로써 자기 자녀의 강점과 약점, 기질, 자기 통찰 수준, 그리고 자기 성찰에 관해 어느 정도 이해하고 있는지 파악할 수 있다.

가끔 부모의 관점은 자신의 어린 시절이나 자녀와의 상호작용, 또는 자신의 약점이나 한계로 인해 각색되기도 한다. 그런 경우, 성인 자녀의 방어기제를 자신들이 얼마나 자극하는지 깨닫지 못하고 자녀가 지나치게 민감하거나 방어적이라고 잘못 주장하는 경우도 있다.

아버지 랠프와의 첫 상담에서 나는 아들에게 사과할 것을 제안했다. 그러면서, 부자지간의 감정에 대해 그가 좀 더 깊숙이 들여다보지 않는 한 관계에 진전은 없을 거라고 아들 프랭크가 암시했다는 사실을 강조했다. 프랭크는 어릴 때부터 아버지의 통제와 비난을 받아왔다고 분명히 느끼고 있었다.

"나는 사과할 게 없습니다." 랠프가 화를 내며 말했다. "그 아이는 좋은 학교에 입학했고, 학비도 내가 다 내주었어요. 아들 부부에게 집도 사주었고요. 그런데도 며느리는 나하고 말도 안 합니다. 나는 손주들의 대학 등록금을 따로 준비해놓기까지 했어요. 그런데 지금은 손주들을 볼 수도 없어요. 내가 뭘 더 미안해해야 하는 겁니까? 아, 그러고 보니 예전에 아들 녀석이 나한테 비난을 퍼부었던 적이 있네요. 오히려 그 녀석이 나한테 사과해야 하는 거 아닌가요?"

"아들을 위해 많은 것을 해주셨군요." 나는 말을 이어나갔다. "그건 인정합니다." 나는 정말로 인정했다. 그러나 부모가 자녀에게 투자한 것만큼 자녀로부터 되돌려받기란 전보다 더 어려워졌다. 자신들이 투자했던 시간과 돈만큼 자녀들이 대우해주기를 바라는 것은 불가능해진 것이다. 대부분의 경우처럼 프랭크도 아버지가 기대하는 만큼 되돌려주고 있지 않은 상황이었다.

자그마하고 조용한 그의 아내는 이러한 상황을 무척 슬퍼했다. 나는 그녀의 생각을 물어보았다.

그녀는 온 힘을 짜내 대답하려는 듯 천천히 말했다. "아, 나는 모르겠어요. 그저 이런 갈등이 끝나기만을 바랄 뿐이에요. 나는 손주들이 너무 보고 싶어요. 그 애들이 무슨 잘못이 있나요? 아들이나 아버지나 서로 다를 게 없어요. 둘이 똑같아요. 둘 다 자기 생각만 앞세운다니까요." 부인은 씁쓸한 미소를 지었다.

다른 사람들이 랠프 앞에서 어떻게 주눅이 드는지 나는 알 것만 같았다.

랠프는 몸집이 크고, 자기식대로 행동하고, 사람들이 자기 말에 따르기를 바랐다. 그의 커다란 몸집, 허풍, 거만함에 아들은 말할 것도 없고 아내도 위압감을 느꼈을 것이다. 하지만 관계 단절을 겪는 다른 많은 부모들처럼 그도 원치 않은 세대 간 갈등의 덫에서 벗어나지 못하는 것을 알 수 있었다.

자신의 어린 시절에 관해 물어보자 랠프가 말했다. "아무도 나를 이해하려 들지 않았어요. 우리 아버지는 매번 나에게 폭력을 휘둘렀지요. 아버지가 지금이라도 내게 사과를 하면 어떻겠느냐고요? 당신이라면 어떨 것 같습니까? 아버지는 나를 혹독하게 키웠지만 우리는 지금까지도 늘 아버지 어머니를 찾아뵙지요. 가족이란 원래 다 그런 거니까요. 아버지는 오늘의 나를 있게 했죠. 그 점에 대해서는 인정합니다."

랠프는 말을 이었다. "열 번이 넘도록 필요한 서류를 보내도 건축허가를 안 내주는 나쁜 놈들이 있어요. 그 사람들이 내가 어떤 심정인지 신경이나 쓸 것 같습니까? 그래서 이런 사과니 뭐니 하는 게 별 도움이 안 된다고 하는 겁니다."

"네, 이해합니다. 내가 상담하고 있는 다른 부모들도 당신과 똑같이 느끼는 것 같아요." 나는 말을 이어나갔다. "하지만 지금까지 해왔던 방식으로는 원하는 것을 얻을 수 없을 것 같은데요?"

"그렇죠, 뭐." 그는 마지못해 대답했다.

"우리가 다른 방법으로 도와주지 않는 한 당신이 아들이나 손주들을 볼 가능성은 크지 않습니다. 아드님도 저와 상담할 때 그 점을 분명히 했습니다."

일단 사과부터 하는 것이 관계 회복에 필수적이라고 제안하면 부모들의 반응은 한결같았다.

“아이에게 절대 사과할 생각은 없어요. 내가 왜 사과를 해야 하죠?”

부인은 피곤하다는 듯 남편을 바라보았다. 그녀는 좀 더 부드럽고 덜 방어적인 방법을 취해보자고 간청했지만, 그는 공격적으로 쏘아붙일 뿐이었다.

거부하는 아들과 분노하는 아버지

남편이 오랫동안 자녀와 인연을 끊고 지내는 중에도 아내는 자녀와의 관계를 이어나가려 노력하는 경우가 종종 있다. 상담에서 만난 많은 고통받는 어머니들은 “자식이나 손주들이 없는 삶은 의미가 없어요. 도대체 왜 살아야 하는 걸까요?”라고 호소하곤 했다. 그들은 이미 돌이킬 수 없는 관계가 된 지 한참 지나서도 미련을 못 버리고 끊임없이 접촉을 시도하곤 한다.

여성은 남성보다 가족관계에 대해 책임감이 더 커서 어머니의 경우 아버지보다 더 많이 인내하는 모습을 보인다. 바로 그런 점 때문에 자녀와 관계 단절의 고통에서 벗어나기가 더욱 힘들다.

아버지의 경우에도 자녀와의 관계 단절로 깊은 상처를 받기는 하나, 사회적으로 요구되는 부분이 어머니에 비해 상대적으로 적기 때문에 자아가 심각하게 고통을 겪지 않을 수 있다. 오히려 자녀와의 관계 회복을 포기하는 게 이기심 때문이 아니라 줏대 있는 행동이라고 믿는 남성들도 있다.

랠프의 사례에서도 보듯, 아들이 자신을 거부한다는 사실에 슬픔과 수치심을 느끼게 되면 오히려 자신을 보호하기 위해 공격적이거나 거칠게 반응하기도 한다.

“반드시 당신이 사과해야 한다는 것은 아닙니다.” 나는 다시 한번 시도해 보았다. “아들이 자라는 동안 당신도 모르게 상처를 주게 되었다고 말해보는 건 어떨까요? 이제 그 사실을 알았으니 좀 다르게 대화해보자는 거죠. 당신이 나쁜 아버지라고 고해성사하듯 말할 필요는 없어요. 그럴 의도는 없었지만 그저 당신의 행동이 아들에게 영향을 끼쳤다는 것을 인정하는 거죠.”

새로운 접근 방식이 조금이라도 효과가 있었으면 하는 희망을 품고서 부인은 남편을 바라보았다. “해볼 만한 좋은 방법인 것 같은데요.”라며 그녀는 남편을 부추겼다.

하지만 랠프는 동의할 마음이 없었다. 오히려 더욱 강경해진 것 같았다. “저는 아들이 저를 무서워하기를 바랐지요. 그렇게 아들을 강하게 만들어주려고 했던 겁니다. 그런데 아들은 그저 징징대기나 하는 꼬마 마마보이였다고요.”

“그 애는 마마보이가 아니었어요.” 부인이 이전과는 달리 화가 난다는 듯한 말투로 조용히 덧붙였다. “그 아이는 당신과 달라요. 모든 사람이 당신처럼 목적을 위해 수단방법을 가리지 않고 살아가지는 않아요. 프랭크는 단지 점잖을 뿐이죠. 나는 콜먼 박사님이 제안한 대로 한번 해봤으면 좋겠어요.”

단절 기간은 짧을수록 좋다

나는 랠프가 점점 더 방어적으로 변해가는 것을 느낄 수 있었다. 상담이 이런 방향으로 흘러가는 것은 내가 원하는 것이 아니었다. 랠프처럼 어린 시절에 폭력을 당했던 부모는 자녀가 엄격한 훈육에 대해 불만을 표현할 때 그에 공감하는 것이 무척 어렵다. 자녀의 불만에 공감한다는 것은 피하고 싶었던 과거 자신의 상처와 공포감을 급격하고 위태롭게 경험하는 것이 된다. 내면의 자아는 그 모든 문제들을 깨끗하게 감추어 봉인해버리는 편이 더 낫다고 속삭인다. '우리 아버지가 나를 키웠던 것처럼 나도 내 아들을 그렇게 키웠고, 내가 괜찮았던 것처럼 아들 녀석도 그래야지.'

나는 약간 의욕이 꺾이기 시작했다. 자녀와 가족 상담을 진행하기 위해서는 부모 대부분이 불길을 뚫고 지나가는 것 같은 과정을 거치게 된다. 하지만 이 가족의 경우는 아버지에서부터 막혀서 아들 프랭크는 가장 기본적인 단계조차 밟지 못했다. 부인을 생각하면 안타까운 일이었다. "아들과 손주들이 다시 돌아오는 것만큼 내 인생에 중요한 것은 없어요. 당신이 변하지 않겠다면 당신을 떠나는 수밖에 없어요. 아니면 어떻게 해서라도 당신을 굴복시키고 내 요청을 들어주게 만들 거예요." 그녀는 남편에게 이렇게 말하고 싶었지만 그럴 용기가 없었다.

결혼생활에는 때로 용기를 내서 원하는 것을 쟁취해야 할 때가 있다. 성인 자녀와의 단절은 배우자에게 그런 용기를 내게 만드는 문제인 것이다.

나는 좀 더 연결점을 찾으려고 부인과 말을 이어나갔다. "다른 많은 부부들과 마찬가지로 두 분도 이 문제를 어떻게 해결해야 할지 합의점을 찾지 못한 것 같군요. 지금까지만 보면 아드님이 가진 불만은 대부분 아버지 때문인 것 같습니다. 그렇지 않나요?"

남편이 대화를 이어나가도록 부인은 입을 다물었다.

"집사람은 자기가 원하는 대로 하면 됩니다."라고 그가 말했다. "이 사람한테 달렸지요. 이 사람이 아들네 식구들을 만나러 가고 싶다면 내가 말릴 이유는 없어요. 나는 전부터 그렇게 말했어요."

때로는 부모 중 한쪽이라도 자녀와 평화롭게 지내는 것이 나중에 다른 쪽 부모와의 관계 개선에 연결고리 역할을 하기도 한다. 어찌 되었든 떨어져 지내는 시간이 적을수록 도움이 된다.

"좋습니다." 나는 이렇게 말했다. "나의 제안을 행동으로 옮기는 것이 쉽지 않다는 것은 이해합니다. 아드님과 이야기해본 저로서는 상담을 통해 도움을 드릴 수 있을 거라 생각했거든요. 기회는 점점 줄어들고, 어떤 경우에는 기회가 다시 안 오기도 하죠. 랠프 씨는 부모님한테서 그런 대우를 받은 적이 없는데도 여전히 부모님들과 연락하고 지내시죠. 아마도 랠프 씨의 할아버지도 마찬가지로 아버지에게 그러지 못하셨을 테지만 여전히 아버지와는 잘 연락하고 지내셨겠지요?"

"나 원 참, 맞아요." 랠프가 대답했다.

"아무도 당신을 위해 해주지 않았던 것이니까 당신도 하고 싶지 않다는 이야기인 거죠. 특히나 당신은 자신이 받은 것보다 더 나은 삶을 아들에게 주려고 했으니까요. 랠프 씨 당신에게는 불공평하겠지만, 요즘 가족은 예전과는 많이 달라졌어요. 자녀나 손주가 다시 돌아올 수만 있다면 어떠한 변화라도 시도해볼 만한 가치가 있다고 느끼는 부모가 많답니다."

나는 이들 부부를 이후에도 몇 번 더 만나 상담을 했다. 하지만 그들이 억지로 아들과 화해하도록 만들 수는 없었다. 아들은 아버지와 아예 연을 끊으려는 게 아니었다. 단지 아버지가 정한 방식으로는 따르고 싶지 않았던 것이다.

학대받고 자란 엄마와 엄마에게 상처받은 딸, 화해하는 방법 찾기

끝없는 질책과 비난을 먹고 자란 아이

카리나는 26세의 소프트웨어 개발자였는데 그녀의 엄마를 상담했던 심리상담사가 내게 의뢰를 한 경우였다. 그녀는 따뜻한 마음씨를 지녔고, 갑갑한 상담실에서의 대화를 편안하게 잘 견디는 성격이었다. 운동을 마치고 바로 오는 바람에 옷을 갈아입지 못했다며 자리에 앉자마자 양해를 구했다. 운동화, 요가 바지, 고어텍스 후드티야말로 요즘 젊은이들의 표준 복장이라서 나는 미소가 지어졌다.

상담에서 목표로 하고 있는 것이 있느냐고 그녀에게 물어보니, 자신은 엄마와 가족 상담을 하는 게 좋을지 확신이 들지 않는다고 말했다.

"엄마는 무척 힘든 어린 시절을 보냈다고 알고 있어요. 아무리 그래도 내가 원하지도 않는데 엄마가 관계 유지를 요구할 권리는 없죠. 엄마와 대화하거나 만나고 올 때마다 제 감정상태가 정상으로 돌아오기까지 일주일은 걸려요. 내 결혼생활에 엄청난 긴장을 가져오기도 했고요. 여기요, 이 이메일 좀 보세요." 휴대폰을 내게 건네며 그녀가 말을 이었다. "늘 이런 식이죠."

카리나에게

너와 네 오빠의 자기중심적이고 말도 안 되는 소리에 난 지쳐버렸다. 지난 3년 동안 전화 한 번도 없고, 너나 손주들을 보러 오라고 불러주지도 않으니 내가 얼마나 힘든지 모르겠구나. 그런데 넌 지금 네 어린 시절이 힘들었다는 얘기를 하는 거니? 아이고, 내 어린 시절에 비하면 네 어린 시절은 소꿉놀이였단다. 넌 힘든 어린 시절을 보낸 적이 없어. 네가 참가하는 운동경기며 학예회에 난 빠짐없이 참석했는데, 이제 와서 엄마와의 관계가 얼마나 스트레스였고 네 결혼생활에 얼마나 악영향을 주었는지 모르겠다는 소리나 듣게 되다니…. 말도 안 돼. 네 상담사가 뭐라 했는지 모르겠지만, 상담사가 네게 제안한 것이 이 방법이라면 좋은 조언을 한 것 같지 않구나.

엄마가

"무척 강하시군요." 휴대폰을 도로 건네주며 나는 말했다.

"지금 시점에서 내가 뭘 해야 하는지 모르겠어요. 일 년 동안 전화도 안

했고 정말 엄마와 말도 하고 싶지 않아요. 나 자신을 끔찍한 사람처럼 여겨지게 만드니까요. 저는 엄마가 없는 생활이 훨씬 행복해요. 내가 나쁜 사람인가요?"

때로 성인 자녀가 나를 찾아와, 자신의 관계 단절의 정도가 이해될 만한 수준인지 아니면 과한 것인지를 판단해달라고 요청하기도 한다. 특히 학대 경험이 있는 경우라면 성인 자녀가 부모와 관계를 유지할 의무가 있다고 보지 않는다. 하지만 부모와 자녀가 서로의 입장에서 어느 정도 공감하는 시간을 가지면서 서로가 만족스러운 관계를 형성할 수 있지 않을까 생각한다. 부모라는 역할을 완전히 포기할 수는 없는 만큼, 책임을 다하기 위해서라도 부모라면 반드시 시도해봐야 할 것이다. 또한, 자녀도 어린 시절의 문제들을 찬찬히 살펴보고 넘어가야 부모와 건강한 관계의 기초를 세울 수 있고, 자신도 자녀 양육을 담당하는 부모로서의 능력을 다질 수 있다.

대부분의 자녀 양육은 처음에는 좋은 결정인 것 같아도 나중에는 어리석거나 이기적이거나 해로운 결과로 나타나는 등 누구도 장담할 수 없다는 특징이 있다. 그럼에도 불구하고 부모에게는 이를 바로잡을 기회가 있다.

하지만 상처를 주는 부모를 직접 대면하는 데에는 용기가 필요하다. 카리나의 이야기를 들어보면, 그녀의 엄마는 양육하는 과정에서 주었던 상처들에 대해 대수롭지 않게 생각하는 것이 분명했다. 그런 태도가 엄마의 죄책감에서 비롯되었는지 아니면 정말 별다른 생각이 없는지는 알 수 없다. 하지만 카리나는 특히 청소년 시기에 엄마가 끊임없이 질책하고 상처를 주었던 수많은 사건들이 자꾸 떠올랐다. 그리고 이런 경험은 카리나가 성인이 된 후에도 일상생활 속에서 초조함과 불안감의 모습으로 표출되었다.

러셀 뱅크스의 소설 〈고통(Affliction)〉의 클라이맥스에서 학대받던 주인공 아들이 아버지를 죽일 의도로 불을 지른다. 그때 불길 속에서 아버지가 죽기 전에 일어나는 모습은 공포스러울 정도로 큰 키와 힘을 가진 존재로 묘사된다. 이 장면을 통해 자녀가 성인이 되고 난 후에도 계속 부모의 지배를 받는 심리 세계를 보여준다. 아들은 아버지를 죽임으로써 아버지로부터 겪은 내재화된 고통이 완전히 끝났음을 마음속으로 그려본다.

삶을 주도하는 방법은 부모와 관계를 끝내는 것

관계의 단절은 성인 자녀에게는 계속되는 부모의 구속에서 조금이나마 벗어나려는 시도와도 같다. 단절되는 것은 매우 고통스럽지만 자신의 삶을 스스로 주도하기 위한 유일한 방법은 부모와 관계를 끝내는 것이라고 많은 성인 자녀들이 말하고 있다. 그렇기 때문에 설사 화해를 하게 되더라도, 자녀 입장에서는 화해하는 것이 좋은 생각이 아니었다는 판단이 선다면 언제든지 다시 소원해진 상태로 돌아갈 수 있다는 확신을 가질 필요가 있다.

자녀와 관계가 멀어진 문제로 상담을 하러 온 부모들은, 자녀가 생각하는 자신들의 이미지에 내가 깊이 공감하는 듯한 태도에 혼란을 느끼곤 한다. 자녀의 배우자나 심리상담사, 또는 이혼한 전 배우자에 의해 각색되고 불공평하게 편집된 견해에 내가 넘어가버린 건 아닌지 염려한다. 하지만 나의 이러한 태도는 궁극적으로는 단절된 부모를 도울 수 있을 뿐만 아니라, 그래야만 하는 이유가 충분히 있다. 앞으로 겪게 될 전투에서 여전히 상처를 줄 수 있는 부모로부터 방패막이 되어줄 사람(예컨대 나)이 전 과정을 주도한다는 느낌이 선행되어야 한다. 그래야만 자녀가 오래전부터 단절되었던 부모와 함께 상담소로 들어올 수 있기 때문이다.

부모와 관계 단절을 겪고 있는 많은 성인 자녀들은 자신이 부모에게 공감하면 자신들의 목소리가 사라질까 봐 걱정한다. 관계 단절이 얼마나 부모를 가슴 아프게 하는지 한번 이해하고 나면 죄책감을 느끼게 될까 봐 걱정하기도 한다. 그리고 진심으로 원해서가 아니라 단지 죄책감 때문에 화해하게 될까 봐 두려워한다. 다시 부모와 만나기로 동의하면 과거에 상처를 주었던 부모의 행동에 면죄부를 주는 것이 아닌가 하는 걱정을 하기도 한다. 때로는 부모의 권위에 맞서야 할 때조차도 부모에게 느끼는 책임감으로 인해 스스로 주저앉게 되지 않을까 염려한다.

카리나는 엄마를 용서할 만한 그릇을 가진 사람이었다. 물론 그녀의 엄마가 성실하게 변화를 시도한다는 가정하에 말이다. 카리나는 엄마에게 애처로움을 느꼈고, 관계 단절에 대해서 죄책감을 갖고 있었다. 무엇보다 서로 감정적으로 손해라는 것을 잘 알고 있었다. 카리나가 성실하게 상담에 임하겠다며 나에게 연락을 주었기 때문에 나는 가족 상담을 몇 번 해보자고 제안했다. 물론 가족 상담의 기간과 간격 등과 같은 관계 형성을 위한 조건들은 카리나가 결정한다고 강조했다. 그리고 화해의 조건으로 엄마에게 여태껏 준 상처에 대한 책임을 요구해도 된다고 말해주었다. 또한 가족 상담을 받기로 했다고 해서 반드시 만남 이상으로 관계를 다시 지속해야 할 의무는 없다는 것도 분명히 했다. 덧붙여, 상담 이후 과정으로 추가적인 만남이 필요하다면 그에 따른 지침 또한 세울 수 있다고 강조했다.

"잘하려고 했지만 결국 너에게 고통을 주었구나"

카리나의 엄마를 처음 만났을 때, 그녀는 나에게 인사하기 위해 몸을 천천히 일으켰다. 마치 이번 약속이 좋은 생각인지 아닌지 고민하는 듯 보였다. 그녀는 신문을 접어 가방 속에 천천히 집어넣으며 힘겹게 일어났다. 그리고 용서라도 구하듯 고개를 숙인 채 나를 따라 상담실로 들어왔다. 그리고 소파를 찾아 앉고서 나를 마주 보며 큰 소리로 말했다. "그러니까, 내가 얼마나 끔찍한 엄마인지는 다 들으셨겠지요." 그녀의 목소리에는 두려움과 경멸이 뒤섞여있었다.

나는 호의를 띤 미소를 지어 보였다. "엄청나게 큰 불만을 듣기는 했지요."

"뭐. 그랬겠지요. 오래전부터 들어온 터라 딸애가 선생님에게 뭐라 했을지 상상이 되고도 남아요." 언제 취조가 시작되려나 싶은지 그녀는 나를 찬찬히 살피고 있었다. 내가 쓴 책을 읽어본 적이 없는 부모들은, 자신들이 자리에 앉자마자 내가 잔소리를 시작할 것이라 짐작하곤 한다.

나는 가족 상담에 필요한 낙관적이고 다정한 태도로 대화를 이어갔다. 다소 가벼우면서도 결코 상대를 무시하지 않는 자세를 취했다. 가끔은 "아,

그렇게 나쁘지는 않은데요."라고 호응하기도 하고, 대부분 "네, 사는 게 참 힘들어요. 그렇죠?"라고 공감해주기도 한다. 비록 부모들이 잘한다고 한 것이 자녀에게 큰 상처를 주었을지라도, 부모들은 그들이 할 수 있는 최선을 다했을 거라고 나는 믿는다. 나의 이런 상담 방식은 부모들이 자신들의 문제 행동이 초래한 결과를 축소시키려 드는 상황에서도, 여전히 부모를 성장시키고 배려할 수 있게 했다.

카리나의 엄마는 혼란스럽고 폭력적인 가정에서 자라났다. 가끔 그녀의 아버지는 아무 이유 없이 그녀를 때리며 "이렇게 맞아야 그만 생각을 안 하지."라고 했다고 한다. 이후로도 그녀의 아버지는 망상형 조현병으로 진단을 받고 42세를 끝으로 자살할 때까지 끊임없이 정신병원을 들락날락했다고 한다. 그녀의 엄마는 더 매력적이고 사람들에게 인정받는 그녀의 언니와 그녀를 비교하곤 했다. 툭하면 몸무게와 용모를 비교하고, 대놓고 "내 미운 오리 새끼"라고 경멸조로 부르곤 했다.

혹독했던 과거를 끄집어내는 것에 대해 염려스러웠지만 그녀는 아랑곳하지 않고 과거 어려움들에 대해 신경 쓰지 않는다는 듯 말했다.

"다 오래전 지난 일이에요. 이런 얘기가 뭐가 중요한가요? 몇 년 동안 생각해본 적도 없는 걸요."

나는 분명 중요하다고 알려주었다. 자신의 어린 시절과 비교하다 보면 딸의 불만을 부당한 것으로 여길 수 있기 때문이라고 설명했다. 그녀가 부모로부터 과도하게 거부당하고 사랑받지 못한 것 때문에 딸에게서 거부당하는 것이 무척 불공평하게 느껴질 것이 분명했다. 하지만 이런 식의 질문들이 다

쓸데없다는 듯 회의적인 표정으로 나를 바라보았다. 그래서 나는 내 딸과 단절되었던 개인적인 경험을 말해주었다. 그것이 그녀의 흥미를 이끌어낸 것 같았다.

일반적으로는 나 자신의 힘들었던 과거에 대해 의뢰인에게 말하는 경우가 흔치 않지만, 의뢰인의 성인 자녀가 부모와 대화를 거부하는 경우에는 이런 방법을 쓰기도 한다. 내가 과거에 겪은 딸아이와의 단절과 화해의 경험이 그들에게 동질감을 갖게 하기 때문이다. 비난이 아니라 이해받는다는 느낌을 갖게 함으로써 부모로 하여금 딸의 고통을 인정하고 받아들일 수 있게 하는 것이다.

더 중요한 것은, 그렇게 함으로써 딸이 자신을 미워할 더 많은 이유를 만들어내지 않아도 된다는 것이었다. 역설적이게도 이러한 이유로 카리나의 엄마가 이번 상담에 대해 믿음을 가질 수 있었고, 딸이 그녀를 더 미워하게 만들지 않았다.

타라 웨스트오버는 〈배움의 발견(Educated)〉이라는 회고록에서 엄마가 그녀를 방치했다는 것을 인정하게 하는 힘에 대해 설명한다.

내가 기억하는 것은 이것이다. 잘하려고 했지만 결국 엄마 노릇을 제대로 하지 못했다고 엄마가 말했을 때, 그때 그녀는 처음으로 내게 엄마가 되었다.

이처럼 솔직하게 인정하는 것은 대부분의 부모들에게 어렵다. "그래, 내가 잘못했다. 내가 너에게 상처를 주고 실망시켰구나."라고 말하는 것은 무척 어려운 일이다. 아이로부터 치명상을 입을지 몰라도 당신의 뛰는 심장을 그대로 드러내야 한다. 나도 경험해보았기 때문에 적어도 그런 느낌이라는 것은 잘 알고 있다.

부모나 성인 자녀 모두에게 가족 상담은 힘든 과정이다. 성인 자녀로서는 믿었던 상대가 자신에게 고통을 주었고, 바로 그 상대에게 자신의 감정을 드러내는 위험을 감수해야 하기 때문이다. 부모 또한 자신이 자녀에게 깊은 상처를 주었고, 믿음을 저버렸으며, 양육에 실패했다는 사실에 직면해야 하기 때문에 어렵기는 마찬가지다. 어렵고, 어렵고 또 어렵다. 하지만 서로에게 다가갈 수만 있다면 해볼 만한 일이라고 생각한다.

우선 부모가 첫발을 내디뎌야 한다. 자녀에게 관계 단절이 필요했던 이유에 대해 말할 수 있게 해줘야 한다. 그리고 관계 단절이 가져온 고통, 슬픔, 죄책감을 참아내야 한다. 거대한 진실까지는 아니더라도 작은 것에라도 공감하고, 비춰보고, 찾아봐야 한다. 이때 부모가 자기방어를 하거나, 이유를 설명하거나, 합리화하거나, 자녀를 비난하거나, 이혼한 전 배우자를 비난하거나, 누구든 비난하는 것을 못하도록 하는 것이 나의 역할이다. 이런 금지 사항을 수없이 반복하는 일부 부모들에게는 상담 중에 서슴지 않고 이렇게 말한다. "계속 이런 방식으로 대화하려 한다면 당신의 아이는 단절하고 지냈던 것이 더 나았을 거라고 확신하게 될 겁니다."

하지만 카리나의 엄마에게는 용기가 있었다. 그녀는 자신의 두려움과 수치심이 딸의 불만(엄마로부터 부끄러움과 무시와 모욕을 당한 것에 대한)을 솔직하게 인정하기 어렵게 만들었다는 것을 알아차렸다. 그녀는 딸과 상담 중에 소리 내어 울면서 사과했다. 그것은 후회와 갈망과 슬픔이 뒤엉킨 길고도 어려운 절규였다. 어린 시절 많은 고통을 겪어야만 했던, 그리고 잘하고 싶었지만 그렇지 못했던 엄마의 절규였다. 딸에게 안정감을 주려 했지만 결국 고통을 주었다는 절규였다. 자신의 해결되지 못한 고통이 딸의 양육과정에 얼마나 많이 스며들었는지 알지 못했다는 절규였다. 딸은 눈물을 흘렸고, 기쁜 마음으로 그녀에게 감사를 표현했다. 그리고 다시 자신의 삶에 한 부분이 되어달라고 부탁했다.

화해를 위해 무엇이 필요한가

이번 장에 나온 두 사례에는 관계 단절에 대해 다룰 때 공통적으로 생각할 수 있는 가족의 역학관계가 잘 드러나 있다. 부모와 관계를 유지하기에는 너무도 고통스럽고 해롭기 때문에 결국 연락을 끊어버린 자녀의 불만을 이해할 수 있다. 두 사례에서 보듯이, 자녀가 함부로 취급받고 상처받고 학대를 겪었다는 것에 부모가 얼마나 깊이 공감하고 고치려 하는가에 따라 화해의 가능성이 결정된다.

그러나 성인 자녀가 부모와 연락을 끊고 화해를 거부하는 데에는 부모의 학대나 방임과 무관한 다른 이유들도 존재한다. 원인이 무엇이건 간에 오늘날 부모와 성인 자녀 간의 관계는 평생 친구 같은 관계를 유지하려 하고 정신적으로 밀착되어있다는 점에서 이전 세대보다 더욱 심리적으로 건강해야 한다. 이러한 관점에서 볼 때, 부모와 성인 자녀가 더 가까워지기 위해서는 다음의 사항이 요구된다.

부모에게 요구되는 것들

- 자녀의 부정적인 성향이나 불평, 비판, 거절 등에 대해 열린 마음으로 대응할 수 있는 능력
- 자녀의 가치관을 거부하지 않으면서도 동의하지 않을 수 있는 능력
- 자녀가 부모와 분리되어 자신만의 삶을 가질 수 있다는 사실을 기꺼이 받아들이는 능력. 따라서, 자녀가 원하는 것보다 더 많은 시간을 할애하라고 강요하지 않는 것
- 자신의 어린 시절에 겪은 고통이나 삶의 상처, 실망들로부터 충분히 거리를 둘 수 있는 능력. 이를 위해 다음 내용을 인식해둘 필요가 있다.
  - 자녀는 부모의 생각대로 만들어진 인형이 아니다.
  - 자녀는 부모의 보상심리를 만족시켜줄 의무가 없다.
- 죄책감이나 수치심을 유발하지 않고 비판적이지 않은 방법으로 서로의 감정을 교류할 수 있는 능력
- 어느 정도 자기반성을 할 수 있는 능력

자녀에게 요구되는 것들

- 부모와의 관계에서 자기 자신을 잃지 않으면서 부모와 가깝게 지낼 수 있는 능력. 이를 위해서는 부모의 바람에 지나치게 영향받지 않으면서 부모의 생각이나 감정, 필요를 알아챌 수 있는 역량이 필요하다.
- 부모의 눈치를 보지 않고 부모에게 불만을 말하거나 느낀 점을 알려줄 수 있는 능력
- 부모인 동시에 한 인간으로서 부모의 한계를 받아들일 수 있는 능력
- 자녀가 원하거나 필요로 하는 것을 제공해줄 수 없는 것은 부모의 결핍 때문이지, 부모가 자녀에게 고통을 주고 싶어서가 아니라는 사실을 인식할 수 있는 능력
- 자녀에게 필요한 것을 부모가 제공해줄 능력이 없다는 것이 곧 자녀가 그것을 누릴 만한 가치가 없어서가 아니라는 것을 인식할 수 있는 능력
- 어느 정도 자기반성을 할 수 있는 능력

2장에서는 다음과 같은 질문에 답하고자 한다. 오늘날 성인 자녀가 생각하는 '부모의 학대'라는 용어는 부모가 생각하는 의미와 다른가? 이혼은 부모와 자녀 사이에 영구적인 불화를 초래하는가? 부모가 정신적인 병리를 지닌 경우 명백하게 관계 단절이 발생한다. 그렇다면 성인 자녀나 그 배우자가 정신적인 병리를 지닌 경우에는 어느 정도나 관계 단절의 가능성이 있는가?

부모에 대한 불만이 증가하고 부모와의 관계가 단절되는 것에 심리상담사들이 얼마나 영향을 미치는가? 부모와 성인 자녀의 가치관, 성격, 태도의 차이는 도저히 화해가 불가능할 정도로 다른 것인가? 좋은 조부모임에도 불구하고 손자 손녀와 관계 단절을 겪기도 하는가? 자녀들 사이의 불화에 대해 대책이 있는가? 자녀 또는 손자 손녀와 화해가 불가능한 경우라면 이들 없이도 의미 있는 삶을 살아가는 것이 가능한가?

2

단절에 이르는 다양한 과정들

관계 단절에 이르게 되는 일반적인 유형

나는 관계가 단절된 성인 자녀와 부모가 화해에 이르도록 돕는 역할을 한다. 하지만 모든 경우에 성공하는 것은 아니다. 결국 화해는 부모와 성인 자녀 양쪽이 모두 의지를 갖고 해낼 수 있을 때만 가능했고 성공할 수 있었다. 부모가 화해와 관계 회복에 대한 동기가 더 확실하기 때문인지, 대개는 부모가 주도권을 갖는다. 화해가 이루어지지 않는 경우를 보면, 부모가 겸허한 자세로 자기반성을 하거나 관계 회복을 위해 적극적인 노력을 하지 않기 때문이다. 랠프와 그 아들의 사례로 이런 사실을 분명히 알 수 있다.

부모가 아무리 공감하며 잘해보려고 해도 자녀가 화해를 할 수도 그럴 마음도 없는 경우 어떤 진전도 보기 힘들다. 그 이유를 알아보자.

부모의 이혼

이혼 가정의 아이는 부모나 다른 가족을 자신이 속한 공동체의 일원으로 보기보다는 한 사람 한 사람 상대적인 약자와 강자의 개념으로 바라보기 쉽다. 결국, 이혼 가정의 자녀는 다음과 같은 과정을 통해 관계 단절에 이르기 쉽다.

- 자녀가 어리든 성인이든 나이와 상관없이 자녀에게 부모 중 어느 한쪽 편을 들게 만든다.
- 어느 한쪽 부모가 자녀를 다른 쪽 부모에게서 공공연히 또는 은근히 멀어지게 만든다.
- 어느 한쪽 부모를 다른 쪽 부모보다 더 염려할 수밖에 없는데, 대개는 성별, 기질, 그 밖의 것들이 영향을 미친다. 이로 인해 더 멀어지거나 가까워지게 된다.
- 이혼으로 인해 양자와 양부, 새 형제자매가 가족이 되고, 이로 인해 경제적 · 정서적 자원이 배분되면서 다양한 가족 간의 불화가 생길 수 있다.

자녀 배우자와의 관계

부모와 자식 관계가 서로의 속내를 털어놓을 정도로 친밀했다가, 자녀의 배우자로 인해 완전히 관계가 틀어진 사례들이 종종 있다. 자녀의 남편이나 아내가 심리적으로 문제가 있는 경우에 이런 문제가 자주 발생한다. 부모와의 밀착 관계에 자녀의 배우자는 위협을 느끼게 되고, 결국 다음과 같이 말하게 된다. "부모님과 나 둘 중에서 한쪽을 선택해요. 둘 다 가질 수는 없어요."

자녀의 정신질환이나 중독

자녀가 중독이나 정신적 질환으로 어려움을 겪고 있다면 부모와의 접촉이 어렵거나 조절이 곤란하다고 느낄 수 있다. 자녀의 정신질환은 그들이 당신의 의도나 과거, 그리고 그들에 대한 당신의 감정을 잘못 이해하게 할 수 있다. 설사 자녀가 당신과 소통하더라도, 애정 어린 방식으로 대응하는 것을 어렵게 하거나 불가능하게 할 수 있다.

심리상담사의 잘못된 해석과 권유

성인 자녀가 심리상담을 받으면서 부모와 단절하는 경우도 적지 않다. 거기에는 몇 가지 이유가 있다. 성인 자녀의 현재 마음 상태가 과거 당신의 행동 때문이라고 심리상담사가 잘못 해석하거나 과장했을 가능성이 있다. 아니면, 성인 자녀가 어린 시절에 대해 당신과 이야기하고 싶은데 당신은 그런 대화를 이어갈 기술이 부족하기 때문일 수도 있다. 또는 성인 자녀가 당신에 대한 감정을 처리하는 데 필요하다며 심리상담사가 관계 단절을 권유할 수도 있다.

주체적인 삶을 위해 부모의 비중을 줄이려는 시도

자녀가 성장기 동안 당신에게 지나치게 의존했다고 느껴서, 부모와의 관계를 거부하는 것이 스스로의 삶을 책임지는 것이라 생각하게 되는 경우도 있다. 이런 관점에서 보면, 부모가 성인 자녀의 마음속에 아주 중요한 대상으로 자리 잡고 있기 때문에, 관계 단절은 그 중요성을 줄이려는 시도로 볼 수 있다.

가치관과 생활방식의 차이

부모와 성인 자녀 사이에 가치관이나 정치적 신념이 너무 다를 경우에도 관계 단절이 발생할 수 있다. 만약 부모가 자녀의 성별, 성적 정체성을 받아들이지 못하거나, 그 반대로 자녀가 부모의 성별, 성적 정체성을 받아들이지 못하는 경우 관계가 단절될 수 있다. 또는 정치적 성향 차이나, 연애 상대의 선택, 또는 단순히 개인 특성의 차이로 관계 단절이 발생하기도 한다.

우리 사회의 다양한 변화를 반영하는 '관계 단절'

고통을 주고 간섭하는 가족은 필요 없다!

지난 40년간의 임상 경험으로 볼 때 부모와 성인 자녀의 관계 단절은 우리 사회의 다양한 변화를 반영하고 있는 것으로 보인다. 가족에 충실할 것을 강조하던 과거와 달리 현재는 개인적인 성취를 추구하는 방향으로 변화했다. '네 부모를 공경하라'는 가치관은 '가족은 당신이 만들어가는 것'이라는 발상으로 대체되었다. '아이들을 위해서라도 부모는 함께 살아야 한다'는 충고는 이제 '부모가 행복하지 않으면 그 자녀도 행복할 수 없다'는 말로 바뀌었다. '노인을 존중해야 한다'는 믿음도 '존중이란 그냥 주어지는 것이 아니라 얻어지는 것'이라는 말로 대치되었다. 의무, 책임, 충성 등 가족을 우선시하던 가치는 개개인의 행복과 안녕을 강조하는 방향으로 재구성되었다.

이러한 변화는 여러 면에서 긍정적이다. 이제는 남녀관계가 더욱 평등해져서 친밀하면서도 서로 존중하는 결혼 관계가 가능해졌다. 상처를 주는 부모나 자녀, 형제와의 관계를 끝내기가 더 쉬워져서, 가족 구성원 각자는 심리적으로 고통을 주거나 지나치게 간섭하는 다른 가족으로부터 거리를 둘 수 있게 되었다. 무의미하고 폭력적인 결혼생활을 끝내는 것에 대해서도 허용하는 분위기로 바뀌었다. 이상과 성적 취향에 따라 사람을 만나는 것이 보다 자유로워졌고, 가정폭력으로부터 자녀를 보호할 수 있게 되었다. 오늘날의 부모는 이전 세대보다 성인 자녀와 훨씬 더 자주 연락을 하며 지낸다.

가족 구성원들은 이렇듯 새롭게 생겨난 자유를 누리지만, 여전히 자신이나 주변 사람들의 삶을 영원히 바꿔버릴 수 있다. 관계 단절은 셰익스피어의 비극 〈리어왕〉 속 왕국의 몰락처럼 자녀 사이에 갈등을 일으킬 수 있다. 아버지는 배은망덕하고 무심한 아들을 내친다. 조부는 손자 손녀를 볼모로 삼아 부모의 그릇된 행동을 바로잡도록 강요한다. 부모는 어떠한 고문보다 악랄한 방식으로 장성한 자녀의 사랑을 방해한다. 며느리는 시어머니를 죽이고 싶다는 환상에 사로잡힌다.

가족이 아니라 나 자신에 집중하고 싶다

부모와 관계를 단절한 자녀들은 대부분 부모가 자신에게 해를 끼쳤다는 주장을 한다. 이것은 오늘날의 부모에게는 매우 어려운 문제다. 왜냐하면, 자신들에게 상처를 주고 무시했다는 부모의 행동이란 것이 예전에는 대수롭지 않게 생각되던 것들이기 때문이다. 당신이 아무리 사랑을 쏟고 헌신적이고 투자를 아끼지 않았더라도, 자녀는 오로지 자신만의 잣대를 가지고 부모의 행동을 판단한다. 그 잣대라는 것조차도 정체성과 정서가 더 세심하고 복합적이고 분석적인 유년기의 개념에 바탕을 두고 있다.

요즘 젊은 세대들은 그 이전 세대보다 상담 치료를 자주 받는 편인데, 대부분의 부모들은 자신의 양육방식이 심리상담사의 눈에 어떻게 비추어질지 전혀 예상하지 못한다. "저는 꽤 괜찮은 어린 시절을 보냈다고 생각했죠." 어느 자녀가 엄마에게 말했다. "하지만 상담을 받고 나니, 그 모든 것이 나를 위한 것이 아니라 사실은 엄마를 위한 것이었다는 것을 알게 되었어요."

이러한 관점의 차이는 좋은 어린 시절, 좋은 양육에 대한 정의가 변화한 것에 원인이 있다. 심리학자 닉 하스람은 지난 30년간 학대나 심리적 외상, 방임에 대한 정의에 좀 더 많은 증상을 포함시키면서, 전에는 정상이라 여겨졌던 것들을 질병으로 보는 경향이 많아졌다고 주장한다. 그래서 물질 남용이나 섭식 문제, 수면 장애, 수줍음 같은 평범한 어린 시절의 변화로서 이해될 수 있었던 현상들이 이제는 정신 장애라는 개념에 속하는 것으로 자리 잡게 되었다.

오늘날에는 생명이나 신체에 심각한 위협이 되거나, 눈에 띌 정도의 고통과 괴로움을 유발하지 않아도 심리적 외상으로 분류된다. 즉, 부모가 나를 학대했고 방임했으며 못살게 굴고 심리적 외상을 주었다고 말하면 정말 그랬던 것이 된다. 하스람이 주장했듯, 현대의 감정적 학대나 심리적 외상, 그리고 방임에 대한 평가는 자녀가 그런 행동이라고 느꼈는지에 기초를 두고 있다. 외부 관찰자가 보기에 학대가 아닌 정상적 양육 범주 안에 있는 것 같더라도, 또는 부모의 의도나 감정과는 무관하게 발생한 것이라도 그렇다. 전부 자녀가 어떻게 느끼는지에 달린 것이다.

가족 간 관계 단절이 개인적인 성장·성취일까?

젊은 세대는 어린 시절에 고통받았던 경험을 짜깁기해 자기 이야기를 만들어내기도 한다. 이전 세대에서는 보지 못한 새로운 모습이다. 과거에는 가족 내에 있을 법한 문제라고 생각되었던 것, 어쩌면 마음속에 숨겨두는 편이 나을 스트레스나 갈등, 고통스러운 사건들이 이제는 삶을 바꾸고 뒤흔드는 것들로 인식된다. 이것은 자신에 대해 더 잘 이해하고 부모나 친구, 연인과 견고한 관계를 맺게 한다는 점에서 긍정적이기도 하지만, 반대로 부정적인 감정을 재생산한다는 점에서 꺼내지 않는 편이 더 좋을 수 있다.

물론 적지 않은 아이들이 부모의 신체적 · 언어적 학대와 방임의 희생양이 되어 평생 상처를 지닌 채 살아가기도 한다. 그러나 우리는 인생에서 벌어진 결과들의 원인 제공자로 부모라는 요소에 지나치게 골몰하는 것 같다. 충분히 있을 법하고 정상적인 양육방식을 병리적이고 정신적 외상을 주는 행동의 범주에 포함시키는 경향이 있다. 부모가 한 행동이 가벼운 것이든 심각한 것이든 간에, 성인 자녀는 부모에게 부당할 정도로 큰 불만을 품기도 한다.

이것은 그 누구에게도 좋을 것이 없다. 정신질환의 범주가 이러한 분야까지 확장되면서 오히려 회복 가능성이 줄어들게 되고, 직면한 어려움을 해결하는 능력에 대한 자신감마저 떨어지게 된다는 연구 결과가 있다. 이러한 무력감은 관계 단절이라는 행동이 마치 자기 결정권을 행사하는 것처럼 보이게 만든다. 가족 간의 갈등이나 부모 또는 자녀와 관계를 끊고 싶은 기분은 그다지 새로울 게 없지만, 가족 구성원 간 관계 단절을 마치 개인적인 성장과 성취로서 개념화하는 것은 확실히 전에 없던 새로운 것이다.

그리고 여기에서 문제는 수많은 상담심리치료 서적에서 주장하듯 여전히 아동발달 상 부모의 태도가 자녀의 성장을 결정짓는 가장 중요한 결정요소라는 데 기반을 두고 있다는 것이다. 이러한 추정은 존 로크와 프로이트, 매슬로, 존 왓슨의 이론에 뿌리를 두고 있다. 인간은 백지상태에서 경험에 의해 이성과 지식을 갖춘다는 존 로크의 낡은 이론, 이제는 신빙성을 잃은 프로이트의 억압과 기억에 대한 심리성적발달 단계, 매슬로의 자아실현 이론, 행동주의에 입각해 부모가 원하는 어떤 종류의 성인도 만들 수 있다는 존 왓슨의 거창한 주장이 바로 그것이다. 이 같은 이론은 현대 연구를 통해 반박되고 있지만, 여전히 잘못된 전제로 인해 가족이 해체되고 있다.

최근 연구에 따르면, 우리가 어떤 사람으로 성장할지 스스로 알아낼 수 있으며, 따라서 행복을 가로막는 특성뿐 아니라 그러한 특성을 가져다줬다고 믿는 개인을 찾아서 배제할 수 있다고 주장한다. 바로 거기에 문제가 있다. 개인의 성장과 성취를 방해하는 여러 요소를 차단하려 할 때, 요즘 사람들은 특히 가족에서 원인을 찾는 경향이 있다. 문화사회학자 에바 일루즈는 오늘날 우리의 고통은 그 순서가 바뀌었다면서 다음과 같이 이야기한다. "문제 가정이란 어떤 가정인가? 개인의 필요가 충족되지 못한 가정이다. 어린 시절에 개인의 필요가 충족되지 못했다는 것을 어떻게 알 수 있을까? 그 사람의 현재 상황을 보면 금방 알 수 있다."

오늘날에는 상담 분야나 자기계발 모임, 심지어 알코올 중독자 치료 모임에서조차 내면의 장애물을 극복함으로써 성공에 이를 수 있다는 신자유주의적 논리가 지배적이다. 이런 개념들이 우리의 삶을 이해하고 인과 관계를 파악하는 방식이 되었으며, 미래의 성공을 위해 과거의 문제점을 찾아 해결하도록 방향을 제시하고 있다. 그러나 이런 신자유주의적 논리는 더 합당한 다른 원인을 찾기 힘들게 만든다. 가족역사학자 스테파니 쿤츠는 〈우리가 전혀 가본 적 없는 길: 미국식 가족과 과거에 대한 향수라는 덫(The Way We Never Were: American Families and the Nostalgia Trap)〉이라는 책에서, 자녀가 어떻게 자랐는지에 대해 부모를 비난하는 것은 특히 빈곤층이나 노동자 계층에게는 불공평한 것이라고 주장했다. 그의 연구에 따르면, 빈곤하고 사회적 지위가 낮은 부모는 다른 계층에 속한 부모보다 자녀에게 영향을 덜 미치기 때문이다.

'부모에게서 벗어나 당신을 찾으세요'라는 속삭임

사회의 분위기는 우리의 인식뿐만 아니라, 인과 관계를 이해하고 다른 사람의 행동에 대한 의도와 의미를 해석하고 자신의 사회적 목표를 실행하는 방식에도 커다란 영향을 미친다. 인터넷 신문 허프포스트는 최근 칼럼에서 자녀를 희생시키면서 자신의 욕구를 좇는 부모를 나르시시스트로 규정하고, 부모의 나르시시즘에 대처하는 방법을 알려주는 글을 실었다.

여기서 두 번이나 언급된 것처럼, 부모와 자녀의 관계에서 경계선은 중요한 주제다. 대개 성인 자녀는 부모와의 경계를 명확히 하려고 하고, 부모는 상대적으로 덜 명확하길 원한다. 하나의 개체로 독립하고자 할 때는 경계를 명확히 하는 것이 중요한데, 성인이 되면 개인주의 성향이 강해져서 외부의 영향으로부터 자유로워지고 싶어 하며 자립과 자기표현, 자아실현에 대한 욕구가 커진다.

허프포스트가 말하는 '나르시시스트 부모와 결별하는 방법'

무엇보다 현재의 관계에 대해 스스로 자책하지 말아야 한다.

나르시시스트를 사랑하려면 때로는 안전한 거리를 둘 필요가 있다. 그 나르시시스트가 당신의 부모여도 마찬가지다.

• **성인 자녀를 위한 조언**

1. 자신의 건강과 행복이 최우선이라는 점을 인식해라.
2. 부모와의 관계에서 벗어나 경계선을 그어라.
3. 대립하려 하지 말고 선을 명확히 해라.
4. 부모와의 관계에 휴식기를 갖는다는 것이 매우 어렵다는 것을 인정해라.
5. 부모와의 관계 상태에 대해 스스로 자책하지 마라.

부모와 자녀가 공통적으로 경계선 문제를 해결하고자 하는 것은 무슨 이유인가? 왜 수많은 젊은이들이 자신의 부모가 자기애적 경계선 성격장애라고 주장하는 것인가? 이것은 최근 수십 년 동안 가족이 얼마나 복잡하게 얽혀왔는지에서 그 해답을 찾을 수 있다.

오늘날의 부모는 전보다 더 걱정이 많아지고, 더 스트레스를 받으며, 자녀 양육에 대해 더 많이 공부한다. 혹시라도 자신의 실수로 아이가 성인으로 잘 자라는 것을 방해하지 않을까 걱정스럽기 때문이다. 그밖에도 부모들은 자녀들을 위해 더 많은 시간을 투자한다. 이 모든 것들이 이전 세대보다 더 긴장된 가족 환경을 만드는 요소들이다. 예전에는 자녀를 돌보면서도 세심히 귀 기울이지 않았고, 부모의 권위가 확실히 섰으며, 부모가 하는 일을 자녀가 어떻게 생각하는지는 별로 신경 쓰지도 않았다. 게다가 요즘은 기술의 발달로 가족이 언제든지 바로 연결될 수 있는 시대가 되었다.

이로 인해 자녀들은 부모의 꿈과 좌절, 성공과 실패 같은 삶의 내면에 대해 더 많이 알 수 있고, 부모와 자녀가 서로 세심하게 살피고 소통함으로써 서로에 대해 더 많이 알게 되었다. 부모 자식 관계가 어느 때보다 친밀해지고 가까워진 것이다.

사회가 좀 더 가족 중심이 되면서 전에는 친구나 종교모임, 그 밖의 공동체와 맺던 관계가 자녀로 대체되었다. 오늘날의 부모는 이전 세대의 부모에 비해 자녀의 삶에 지나치게 많이 관여한다. 이것은 아마 현대 부모들이 친구나 가족 이외의 다른 사람과 보내는 시간이 훨씬 적기 때문일 것이다. 사회학자 폴 아마토에 따르면 1940년대생 사람들이 1960년대생 사람들보다 친구가 51%나 더 많고, 부부동반 모임을 39%나 더 많이 하며, 단체에 가입한 회원 비율은 168%나 더 많고, 부부동반 활동을 133%나 더 많이 한 것으로 나타났다. 사회학자 로버트 퍼트넘도 〈나 홀로 볼링(Bowling Alone)〉이라는 유명한 책에서 비슷한 주장을 했다. 일부 성인 자녀들이 부모와 관계를 끊거나 부모를 나르시시스트라고 주장하는 이유 중 하나가, 그들이 감당할 수 있는 이상으로 부모가 친밀함을 요구하기 때문일 것이다.

부모에게는 삶의 의미와 기쁨이 자녀에게서 비롯된다. 과거에는 가족이 지역사회와 친척들 사이에 뿌리를 두고 있어서 그들로부터 공동 육아의 도움을 받을 수 있었다. 그러나 핵가족화된 요즘은 가족관계가 직계에만 의존해 자녀에게 더 많은 친밀감을 요구하게 되었다. 이러한 사회적 변화는 여러 가지 이유로 부모와 연락하고 싶지 않은 자녀에게는 부담스러운 부분이다.

요즘 부모는 금전적으로나 정서적으로나 자녀에게 이전 세대보다도 더 많은 투자를 하고 있기 때문에 자녀도 부모에게 그에 맞는 수준으로 보답하는 것이 당연한 도리라고 여긴다. 부모는 자녀에게 마땅히 받을 자격이 있다고 생각하지만, 이러한 생각이 자녀와의 소통을 가로막고 자녀가 부모에게 등을 돌리게 만들 수도 있다. 부모에 대한 죄책감이나 책임감으로부터 도피하고자 부모와 점차 멀어지는 사람도 있다. 부모는 자녀가 자꾸 거리를 두거나 화가 났다고 느끼면 자녀를 더 공격적으로 몰아붙이게 된다. 결혼에 관한 연구에서 이러한 소통의 악순환을 '쫓고 쫓기는 자의 역학(pursuer-distancer dynamic)'이라 부르는데, 이것은 이혼 위험성과 높은 상관관계를 가진다.

아이가 나를 떠났다…
나는 실패한 부모인가

성인 자녀의 사랑과 관심이 부모의 자아정체성과 안정감에 미치는 영향이 더욱 커지면서 부모는 새로운 종류의 고통에 취약하게 되었다. 이전 세대에서는 아무리 애정이 넘치는 부모라 하더라도 자녀를 성인으로 키워서 각자의 길로 내보내는 것이 부모로서 해야 할 일이었다. 하지만 오늘날 자녀와 평생 좋은 친구가 되기를 소망하는 문화 속에서는 자녀와 관계가 멀어지거나 단절된다는 것은 부모로서 실패했다는 증표가 된다. 사회학자 칼 바우만은 미국식 개인주의의 영향을 보여주는 로버트 벨라의 책 〈마음의 습관(Habits of the Heart)〉이 출판되던 1985년에는 부모들에게 가장 큰 두려움이 자녀가 집을 떠나지 않는 것이었다고 말한다. 하지만 지금은 자녀가 떠나서 영원히 돌아오지 않는 것이 부모의 가장 큰 두려움이 되었다.

이전 세대에는 부모에 대한 효심과 의무감이 어느 정도 당연했지만, 오늘날의 부모는 성인 자녀와 관계를 유지하기 위해 자녀의 기분이나 요구에 지속적으로 맞춰줘야 하는 가족 성과주의 시대에 살고 있다. 요즘의 부모에게는 자녀의 마음을 세심히 살피고 재치 있게 의사소통을 하는 능력이 필요하다. 이전 세대 부모들은 생각도 못 했던 것들이다.

영국의 사회학자 앤서니 기든스는 현대의 스트레스가 교회, 이웃, 결혼, 지역사회, 성별과 같은 전통적인 조직으로부터 우리가 '이탈'되었기 때문이라고 주장한다. 그 대신 우리에게는 기분, 욕구, 생각, 열망과 같이 자신에 대한 지극히 개인적인 매일 매 순간의 평가가 남았다. 이 같은 자신에 대한 평가는 지속적인 모니터링이 필요하다. 친구나 연인 같은 타인과는 얼마만큼 관계 맺어야 하는가? 그들이 나의 자아실현이라는 열망을 충족시키는가? 기든즈는 자신의 저서에서 "개인적인 성장을 이루려면 자신이 누구인지 이해하는 것을 방해하는 감정적 장애물과 긴장감을 극복해야 한다."고 주장한다.

평생 친구이자 소울메이트가 되고 싶다

많은 부모들은 자신의 꿈을 포기하지 않는 적극적이고 자율적인 자녀로 키우기 위해 열심히 노력해왔다. 이를 위해 부모는 스스로 소울메이트가 되었다. 세심하면서도 지나치게 참견하지 않고, 관용적이면서도 방임하거나 제멋대로가 되지 않게 하며, 후원을 아끼지 않고, 아이의 발달 동향을 잘 파악하며, 아이를 자기 삶의 도구로 삼으려 하기보다는 아이에게 훌륭한 놀이 친구가 되어주고, 멘토라는 말을 쓰지는 않지만 훌륭한 멘토인 소울메이트.

부모가 그런 식으로 키웠기 때문에 많은 성인 자녀들은 부모를 비판하거나 거부하는 것에 부담을 느끼지 않는다. 중산층과 노동자층 부모를 비교 연구한 사회학자 아네트 라로는 중산층 출신 자녀는 부모에게 요구를 잘하고, 부모의 요구보다 자신의 요구가 더 우선하도록 주장한다고 보고했다. 청소년들은 대부분 자신이 원하는 것은 뭐든지 될 수 있다고 가르친 부모 아래에서 성장했다. 자신의 의견이 중요하고, 자신의 꿈이 무엇보다 소중하며, 자신의 감정이 엄마 아빠의 최대 관심사이자 걱정거리인 분위기에서 자란 것이다. 10년 뒤 동일한 조사대상자를 관찰 조사한 후속연구에서는 중산층 출신의 성인 자녀가 노동자층 출신의 자녀보다 부모에게 훨씬 적게 감사하고 있는 것이 밝혀졌다. 그들은 또한 노동자층 출신 성인 자녀보다 일가친척을 덜 중요하게 생각하는 것으로 나타났다.

이처럼 자녀 양육은 우리가 인지하지 못하는 외부로부터의 경제적 · 사회적 · 문화적 힘에 의해 지속적으로 형성되고 방향이 결정된다. 부모와 단절하거나 화해하는 결정, 자녀에게 손을 내밀거나 자녀를 떠나게 하는 결정도 알게 모르게 그러한 영향을 받는다.

다음 장에서는 관계 단절에 이르는 원인을 알아보고, 이러한 사회적인 힘이 부모와 성인 자녀의 관계에 새로운 가능성 혹은 새로운 갈등을 만들어 내는 것에 대해 살펴볼 것이다.

3

결혼,
이혼
그리고 단절

재혼 후
두 딸과의 관계가
끊어진 아버지

이혼 후 엄마를 통해 아버지에 대한 거부감을 키우다

마크에게는 성인이 된 두 딸이 있는데, 그들은 마크가 재혼한 상대를 마음에 들어 하지 않았다. 새엄마가 모든 면에서 친엄마와는 달랐기 때문이다. 그녀는 젊고 예쁜 데다 자녀를 키운 세월의 흔적이 하나도 없었다. 게다가 아빠가 엄마와 헤어지기 전부터 새엄마와 잠자리를 했다고 잘못 알고 있다 보니 더더욱 새엄마를 싫어했다. 그래서 전처와 이혼한 후로 딸들은 마크의 전화를 받지도 않았고, 문자나 이메일에도 응답하지 않고 있다. 심지어 큰딸은 마크가 매우 가깝게 지내던 손자와의 접촉마저도 끊어버렸다.

"작은딸이 곧 결혼식을 하는데 연락도 못 받았어요. 얼마나 속상한지 말도 못 해요." 첫 번째 상담에서 마크가 말했다. "툭 터놓고 이야기 좀 해보자고 사정사정했어요. 내 모든 자존심을 다 내팽개치고 빌었죠. 그게 뭐가 중요하겠어요. 전처의 남동생, 그러니까 아이들의 외삼촌이 신부와 입장하게 될 거라는 소식도 딸의 페이스북을 보고 알았어요. 딸아이 결혼식에 못 간다는 사실이 도저히 참을 수가 없네요. 내 인생을 통틀어서 이렇게 슬픈 적은 없었어요."

대부분의 이혼이 그렇듯 마크의 경우도 복잡했다. 전처는 아이들이 원한다면 아빠와 만나도 좋다고 말했지만, 아이들은 아빠와 만남을 유지하는 것은 엄마를 배신하는 것과 다름없다고 생각하는 것 같았다. 이혼 전만 해도 딸들은 마크를 훌륭한 아빠라고 생각했다. 그러나 이제는 이혼 후 엄마에게서 들은 얘기 때문에 아빠에 대해 다시 생각하게 되었다. 엄마는 아빠가 일에 빠져서 가족과 시간을 보내지 않았고 딸들에게도 소홀했던 것처럼 이야기했다. 엄마에게 정을 주지 않았고 외도를 한 것처럼 말했다.

전처는 남편에 대해 불만이 많았지만, 경제적으로 자립할 수 없어서 참고 살았다. 그러다가 이혼 후 딸들에게 모든 불만을 봇물처럼 터뜨렸고 점차 심해졌다. 아빠로부터 거절당한 엄마의 모욕감을 감싸 안으려는 착한 마음에서 딸들은 엄마 곁을 지켰다. 말로는 아빠와 연락을 하고 지내라고 했어도 결국은 불가능한 일이었다. 결혼생활 내내 아빠에게 희생을 강요당했다며 아빠에 대해 끊임없이 불평하는 엄마를 봐서도 그럴 수는 없었다.

그런 데다가 마크 본인마저 사태를 어렵게 만들었다. 그는 딸들에게 엄마가 거짓말을 하는 거라며, 부녀간 관계 단절의 책임이 모두 엄마에게 있다고 비난했다. 딸들에게 베풀었던 모든 혜택들을 상기시키면서 아빠에게 어떻게 그럴 수 있는지, 잔인하고 이기적이라고 메시지를 보냈다. 자기 무덤을 자기가 파고 들어간 셈이었다.

나는 마크의 하소연을 듣고 이제부터 어떻게 처신해야 할지 조언했다.

"좋아요. 이제 첫 번째로 할 일은 더 이상 아이들의 엄마를 비난하지 않는 겁니다. 그게 무슨 일이든지 간에요!"

"왜 안 되죠? 사실을 사실대로 말했을 뿐인데. 나는 좋은 아빠였어요. 두 딸을 위해 뭐든지 했다고요." 그가 말했다.

"운동도 가르쳤고, 숙제도 도와주었고, 여행도 같이 갔죠. 뭘 더 하라는 겁니까? 내가 자기중심적이고 배우자나 속이는 나쁜 놈이라는 애들 엄마의 말을 인정하라는 건가요?"

"참 난감하시겠네요. 전처가 딸들 앞에서 당신을 끌어내리려고 하는 게 뻔히 보이니 당연히 불만스러울 수밖에요. 하지만 그 불만의 화살이 딸들을 향해서는 안 됩니다. 지금 힘을 가진 쪽은 전처이고 당신은 아무 힘도 없어요. 딸들은 당신과 말도 하지 않고, 결혼식에도 초대하지 않고, 문자에 응답하지도 않으니까요."

"그러니 앞으로 어떻게 해야 할까요?"

"당신의 입장이 아니라 딸들 입장에서 상황을 바라볼 준비가 되었다는 점을 딸들에게 보여줘야 합니다."

그러면서 그동안 주고받은 이메일이나 문자를 보여달라고 했다.

부모와 관계를 단절한 자녀들의 불평불만은 놀라울 정도로 직설적이고 가시가 돋아있지만, 자세히 들여다보면 그들이 얼마나 슬프고 절망적인지 알 수 있다. 처음에는 그렇게 시작되지만, 시간이 지나면서 부모의 방어적이고 적대적인 행동에 대응해 점점 더 완고해지고 거부적인 태도로 변하게 된다. 두 딸의 문자를 읽어보니 이미 경멸과 위협이라는 반환점을 통과해버린 것을 알 수 있었다. 우리에게는 시간이 거의 없었다.

들어주고 공감하며 마음의 문 열기

엄마가 아무리 자기 유리한 대로 말했다고 하더라도, 그로 인해 딸들이 가지게 된 아빠에 대한 생각을 인정해줄 필요가 있다고 일러주었다. 지금 딸들은 아빠가 가족보다 일을 더 소중하게 여겼고 부부간에도 이기적으로 행동했다고 믿고 있다. 마크는 그렇지 않다고 주장하지만, 그럼에도 자신을 바라보는 새로운 시각을 다룰 필요가 있었다.

나는 내 경력의 초기에 8년간 정신병 폐쇄 병동에 근무하면서 잘못된 인과관계의 속성을 다루는 방법을 배웠다. 다양한 상태의 정신분열증과 그 밖의 심각한 정신질환을 겪고 있던 그들은 나와는 완전히 다른 정신상태를 가진 사람들이었다.

그들과 함께하면서 발견한 중요한 교훈은 그들과 함께 잠시 그들의 세계에 발을 들여놓는 것이다. 예를 들어, 망상형 조현병인 환자를 다룰 때는 미국 CIA가 집에 도청장치를 해놓았다거나 외계인이 연락을 보내온다는 그의 주장을 내가 먼저 받아들여야 했다. 선심 쓰듯 억지로 인정하는 것이 아니라 확신한다는 듯 이렇게 말해야 한다. "끔찍하게 들리는군요. 왜 당신을 쫓아

다니는 거죠? 그들이 어떻게 하나요? 당신 생각엔 그들이 무엇을 얻으려 하는 것 같아요?"

그들만의 세상에서 벗어나는 방법을 알려줄 만한 신뢰를 얻기 전까지는 내가 그들의 세상으로 들어갈 수 있다는 점을 알려줘야 한다. 몸과 마음으로 그들과 함께 느껴야 한다. "글쎄요, 그럴 리가요. 말도 안 돼요."라고 말하는 대신 "어휴, 그런 일이 일어난다면 겁이 나는 게 당연하죠. 나도 겁이 나는데요."라고 말하는 법을 배웠다.

일단 그들과 똑같이 느끼고 있다는 것을 보여주면 "다른 가능성을 생각해볼 수도 있지 않을까요? 그게 아니라 다른 것일 가능성은 얼마나 될까요?" 하고 질문을 던지기에 훨씬 좋은 입장이 된다. 다시 말해 그들을 내 영역으로 한 발 들어서게 하기 전에, 아주 짧은 순간이라도 그들의 세상 속에 내가 살아볼 수 있어야만 한다. 물론 항상 통하는 것은 아니다. 하지만 공감과 진정성으로 그들을 대하면 환각과 망상의 극심한 고통 속에 있더라도 그들의 세상에 관심을 보이고 들어오려는 의지를 보였던 사람을 나중이라도 찾게 될 것이다.

성인 자녀로부터 부당하게 오해를 받거나 비난받는 부모들도 이런 종류의 마음가짐이 필요하다. 관계 단절을 겪는 대부분의 부모들과 마찬가지로 마크 역시 이런 제안에 대해 우려했다.

"그렇게나 끔찍한 아빠였다는 애들 엄마의 주장에 더 힘을 실어주는 건 아닐까요? 난 그런 아빠가 아니란 말입니다. 내가 그 사람 손에 놀아나는 것 같네요. "거봐요. 심지어 스스로 형편없는 아빠라고 인정하잖아요."라고 전처가 말할 것 같군요."

"아니요, 절대 그렇게 되진 않을 거예요. 그들의 관점에서 바라보고 진실의 조각들을 찾아보겠다는 의지를 보여주는 게 오히려 당신의 권위를 강화시켜줄 겁니다. 슬프긴 하지만 지금 당신에 대한 딸들의 견해가 그러니 아무리 틀렸다고 말해봤자 소용없어요. 그럴수록 딸들은 더 화를 내고 아예 마음의 문을 닫게 될 거예요. 반대로 공감을 하고 자기반성을 할 의지를 보여주면 딸들은 경계를 풀고 당신을 조금이나마 받아들이게 될 겁니다."

"좋습니다. 어쨌든 지금으로서는 더 잃을 것이 없군요."

그러면서 딸들에게 새엄마와 잘 지내라고 요구해서는 안 된다고 조언했다. 그녀는 마크가 선택한 것이지 딸들이 선택한 것은 아니었고, 더구나 그녀를 가정 파괴범으로 보고 있는 마당에 그런 압박감을 느끼게 할 필요는 없는 것이다.

한쪽 부모에 잘하면 다른 쪽 부모에 불효일지 모른다는 착각

관계 단절을 겪는 1,600가정 이상의 부모들을 대상으로 한 설문조사를 보면 약 75% 정도가 이혼 후에 다른 쪽 친부모와 관계 단절을 경험한 것으로 나타났다. 이혼은 오랜 시간 결속시켜준 가족 간의 고마움과 의무감, 부모에 대한 유대감을 급격하게 바꾸어놓는다. 자녀에게 이혼 이전의 삶을 다시 살펴보게 하고 관점에 변화를 가져와, 부모 중 다른 한쪽을 지지하게 만드는 것이다. 이혼은 자녀가 더 이상 가족을 하나의 단위로 보지 않고 상대적인 강점과 약점을 지닌 개개인의 느슨한 결합체로 보게 할 수 있다. 그러면서 시간이 지날수록 서로 더 멀어지게 된다.

아이들은 각 나이대마다 자신만의 필요와 목표, 계획을 갖게 되고, 그에 따라 어느 한쪽 부모와 더 긴밀한 유대를 갖게 된다. 그것은 부모가 어떤 자녀를 더 편애하는가와는 무관하게 발생한다. 그리고 아무리 인격이 훌륭한 부모라 하더라도 자녀가 다른 한쪽 부모를 비난하는 것을 들으면 약간의 흐뭇한 느낌을 받게 된다. 물론 겉으로는 큰소리로 자녀를 꾸짖겠지만 말이다.

자녀는 부모로부터 더 많은 지원을 얻어내고 가족 안에서 존재감을 더 확실히 하기 위해 이런 식으로 부모에게서 드러나는 작은 단서를 놓치지 않는다. 안타깝게도 이러한 역학관계에서 부모와 연락을 끊는 일이 생겨나는 것이다. 한쪽의 부모와 관계를 단절함으로써 다른 한쪽의 부모에게 애정과 유대감을 보이는가 하면, 부모의 삶에서 차지하는 자신의 위치를 확고하게 하기도 한다.

이혼 후 부자 또는 부녀간 유대감이 약화하는 원인

다른 재혼한 많은 부모들처럼 마크는 아내와 딸들 사이에서 오도 가도 못 하는 지경이 되어버렸다. 그는 아내에게 가족 간 대화나 가족 대소사에 끼어들려 하지 않도록 설득할 자신이 없었다. 전처와 딸들에게 가정 파괴범으로 비춰지고 있는 것도 어떻게 설명할지 걱정이었다.

“물론 지금의 부인께는 잘못이 없겠지요. 하지만 지금 가장 중요한 것은 딸들이 다시 당신에게 돌아오게 하는 것입니다. 언젠가는 딸들이 새엄마를 받아들이게 될 수도 있고 아닐 수도 있지요, 새엄마나 새아빠를 평생 경멸하는 자녀도 있습니다. 당신과 새엄마를 세트로 받아들이게 하는 방법은 딸들에게 실패할 수밖에 없어요. 딸들과의 관계에서 진전이 보이는 것 같으면 그때 새엄마를 가족 구성원으로 다시 소개하는 방법도 생각해봅시다. 하지만 그 전에는 안 돼요. 너무 위험합니다.”

보통은 새 아내가 남편과 전처 사이의 자녀들에게 주는 용돈이나 기타 금전적 지원에 간섭하는 경우가 많다. 이 때문에 관계 단절을 겪는 가족들을 많이 봐왔다. 새 아내가 남편에게 자신의 입지를 세워달라고 요구하는 것은 이해할 수 있지만, 이것이 때로는 자녀들과 좋은 관계를 지속하려는 남편의 욕구와 배치되기도 한다. 이럴 때 너무나 많은 남자들이 제대로 처신하지 못한다. 실패의 원인은 대부분 자녀 양육에 대한 결정에서 새 아내에게 더 많은 권한이나 영향력을 행사하도록 허용했기 때문이다.

왜 많은 남자들이 그렇게 행동하는 것일까? 그 이유는 남자들이 자신의 감정을 파악하는 능력이 부족하고 자신의 감정을 남에게 표현하는 것에 익숙하지 않기 때문이다. 남자들은 비판적인 한 마디에도 무력해지기 쉽다. 그래서 아내로부터 실망스럽다는 얘기를 듣지 않으려고 아내가 원하는 대로 참고 견딘다. 그 때문에 자녀들과 더 많은 시간을 보내지 못하는 경우도 있다.

그밖에도 아빠보다 엄마에게 양육권이 주어지는 경우가 훨씬 많다는 것도 이혼 후 아빠와 자녀 간의 유대감을 약화시키는 원인으로 꼽힌다.

엄마와 새엄마, 딸과 의붓딸

새엄마가 되는 것도 만만한 일이 아니다. 대다수의 새엄마들은 양육에 대한 모든 책임을 져야 한다고 생각한다. 친엄마보다 더 잘 해내야 한다는 중압감에 시달리는가 하면, 남편 전처로부터 비난을 감수해야 하고 의붓자녀들의 적개심의 대상이 되기도 한다. 그에 반해 누리는 것은 별로 없다. 남편의 전처나 자녀에게 돈이 새나가는 것을 알아도 의견을 낼 수 없다는 좌절감을 느끼기도 한다.

의붓자녀는 새엄마가 아무리 사랑을 다해 애원을 한다 해도 받아들이지 않는다. 부모의 이혼이나 사별에서 오는 슬픔, 부모에 대한 죄책감, 상실감이 해결되지 않은 채 남아있기 때문이다. 배신감에 대한 두려움 때문에 긍정적인 관계를 허용하지 않으려는 것이다.

마크의 경우 자녀가 딸이라는 점에서 갈등을 겪을 확률이 더 높다. 엄마와 딸의 관계는 어떤 어려움이 있더라도 높은 회복력을 보인다는 연구 결과가 있다. 텍사스주립대학 캐런 핑거만 교수에 따르면, 아빠와 딸 또는 엄마와 아들보다 엄마와 딸들이 더 자주 전화 통화를 하고 더 많이 소통하며 조언을 주고받게 된다는 것이다.

마크는 나의 조언에 따라 작은딸과는 관계 진전을 보였지만 큰딸의 경우는 좀 더 완강했다. 큰딸은 엄마를 걱정하는 마음이 컸고, 쉽게 용서를 못 하는 성향이었기 때문인 듯했다. 마크의 새로운 접근법에 작은딸은 몇 달 안에 응답했지만, 큰딸은 닿을 듯 말 듯한 거리를 유지하면서 아빠의 변화된 모습에 천천히 마음의 문을 열기까지 3년이 걸렸다. 마크는 한 달 간격으로 큰딸에게 연락했고, 전처를 비난하거나 불만을 드러내지 않았으며, 관계 단절에 대해서 딸이 죄책감을 느끼게 하는 것은 무엇이든 적극적으로 피했다.

관계 단절을 겪는 부모들은 언제쯤 이 문제가 끝나는지 늘 알고 싶어 한다. 슬프게도 우리가 그것을 알 수는 없다. 자녀들에게는 그들만의 시간표가 있다. 부모들은 이따금 그 시간표에 영향을 줄 힘과 능력만을 지녔을 뿐이다.

엄마를 책임져야 한다는 압박감에 연락을 끊은 딸

엄마의 황혼 이혼

세 자녀를 둔 65세의 소피는 아이들이 10대가 채 되기 전부터 결혼생활을 접고 싶었다. 하지만 아이들에게 부모의 이혼을 겪게 하기 싫어서 아이들이 대학에 입학할 때까지 기다리기로 마음먹었다. 그런데 막상 아이들이 대학 갈 나이가 되자 남편과 하던 사업이 망해서 이혼을 할 경제적인 여유가 없어졌다. 게다가 막내가 아직 어려서 막내 딸아이가 졸업할 때까지 4년을 더 참고 기다린 끝에 마침내 아이들에게 이혼 얘기를 꺼낼 수 있었다.

"큰애들 둘은 부모의 이혼을 잘 받아들여 줬는데, 막내딸 리사는 받아들이는 데 힘들어했어요. 큰애들은 일찍부터 집을 떠나 살았기도 했고 성격도 태평한 편이었는데, 리사는 좀 예민하거든요. 특히 놀라운 것은 세 아이 중에서 유일하게 우리 부부에게 끔찍한 결혼생활을 끝내라고 말한 아이가 막내였다는 거죠. 솔직히 저는 딸애가 남편보다는 저와 더 긴밀해질 줄 알았어요. 아무래도 남편보다는 제가 아이를 더 많이 돌봤고, 우리 모녀 사이는 정말 친밀했거든요."

하지만 그것이 오히려 문제가 되기도 한다. 부모가 이혼 후 혼자가 되면 부모가 원하는 만큼 함께 있어주지 못하는 것에 죄책감을 느끼는 경우도 있기 때문이다. 부모의 행복을 어느 정도 책임져야 한다는 부담감, 부모로부터 독립하고 싶은 마음이 뒤섞여서 연락을 제한하거나 아예 끊어버리기도 하는 것이다.

엄마의 행복을 책임져야 한다는 리사의 부담감은 오래전부터 있어왔던 부모의 갈등에 기인한다. 리사는 행복하지 않은 결혼생활에서 오는 엄마의 외로움을 감지하고 엄마가 좀 더 가치 있고 사랑받고 있으며 채워진 느낌을 가지도록 돕는 역할로 성장해왔다. 민감한 아이는 이런 식으로 다른 형제자매보다 더 관심과 애착을 얻게 된다.

하지만 부모의 이혼 후에 책임감이 더욱 커지면서 이러한 관계는 오히려 나중에 짐이 되기도 한다. 게다가 서로 도움을 주고받았던 관계가 자녀에게는 일방적인 희생이었던 것으로 느껴질 수 있다.

결혼생활 중에는 엄마를 돌보는 것이 아빠의 의무이지 자신의 의무가 아니라고 확신했지만, 두 사람이 이혼하자 상황이 달라졌다. 특히 다른 형제들이 거들지도 않는 상황에서 엄마를 돌보려는 성향을 가진 리사는 혼자 책임을 떠안게 될 것 같아 부담스러웠다.

이런 상황에서 성인 자녀는 부모(또는 자신)가 새로운 체계 속에서도 잘

살 수 있는지 알아보기 위해 관계 단절이라는 깔끔한 선을 그으려 한다. 이때 부모가 지나치게 화를 내거나 크게 상처받은 것처럼 행동하는 것은 도움이 되지 않는다. 그럴수록 당신은 보살핌을 받지 못하면 견디지 못하고 요구가 너무 많은 사람이라는 신호를 자녀에게 보낼 뿐이다.

부모와 1차 상담을 마치고 나면 나는 관계가 단절된 그들의 아들이나 딸에게 이메일을 보내서 나와 대화를 시작할 수 있겠는지 묻는다. 이것은 상담의 한 과정으로, 리사에게도 다음과 같은 이메일을 보냈다.

제목 : 당신의 엄마 소피 가너에 대하여

친애하는 리사 양.

가족 간의 사적인 영역을 이렇게 침범해서 미안합니다.

저는 심리학자인데 부모와 성인 자녀 간의 갈등을 전문으로 상담하고 있어 당신의 엄마로부터 연락을 받게 되었습니다. 엄마에 대해 간략하게 얘기를 나누실 의향이 있으신지요?

나의 경험으로 볼 때, 합당한 이유 없이 성인 자녀가 부모와 연락을 끊는 경우는 없습니다. 결론부터 말하자면, 당신에게 화해를 하라고 이런 편지를 쓰는 것이 아니라 무슨 일이 있었는지 엄마가 잘 이해할 수 있게 저를 도와달라는 것입니다. 이것과 관련해서 저와 전화 통화를 할 수 있을까요?

조슈아 콜먼

“엄마를 행복하게 하는 게 내 책임인가요?”

성인 자녀의 약 60% 정도는 나의 편지에 답장을 한다. 그중 대략 20% 정도는 별 관심 없다고 하고, 다른 20%는 분노가 담긴 장문의 답장을 보내와 다시는 연락하지 말라고 하며, 나머지 60%는 나와 대화를 하겠다고 동의한다.

나의 대화 제의에 응해준 자녀의 경우, 대부분은 나와 함께 부모와 몇 차례 더 상담하는 것에 동의한다. 그들은 왜 이제 와서 가족 상담을 받으려는 것일까 의아해하면서 한편으로는 내가 부모 편에서 상담을 이끌어나가는 게 아닐까 걱정하지만, 나는 자녀가 단절을 필요로 하는 이유를 부모가 더 잘 이해하고 그에 따른 책임을 지게 하는 것이 상담 목표라는 점을 분명히 한다. 또 다른 목표는 부모가 관계 회복을 위해 앞으로 어떻게 해야 하는지를 분명히 하는 것이라고 알려준다.

본격적인 가족 상담에 앞서 부모를 코치하기도 하는데, 위에서 말한 상담의 목표를 알려주고 부모가 다른 방향으로 갈 경우 필요에 따라 원래의 상담 목표로 다시 돌려놓기도 한다. 대부분의 부모들은 어쩔 수 없어서(혹은 절박함 때문에) 이것을 이해하고 넘어가지만, 그중에는 끊임없이 자녀를 비난하고 죄책감을 들게 만드는 사람도 있다. 이렇게 되면 화해는커녕 다시 원점으로 돌아갈 수밖에 없다. 어쩌면 더 나빠질 수도 있다.

다행히도 리사는 4년간의 관계 단절에도 불구하고 엄마와 가족 상담을 가지는 것에 동의했다. 나는 리사와 개별 상담을 통해 그녀가 엄마에게 표출했던 엄청난 분노와 경멸은 깊은 죄책감과 책임감에 대한 방어기재였다는 것을 명백히 알았다.

"엄마는 아빠와 결혼해서는 안 됐어요. 아빠는 좋은 사람이긴 하지만 뭘 모르는 사람이에요. 엄마는 극도로 예민하고 요구가 많은 사람이고요. 아빠는 정신 나간 과학자 같아서 누가 머리를 한 대 쳐주지 않으면 감정이라는 것을 모르죠. 아마도 그런 점 때문에 엄마가 아빠에게 끌렸겠지요."

리사의 관찰은 합리적으로 들렸다. 극도로 예민한 사람과 극도로 무덤덤한 사람은 서로에게 쉽게 끌린다. 예민한 사람은 무덤덤한 배우자에게서 느껴지는 안정감을 좋아하고, 둔감한 사람은 예민하고 감성적인 배우자를 즐겁고 신선하게 받아들인다.

리사가 말을 이어 나갔다. "심리학자도 아닌데 자기 엄마 심리분석을 이렇게 하는 게 좀 우습죠? 하지만 엄마가 어떤 가족 안에서 자랐는지 알게 되면 왜 아빠처럼 그렇게 조용하고 무덤덤한 남자를 원했는지 알 수 있을 거예요."

"어머님 가족이 어땠는데요?" 리사는 상담사는 아니었지만 아주 훌륭한 관찰자인 것이 분명했다.

"세상에. 그분들 밑에서 자랐다면 저는 아마 자살했을 거예요. '죄책감을 불러일으키는 유대인 부모'라는 말 들어보셨나요? 바로 제 외할아버지와 외할머니죠. 그분들은 늘 고함을 치세요. 나이가 드셨는데도 그 정도니 엄마의 성장 시절에는 어땠을지 상상이 안 가요. 오해하지 마세요. 전 그분들을 존경하고 훌륭한 조부모라고 생각하지만, 외가에만 가면 매일같이 고함을 지르며 야단치는 소리에 귀가 다 멍멍할 정도예요."

그녀의 애정이 담긴 비판에 나는 미소를 지었다.

"어느 정도는 엄마를 공감하고 있는 것처럼 들리네요."

"맞아요. 엄마를 많이 공감하죠. 엄마는 현명하고 에너지가 넘치는 사람이지만 저와 함께 있을 때, 특히 이혼 후에는 요구도 많고 불평도 많은 무기력한 사람이 되어버렸어요.

"이혼 후에 더 나빠졌나요, 아니면 항상 그랬나요?"

"글쎄요, 엄마는 원래부터 신경과민이 심했어요. 외할머니한테 가장 안 좋은 부분을 배운 거죠. 이혼 후부터는 항상 엄마와 함께 있어 주기를 바랐어요. 나도 나만의 삶이 있는데."

"이해가 되네요. 전에는 아빠가 채워주던 역할을 이제는 당신이 채워야 한다고 느낀다는 거죠?"

리사는 재빨리 고개를 끄덕였다. "참 이상하죠. 두 분의 결혼생활은 행복하지 못했어요. 엄마가 행복하지 않은 게 확실하니까 아빠를 떠나라고 제가 엄마에게 사정사정했다니까요. 하지만 최소한 아빠는 엄마 곁을 지켜줄 수 있는 따뜻한 사람이에요. 지금 엄마는 아파트에서 혼자 외롭게 살아가고 있어요."

"엄마한테 미안한가요?"

그녀는 긴 시간 뜸을 들였다. 슬픔이 크면 회피하게 된다는 것을 사람들은 잘 모를 것이다.

"이건 엄마의 인생이에요. 아빠와 결혼하고, 아이 셋을 낳고, 이혼을 하라고 내가 시킨 건 아니잖아요."

"그렇죠. 하지만 이혼 후 엄마로 인해 더 큰 짐을 진 느낌인가 보네요."

"네, 확실히 더 큰 짐을 진 것 같아요. 엄마에게 미안하기보단 미쳐버릴 것 같은 느낌이에요. 엄마를 행복하게 만드는 게 내 책임은 아니니까요."

"맞는 말이에요. 그것은 엄마가 할 일이죠."

리사와 그 엄마는 엄마와 딸이라는 끈끈한 관계에서 이혼 후 관계가 더 악화되었다. 딸이 엄마로부터 독립하고자 하는 권리를 주장하면 할수록 엄마는 더 거부되었다고 느끼며 충격을 받는다. 엄마가 딸에게 거부당했다는 느낌을 전달할수록 딸은 더 부담을 느끼게 된다. 딸의 감정의 흐름은 주로 아래와 같이 전개된다.

1. 공감하기 : 엄마가 고통스러워한다.

2. 그 감정을 평가하기 :

① 엄마가 고통을 느끼는 것이 부담이 된다.

② 나는 이것에 면역이 안 돼있다. 엄마가 고통스러우면 나도 고통스럽다.

3. 책임의 방향을 바꾸어 공감 수준을 낮춰보기

① 이것은 엄마의 책임이지 내 책임이 아니다.

② 엄마의 고통을 나에게 느끼게 한다면 엄마는 이기적이다.

③ 내게 짐을 지울 것이 아니라 엄마는 상담을 받아야 한다.

④ 이런 느낌을 갖게 하다니, 엄마가 뭔가 정말 잘못된 것 같다. 엄마가 나르시시스트 아닐까?

엄마의 입장에서 보면 감정의 순서는 다음과 같이 흘러간다.

1. 딸의 불만과 거부가 나에게 상처가 되고 굴욕스럽고 두렵기까지 하다.
2. 나는 헌신적인 엄마니까 딸의 행동에 내가 어떻게 느끼는지 말해주는 것이 좋을 것 같다.
3. 내가 얼마나 상처받았는지 딸에게 분명히 알려줘야겠다. 딸이 그 사실을 명확하게 알게 되면 나를 이해하게 되고 전보다 더 나아질 것이다.
4. 딸에게 내 느낌조차 말할 수 없고 내 말에 상냥하게 반응하지 않는 걸로 봐서 딸은 나에게 관심이 없는 것 같다.

이런 식의 순환이 관계를 더욱 악화시킨다. 서로 생각이 전달되지 않은 채 각자 일방적으로 감정을 몰아가기 때문이다. 그렇기 때문에 나는 관계가 단절된 부모와 자녀를 같이 만나게 하거나 아니면 전화로라도 연결시켜준다. 이렇게 하면 다양한 문제가 있는 악순환의 고리를 빨리 드러나게 할 수 있기 때문이다.

관계 단절의 핵심에 접근하기

이들 모녀에게 상담의 목표가 무엇인지 물어보니, 두 사람 다 갈등이 줄어들고 소통이 잘 이루어지기를 바란다고 말했다. 딸 리사는 거기에 덧붙여 모녀 간에 경계가 잘 세워졌으면 한다고 했는데, 이것은 대부분의 성인 자녀들이 요구하는 것이다. 부모나 자녀와 개별 상담을 할 때는, 가족 상담시간에 함께 있었던 상황에서 혹시 꺼내지 못한 이야기가 있는지 물어본다. 함께 대화하면서 민감한 주제를 피하고 있다는 느낌이 들면 이처럼 개별 상담을 통해 바로 본론으로 들어갈 수 있다.

리사(대화를 먼저 시작했다) : 저는 단지 엄마가 자신만의 삶을 살아야 한다고 생각해요.

엄마(짜증을 내며) : 나도 내 삶이 있단다, 리사.

나 : 엄마가 자신만의 삶을 살기를 바란다는 게 정확하게 무슨 뜻인가요?

리사 : 죄송해요.

나 : 천만에요. 자신의 느낌에 대해 뭔가 중요한 걸 표현하려는 것 같군요. 개별 상담시간에 당신이 원하는 것 이상으로 엄마의 행복에 책임을 느낀다고 말했던 것이 기억나네요. 이 자리에서 말하고 싶었던 것이 그건가요?

리사 : 네, 엄마의 모든 세계가 나와 내 일을 중심으로 돌아가는 것같이 느껴져요. 사실 내 책임은 아니죠. 나는 내 삶이 있으니까요.

나 : 그렇군요. 만약 엄마가 자신만의 삶이 있다면 어떨 것 같나요? 엄마와 당신의 관계는 어떻게 달라질까요? 엄마는 더 행복해질까요? 전화도 덜 걸고 불평도 덜 할까요?

리사 : 네, 전부 다일 거예요.

엄마(짜증 내며) : 내가 언제 너한테 불평을 했다는 거니? 너랑 말을 한 기억도 없는데. 4년 동안 이야기라곤 해본 적이 없잖니.

리사 : 정말 그렇다고 생각하세요? 아… 정말 모르겠어요. 그 많은 날 동안 저한테 한 건 뭐죠? 그래서 내가 연락을 끊었잖아요. 엄마로부터 조금이라도 여유 공간을 찾으려면 그게 유일한 방법이었어요. 엄마는 좀처럼 들으려 하지 않으니까요.

나 : 생각 나는 일이 있나요?

리사 : 엄마와 연락을 끊어버리기 전에 난 엄마에게 제발 매일 전화하지 말라고 하루도 빠짐없이 부탁했었죠, 그런데 엄마는 그 요청을 싹 무시했었고요.

나 : 사실인가요?

소피 : 전 이 아이의 엄마예요. 내가 내 딸에게 전화 걸고 싶으면 전화 걸 수 있는 것 아닌가요? 전화를 꼭 받을 필요는 없는 거고요.

나 : 하지만 따님이 매일 전화 걸지는 말아달라고 부탁했는데도 했던 거네요.

소피 : 그게 범죄라도 되나요?

나 : 저는 단지 두 사람 사이에 무슨 일이 있었던 건지 알고 싶을 뿐이에요. 따님은 부탁을 했고, 당신은 그 부탁을 들어줄 수 없었거나 그러고 싶지 않았거나 했던 거군요. 그럼 이제 당신 생각을 한번 말해주실래요? 딸에게 전화를 걸지 않으면 불안한가요? 아니면 외롭거나 두려운가요?

엄마 : 내 전화를 한 번도 받지 않을 때는 정말 두려웠어요.

리사 : 맞아요. 그렇지만 그게 문제예요, 엄마. 갑자기 시작된 건 아니고 늘 그래왔어요. 내가 소리를 질러야만 내 말을 들으니까요. 그리고는 내가 세상에서 가장 잔인한 딸인 것처럼 피해자 행세를 하시죠.

소피 : 그건 네 말이고, 난 그런 말은 한 적 없어.

리사 : 엄마가 그렇게 말했어요.

나 : 자, 알겠습니다. 어머니께 잠시 기회를 드릴게요. 따님 입장에서 보면, 연락을 어느 정도 할지에 대해 납득할 만한 요청을 했는데 당신은 그럴 수 없었던 것 같아요. 나름대로 이유가 있었을 거라는 걸 충분히 이해는 합니다. 하지만 따님의 관점에서 보면 당신은 그 요청을 무시한 것이고 관계를 유지하기 위해 제시한 조건을 받아들일 생각이 없는 것처럼 느껴질 수 있어요.

엄마 : 무슨 조건이요? 나는 4년 동안이나 딸아이와 이야기조차 해본 적이 없어요.

나 : 하지만 따님이 지금 이 자리에 있는 건 더 나은 관계를 원하거나 그런 관계가 가능한지 알아보고 싶어서겠지요. 그건 따님의 설명이 어느 정도 타당하다고 생각해요. 따님은 납득할 만한 요청을 했는데 당신이 반응하지 않자 제안을 들어줄 마음이 없다고 느낀 거죠.

리사 : 맞아요.

오해에서 시작된 악순환의 고리 끊어내기

상담에서 진전을 보려면 서로의 역학관계에 대해 책임이 있음을 받아들여야 한다. 상담은 계속되었다.

나 : 내 생각에는요, 리사. 엄마가 자신만의 삶을 살고 있지 않다고 걱정하는

것은 당신이 엄마의 행복에 너무 많은 책임을 느끼는 것과 연관이 있는 것 같아요. 당신이 화를 내는 것은 어쩌면 엄마에 대한 책임을 느끼지 않으려는 방어벽일 수 있어요.

리사 : 그럴 수 있겠네요. 생각 좀 해봐야겠어요.

나 : 그래서요, 소피, 당신이 딸의 요청을 존중하지 않거나 들어주지 않을 때, 당신의 행복을 위해 너무 요구하고 의존적이라고 딸이 느끼게 만들어요. 당신은 그렇지 않다고 생각하겠지만 딸은 그렇게 느끼는 거예요.

엄마 : 그렇지 않아요. 그게 사실이냐, 리사?

리사 : 네! 지난 3년 동안 내가 말하려던 것이 바로 그거예요. 엄마가 나쁘다는 것이 아니고요. 엄마는 훌륭하고 존경할 만한 점이 많지요. 엄마가 아빠와 갈라서고 나서는 그 빈 공간을 내가 채워주길 바라겠지만, 나는 그러고 싶지 않아요.

소피가 나쁜 엄마가 아닐 뿐 아니라 훌륭한 엄마라고 리사가 말할 수 있다는 사실 덕분에 대화는 전혀 다르게 이어졌다. 중요한 것은 엄마로서의 자신의 가치를 방어하는 것이 아니라, 앞으로 관계를 어떻게 이어나갈지 그에 필요한 조건에 어떻게 동의하느냐였다. 그것은 또한 소피가 방어적인 자세에서 공감하는 태도로 전환하게 되는 계기가 되기도 했다.

소피 : 정말이니? 미안하구나, 얘야. 내 행복에 네가 책임감을 느끼지 않아도 된단다. 네가 항상 화를 내니까 어떻게 말해야 할지 몰랐던 거야.

나 : 자, 여기에 악순환의 고리가 있었던 것 같군요. 리사는 연락을 줄여달라고 납득할 만한 요청을 했는데, 그 요청에 소피 당신은 상처받거나 거부당했다고 느껴서 불만을 이야기하거나 무시를 하죠. 이 점 때문에 리사는 엄마로부터 독립하는 것을 엄마가 용납하지 못한다고 걱정하게 됩니다. 그래서 따님은 죄책감을 느끼고 분노나 비판으로 반응하는 겁니다. 그리고 소피 당신은 거부되었다고 느끼면서 그렇게 악순환이 반복되는 겁니다. 소피, 앞으로는 리사의 요청을 더 잘 받아줘야 하고, 리사 당신은 그런 요청이나 제한을 둘 때 가능한 한 부드럽고 거부하기 어려운 어조와 언어를 사용하려 노력해야겠어요. 이 악순환에 두 사람 모두가 일조를 한 것 같군요. 목표는 이 악순환의 흐름을 중단시키는 겁니다. 상대방의 마음 밑바닥에 있는 감정에 호흡을 맞추며 반응하는 것으로 바꾸어야 합니다.

건강한 관계를 유지하는 힘, '관계 회복력'

리사의 불만은 이해가 됐지만, 엄마에 대한 그녀의 생각이 다 맞았던 것은 아니었다. 소피는 정말로 딸을 그리워했고, 그 이유를 나는 알 것 같았다. 리사는 총명하고 이해력이 빠르며 유머 감각도 있는 사람이었다. 반면에 소피는 딸이 알고 있던 것보다 더 강했다. 주변에 좋은 친구들이 있었고, 두 개의 독서 모임에 나가고 지역 전문대에서 이탈리아어 수업을 듣는 등 자신만의 삶을 즐기고 있었다.

자신의 행동 때문에 딸이 더 거리를 두게 되었다는 것을 그녀는 빠르게 받아들일 수 있었다. 이것도 강점 중에 하나다. 그렇지만 확실히 그녀는 희생자인 것처럼 행동했는데, 그 점은 바꿀 필요가 있었다. 그리고 리사도 분노와 비판보다는 좀 더 다정한 방법으로 엄마에게서 독립함으로써 죄책감이나 걱정에 반응하는 방법을 배울 필요가 있었다.

다행히 소피는 관계 회복력이 좋은 사람이었지만 다른 가족의 경우에는 그렇지 못할 수도 있다. 회복력은 단절된 부모와 자녀가 화해하는 데 아주 중요한 요소다. 결혼을 하고서도 부모와 자녀가 친밀하고 건강한 관계를 유지하려면 양쪽 모두 어느 정도의 관계 회복력이 있어야 한다. 소피와 리사는 모녀 관계를 다시 궤도에 올려놓을 수 있었지만, 일부 성인 자녀의 경우 엄마의 불행에 압도되어서 엄마를 거부하는 것 말고는 자기 자신에게 집중할 수 있는 다른 방법을 알지 못한다.

자녀와의 단절 문제로 어려움을 겪는 부모 사례를 다룰 때, 부모가 우울증이나 불안감 등 심리적 문제를 상담하고 있다면 그 사실을 자녀에게 알리라고 조언한다. 그리고 그들이 스스로 의미 있는 삶을 만들어가고 있다는 것을 자녀들에게 보여주는 것이 좋다. 만약 그렇게 하고 있지 않다면 이제부터라도 시작하려는 노력을 해야 한다. 부모의 행복에 자녀가 지나치게 책임감을 느끼는 것 같은 조짐을 보이면 그렇게 생각하게 만든 점을 인정하고, 자녀에게 너무 책임을 느끼지 않았으면 한다고 표현하는 것이 좋다.

외도와 이혼,
그리고
자녀들의 대화 거부

릭은 13살 때 우연히 엄마의 핸드폰에서 어떤 문자를 보게 되었다. "당신과 보낸 어젯밤은 정말 뜨거웠어요. 도저히 오늘 밤까지 기다릴 수가 없네요." 처음에는 아빠에게 보낸 문자라고 생각했다. 그런데 전날 밤에 엄마가 집에 없었던 것이 생각나, 역겨움을 억누르며 엄마가 다른 남자에게 보낸 것이 틀림없는 노골적인 문자를 읽어 내려갔다. "지금 당신이 내 안에 들어오면 얼마나 좋을까요!"

릭은 충격에 온몸이 얼어붙었다. 엄마가 다른 남자에게 보낸 그 문자를 아빠가 읽을지도 모른다는 생각에 아빠를 보호해야겠다는 마음이 들었다. 그리고 항상 정직해야 한다고 강조하던 엄마에게 경악했다.

릭은 엄마가 아침식사를 하고 있는 주방으로 마비된 듯 걸어갔다. 아무도 모르게 이 일을 해결하고 싶었다.

"잘 잤어, 아들?" 엄마가 릭을 바라보며 말했다. "너 괜찮니? 어디 아파?"

릭은 내색하고 싶지 않았다. 할 수만 있다면 문자를 보기 전으로 시간을 되돌리고 싶었다.

"아니, 학교 가요."

클라라는 10대 아들의 무덤덤한 단답형 대화에 익숙했기 때문에 다시 아침식사에 눈을 돌렸다. 그리고는 일이 벌어졌다. 릭은 도저히 참지 못하고 폭발했다.

"이게 도대체 뭐죠?" 릭은 엄마의 전화기를 눈앞에 들이밀었다. 그녀의 얼굴은 하얘졌다. 그녀는 빨리 수습을 하려고 했다.

"내 핸드폰으로 뭘 한 거니?"

"검색하고 있었어요. 내 핸드폰을 다른 방에 둬서…. 짐 오스본이 누구예요? 그 사람하고 같이 잔 것 같은데, 놀란 척하지 마세요."

"릭, 나한테 그런 식으로 말하지 마라. 아무하고도 잔 적 없어. 그 사람은 직장동료일 뿐이야. 그리고 내 핸드폰이나 침실에 얼씬하지 않았으면 좋겠다."

"그래요? 그게 별일 아니고 그 사람이 그냥 직장동료라면 아빠한테 엄마 핸드폰을 보여드려도 별 상관없겠네."

"그래, 아빠한테 보여드려! 아빠도 전에 짐을 만난 적이 있어."

"난 어린애가 아니에요." 그는 눈물이 날 것 같은 기분을 감추며 말했다. "그냥 다른 남자와 바람났다고 인정하고 다른 사람 갖고 놀지 마세요!"

"릭, 네가 화난 건 이해하지만 네가 생각하는 그런 것이 아니야. 나는 네 엄마고 너는 나한테 그런 식으로 말해서는 안 돼."

"당신은 내 엄마가 아니야!" 릭은 훌쩍이며 방을 뛰쳐나갔다. "당신은 창녀야. 다시는 나한테 말도 붙일 생각하지 마!" 그렇게 말하고 문을 쾅 닫았다.

한 번의 실수로 가정과 자녀를 잃다

클라라는 아들이 한 말이 사실이 될 줄은 꿈에도 몰랐다. 바람을 피우긴 했지만 남편과 이혼할 생각은 없었다. 그녀는 남편을 사랑했다. 낭만적인 사랑이었다. 남편은 예의 바르고 안정감 있는 사람이었다. 두 사람은 남 보기에 성공적인 가정을 꾸렸지만 성생활은 만족스럽지 못했고 나이 들면서 오히려 후퇴할 뿐이었다. 중년이 된 친구들이 아직도 남편이 잠자리를 요구해서 귀찮다는 불평을 할 때면 질투를 느꼈다. 클라라는 자신이 성적으로 매력적이라고 생각해왔다. 그녀가 남편과 결혼한 것은 남자친구들은 가지지 못한 든든한 안정감과 항상 곁에 있어주는 따뜻함 때문이었다.

그녀는 자신이 올바른 선택을 했다고 믿었다. 남편은 성관계를 가질 때 적극적이지 못했고 횟수도 적었다. 하지만 이런 결점을 다 만회할 정도로 남편이자 아빠로 건실하고 헌신적인 사람이었다.

클라라의 부모는 이혼을 했다. 그렇기 때문에 남편이 자신만큼 성생활을 즐기지 않는다는 이유로 자녀들이 있는 결혼생활을 무너뜨려서는 안 된다고 결심했다. 그녀는 모든 것을 다 가질 수는 없다고 스스로를 타이르면서 결혼생활 내내 평온함을 유지할 수 있었다.

하지만 직장동료가 유혹해오자 어느 순간 둑이 허물어지고 마음을 빼앗겨버렸다. 7개월이 넘도록 외도를 지속하면서, 열정적인 그 관계가 언젠가는 끝날 것이라고 내심 알고 있었다. 그 남자는 성적으로 매력적이었지만 남편으로 괜찮은 사람은 아니었다. 바람을 피우면서도 그녀는 남편과 가족을 사랑한다는 점을 분명히 했고, 절대로 남편을 떠나는 일은 없을 거라고 했다.

남편을 속이는 게 위험하다는 것을 그녀도 잘 알고 있었다. 남편은 "우린 뭐든지 극복할 수 있어."라고 말하는 타입의 남자는 아니었다. 좋게 말하면 그는 자상했고 너그러운 사람이었지만 만약 일정 선을 넘어버리면 그것으로 끝이었다.

혼란스럽고 고통스러웠던 부부 상담에도 불구하고 클라라의 남편은 더 이상 아내를 믿을 수 없다고 결론 내렸다. 일 년 후 그들은 이혼했고, 아들 릭은 엄마를 찾아오거나 엄마와 대화하는 것을 거부했다. 클라라는 결혼생활이 끝났다는 것뿐만이 아니라 자녀들과의 관계도 엄청난 변화가 온 것에 가슴 아팠다.

양육권 조정에서 법적·물리적 양육권을 반반 인정했으나 판사는 열네 살 된 아들이 스스로 결정하도록 했다. 양육권 관련 명령은 18세까지 적용되는 것이 일반적이었지만 법원은 아직 어린 10대 아이가 원하는 대로 따르기로 했다. 이제 열 살이 된 딸아이는 법원 명령으로 일주일에 한 번씩 만나고 있지만 엄마에게 차갑게 대하며 거리를 두었다. 딸아이는 한두 단어 수준의 짧은 응답 외에는 엄마와 대화하는 것을 거부했다. 더욱이 사소한 요청에도 반항적이고 대립하는 자세를 취했다.

가족 간의 의도된 소외, '부모 따돌림'

부모의 외도를 알게 되는 것은 나이와 상관없이 견디기 힘든 일이다. 특히 부부 관계가 갈 데까지 가서 서로 비난하고 상대 배우자의 외도를 언급하며 자녀들에게 영향을 미치려 할 때 더욱 어려워진다. 가장 미칠 것 같이 힘든 건 아이가 상대 배우자 편에 서서 자신을 비난하고 바라보는 것이다.

심리학에서는 이러한 관계를 흔히 부모 따돌림이라고 한다. 발달심리학자 에이미 베이커는 부모 따돌림 전략을 파악해 그중 가장 일반적인 5가지 유형을 제시했다. (1) 따돌림의 대상이 된 부모가 자녀에게 정을 주지 않고 나쁜 영향을 끼친다는 식으로 안 좋은 메시지를 주는 것 (2) 따돌림의 대상이 된 부모와 자녀 간에 연락을 주고받지 못하도록 제한하는 것 (3) 따돌림의 대상이 된 부모를 자녀의 마음속에서 없애버리거나 대체하게 하는 것 (4) 자녀가 따돌림의 대상이 된 부모의 신뢰를 배반하도록 부추기는 것 (5) 따돌림의 대상이 된 부모의 권위를 깎아내리는 것. 이러한 부모 따돌림 전략들은 자녀와 따돌림의 대상이 된 부모 사이에 갈등을 일으키거나 심리적으로 멀어지게 만든다.

부모 따돌림 사례를 다루는 것이 힘든 이유는 판사들이 이에 대한 심각성을 세밀하게 파악하지 못하기 때문이다. 게다가 일단 따돌림이 일어나기 시작하면, 따돌림당한 부모는 문제를 더 일으키거나 문제가 있는 것처럼 보일 수 있는 행동을 하는 경우가 많다. 판사나 변호사는 뒤에서 따돌림을 조종한 부모보다 따돌림의 대상이 된 부모를 능력 면에서나 양육 면에서 부족하다고 생각할 수 있다.

클라라가 상담을 의뢰했을 때, 그녀의 아들은 스물두 살이었고 딸은 갓 열여덟 살이 되었다. 이혼 후부터는 아들과 직접 이야기해본 적이 없었다. 딸도 열세 살 생일 이후로는 만남을 거부했다. 다가오는 아들 대학 졸업식과 딸의 고등학교 졸업식에 참석해도 될지 클라라는 조언을 구하고자 했다. 두 아이 모두 클라라가 졸업식에 온다면 환영받지 못할 거라고 했음에도 가는 게 좋을지 어떨지 결정하지 못했다. 이혼 후 2년 만에 재혼한 전 남편은 특별히 전처와 아이들의 관계를 이어주려는 생각이 없었다. 그러면서 아이들이 엄마를 거부하는 건 자기도 어쩔 수 없다며 자기가 어떤 영향도 주지 않았다고 했다. 하지만 자녀들에게 거부당하는 것이 두려웠던 클라라는 이혼 후 연애는 물론이고 데이트조차 한 적이 없었다.

시간과 거리는 관계를 무디게 한다

시간이 흘러도 나아지지 않고 상황이 오히려 나빠진 것은 법률가와 심리상담가의 잘못된 조언 때문이다. 이혼 당시 만났던 상담사는 거리가 필요하다는 자녀들의 요청을 존중해주라고 했다. 그러면서 자녀와의 관계 단절이나 외도를 무기 삼은 남편의 대응도 시간이 지나면 다 해결될 거라는 식으로 잘못 판단했다. “걱정하지 마세요. 당신은 좋은 엄마입니다. 나이가 들면 아이들은 돌아올 거예요.”

그러나 이 말을 곧이곧대로 믿어서는 안 된다. 시간과 거리는 관계를 점점 무뎌지게 하기 때문이다. 일상 경험을 공유하지 못하면 부모와 자녀는 서로에게 낯선 사람이 되어버린다. 그렇기 때문에 전처 혹은 전남편으로 인해 자녀에게 따돌림을 받을 경우 빠르고 단호하게 행동해야 할 필요가 있다.

미성년 자녀를 둔 부모의 경우 자신에게 유리하도록 법원을 이용하기도 한다. 클라라가 관계 단절이 시작되던 시기에 내게 연락을 해왔다면, 부모 따돌림에 대해서 아무것도 모르는 변호사를 해고하고 그와 같은 사례에 능통한 변호사를 선임하라고 조언했을 것이다. 그리고 자녀와의 재결합 상담을 법원에 신청하도록 권했을 것이다. 자녀 재결합 상담은 미국 법원의 지휘하에 이루어지는 제도인데, 이혼 후 부모와 자녀의 생각이나 느낌, 반응에 대해 논의하고 작업해나가기 때문에 부모와 자녀 모두에게 도움이 된다.

따돌림을 조장하는 부모가 의도적으로 협조하지 않는 경우 법원은 그에게 상담 목표를 수행하도록 요구하기도 한다. 또한, 따돌림을 조장하는 부모로부터 세뇌된 자녀가 따돌림당하는 부모와 자유롭게 다시 애착을 가질 수 있도록 충분한 시간을 제공할 것을 권하기도 한다. 수많은 양육권 분쟁을 담당하고 관련 서적을 출판한 검사 브라이언 루드머는 “해결하기 어려운 가족 문제의 경우, 법에 의존하지 않고는 이러한 관계를 깨뜨릴 방법이 전혀 없다.”며 법의 힘을 강조한다. 그는 상담사가 다음과 같이 하는 경우, 도움이 되기보다는 오히려 해가 된다고 말한다.

1. 어느 한쪽 부모나 검사로부터 의뢰받은 상담사의 경우, 양쪽 부모 모두 각자 타당한 견해가 있다는 것을 전제로 하지 않고 한쪽 말만 듣고 치우친 판단을 한다.
2. 아이를 이혼한 다른 부모 집에 데려다주는 것을 거부하거나, 화해 상담에 늦게 나타나거나, 아예 참석하지 않는 등 다루기 힘든 가족의 심리적 또는 법적 징후를 파악하지 못한다.
3. 부모와 자녀 간 관계를 회복할 수 있는 제도적 장치를 마련해달라고 법원에 요구하지 못한다.
4. 자녀를 화해 상담에 데려오지 않거나 상담 과정을 폄훼하는 등 한쪽 부모의 진행 방해 행위를 법정에 보고하기를 꺼린다.
5. 관계에서 단절된 부모를 도움이 필요한 사람으로 보지 않고 구제 불능인 사람으로 본다.
6. 상담에 진전을 보이기 위해서는 그 모든 절차가 신속하고 긴급하며 객관적인 지표를 가지고 진행되어야 하는 것을 이해하지 못한다.

법원이 도움을 주지 않거나 부모가 상담을 받을 경제적인 여유가 없는 경우에 부모는 어떻게 해야 할까? 자녀들이 모두 성장해서 법정에서 다룰 만한 상황이 아니라면 어떻게 하는 것이 좋을까?

다음은 어린 자녀를 둔 부모나 성인 자녀의 부모 모두에게 도움이 되는 제안들이다.

1. 진흙탕 싸움에서 빠져나와라. 전 배우자가 당신에 대해 끔찍한 소리를 하더라도 일일이 대응할 필요는 없다. 상대의 농간으로 아이로부터 따돌림을 당하는 상황 속에서도 아이의 주위에 적어도 정신이 온전한 사람 한 명은 있어야 하지 않겠는가. 아이를 중간에 두고 두 사람이 서로 모욕을 서로 주고받는 것은 아이에게 도움이 되지 않는다. 오히려 당신을 위험한 인물로 보이게 할 뿐이다.

2. 전 배우자가 뒤에서 조정했다는 것을 알고 있더라도, 당신에 대한 자녀의 불만을 통해 아이의 속마음을 발견하도록 노력해라. 자녀의 인식이 맞고 틀리는지 검증하는 게 목표가 아니다. 자녀의 불만을 수긍하고 인정하면 아이는 저항하기보다는 오히려 방어를 풀게 될 가능성이 훨씬 높다. 덧붙여 말하자면, 자녀는 자신의 기억이 잘못되었거나 누군가에 의해 각색되고 조종받았다는 것을 자각하지 못할 수 있다. 따라서 맞나 안 맞나를 따지는 것은 잘못된 방법이다. 대신 당신은 회복 가능성이 있으며 헌신적이고 애정을 갖고 있다는 것을 보여줘야 한다.

3. 당신에 대한 전 배우자의 거짓말에 대처하는 강력한 해결책은 당신이 상대가 말한 것과 다른 사람이 되는 것이다. 당신이 애정적이고 회복력이 있으며 헌신적일수록 자녀에게 더 이롭고, 당신에게 돌아갈 가능성이 더 커진다. 전 배우자가 자녀에게 당신을 비난했다고 해서 똑같이 당신도 그렇게 하는 것은 자녀에게 도움이 안 된다. 당신이 이러한 원칙을 지켜나간다면 멀리서 불빛을 비추는 등대처럼 길잡이가 되어 언젠가는 자녀들이 당신에게 돌아오게 될 것이다.

전 배우자의 거짓에 맞서야 할 때

전 배우자의 거짓말에는 신중하게 대응해나가야 한다. 어느 나이대의 이혼이건 간에 이것은 대부분이 겪는 가장 곤란한 일 중의 하나다. 의도적이든 아니든 간에 아래와 같은 행동을 하는 경우, 다른 쪽 부모에 대한 아이의 존경심을 무너뜨릴 수 있다.

1. 부모로서의 역할과는 무관한, 결혼생활 중에 있었던 행동을 폭로한다. 예를 들면, 아이에게 말하지 않았다면 알 수 없는 다른 쪽 부모의 외도에 대해 폭로한다. 앞서 예를 든 마크의 전처처럼, 남편이 자신과 감정적인 공유가 없었다고 자녀들에게 말한 것도 비슷한 경우다. 그렇게 말함으로써 자녀들이 자신을 안쓰러워하며 함께 상대 배우자를 경멸하도록 유도한다(배우자로서는 좋은 사람이지만 부모의 역할을 잘 못하는 사람이 있고, 좋은 부모지만 좋은 배우자가 아닌 경우도 있다).
2. 다른 쪽 부모가 양육과는 무관한 불미스러운 행동을 했다고 자녀에게 알려준다.
3. 양육비나 위자료 지급을 하지 않았다고 거짓말한다.

위에서 예로 든 것들은 가장 흔히 일어나는 경우를 나열한 것이며, 이혼 상황에서 이루어지는 거짓말의 종류는 다양하다. 중요한 것은 내용보다는 그 거짓말에 어떻게 대응할까 하는 것이다. 다른 것과 마찬가지로 자녀에 관해서는 대응하되 그 밖의 이야기는 하지 않는 것이 좋다. “내가 자녀 양육비를 안 줬다고 네 엄마가 말했다고? 믿을 수가 없구나. 그런 거짓말을 하다니…. 네 엄마한테 몇천 달러나 줬는데." 이렇게 말할 것이 아니라 다음과 같이 이렇게 말해야 한다. "엄마가 왜 그런 말을 했는지 모르겠구나. 확인하고 싶다면 출금 내역을 보여줄게. 하지만 지금 나한테 중요한 것은 네가 그런 말을 들었을 때 어떤 생각이 들었을까 하는 거란다. 아빠가 양육비를 주지 않았다고 생각하면 무척 화가 났겠지." 어쨌든 침착하게 반응하는 것이 좋다.

이혼은 관계 단절을 더 쉽게 풀어주기도 하지만 더 복잡하게 만들기도 한다. 어떤 원인으로 관계가 단절되었든, 자녀에게 침착하고 효과적으로 그리고 두려움 없이 대응하는 방법을 알아두는 것이 앞으로의 관계 회복을 위해 매우 중요하다.

4

문제 자녀에 대처하기

끊임없이 문제 일으키는 딸과의 줄다리기

스물다섯 살의 쇼샤나는 평생 마음 편한 날이 없었다. 어렸을 때부터 성인이 될 때까지, 늘 불안과 학습장애에 시달렸다. 머리가 뛰어나고 지능지수가 높았어도 아무런 도움이 되지 못했다. 그동안 수많은 상담사, 심리학자, 코치, 학습 전문가들을 만나보았지만 소용이 없었다.

쇼샤나가 고등학교 2학년이었을 때, 부모는 그녀에게 음주 문제가 있다는 것을 알게 되었다. 학교 행사 도중에 쇼샤나가 알코올 중독으로 응급실에 실려간 것이다. 병원 의료진은 그녀가 심각한 알코올 중독이라고 부모에게 알려주었고, 재활 프로그램에 보낼 것을 권했다. 한 달간의 재활 프로그램을 마치고 퇴소한 후 몇 주 지나지 않아 다시 재발하자 이번에는 산악 캠프로 보냈다. 이 방법도 도움이 되지 않았다. 다행히 대학입학능력시험에서 읽고 쓰기 점수가 높았고 작문 실력도 좋았기 때문에 심각한 학습장애가 있어도 그럭저럭 괜찮은 대학에 들어갈 수 있었다. 부모는 딸이 대학에 들어가기만 하면 심리적으로 극복해낼 수 있으리라 짐작했다.

그러나 그러지 못했다. 1학년 과정을 간신히 통과하고 나서 2학년 첫 학기에 자퇴했고, 재활 프로그램에서 만난 남자친구와 동거하기 시작했다. 부모를 더욱 화나게 한 것은 그녀가 살아오면서 겪은 어려움들이 다 부모 탓이라고 비난의 화살을 돌리는 것이었다. 그녀는 다시는 부모를 보고 싶지 않다고 말했다. 특히 엄마에게 화가 나 있었는데, 자기 삶에 과도하게 개입했다는 것이다. 전문가들과 약속을 잡으며 자신을 몰아갔고, 약을 제대로 먹는지 감시했으며, 학습에도 지나치게 관여했고, 학교 숙제를 실수로 망쳤을 때 짜증을 냈다는 것이다.

쇼샤나와 이야기를 나누어보니 엄마를 경멸하고 있는 것 같았다.

"마치 자신이 모든 걸 다 해주는 헌신적인 엄마인 척하는데, 사실은 전부 엄마를 위한 거였어요. 엄마처럼 성공하지 못했고, 학교에서 문제를 일으키고, 부끄럽게도 재활 프로그램에 가야 하는 자식을 둔 걸 견딜 수 없었겠죠. 난 엄마가 세상에 보여주고 싶은 생활방식과는 정반대로 가는 꼴이니까요. 아빠는 엄마가 그어둔 선 안에서 시킨 대로만 하는 나약한 사람이에요. 그래서 저는 아빠도 그다지 존경하지 않아요."

지원과 간섭, 어디까지가 최선일까?

지난 몇 년 동안 미국에서는 소아청소년과 청년들의 정신질환이 급격하게 증가해왔다. 나이대를 불문하고 정신 건강 문제를 겪고 있는 자녀들은 쇼사나의 경우처럼 가정 안에서 끊임없는 논란을 일으킨다. 이런 자녀들은 늘 부모를 혼란에 빠뜨린다.

아이는 회피하는 것인가 의욕이 넘치는 것인가? 아이는 불안한 것일까 아니면 그저 핑계를 대는 것일까? 부모가 너무 깊게 개입하는 건가 아니면 충분히 개입하지 못한 건가? 아이가 상담을 그만두고 싶어 하는데 존중해줘야 하나 아니면 계속해야 한다고 해야 하나? 아이가 약을 끊고 싶어 하는데 믿고 따라줘야 하나 아니면 계속 복용하는지 감시해야 하나? 아이가 좀 더 사회성을 키우도록 떠밀어야 하나 아니면 온종일 자기 방에서 지내도록 놔둬야 하나? 약물을 하는지 검사해야 하나 아니면 안 한다는 아이의 말을 믿어줘야 하나? 아이가 과제를 마쳤는지 확인해야 하나 아니면 낙제를 하더라도 내버려 둬야 하나? 아이를 재활 프로그램에 다시 보내야 하나 아니면 아이가 다시 나락으로 떨어지더라도 내버려 둬야 하나?

이러한 질문들 하나하나가 논쟁거리가 되거나 잘못 해석되기도 하고, 갈등의 종합세트가 될 수도 있다. 그로 인해 자녀가 상처받거나 지나치게 병적인 모습을 보일 가능성이 커진다. 그렇게 되면 자녀는 부모의 신뢰성을 의심하고, 부모는 자신들의 역량을 의심하게 만든다.

정신질환이 있는 자녀 양육은 가족에게 고통의 짐을 덧씌우는 것이다. 부모들이 문제를 해결하는 방식에 있어서 무엇이 최선인지는 의견이 다를 수 있다. 상담이나 입원 프로그램 비용을 감당하는 것 외에도 걱정해야 할 것이 많다. 그러면서 최대한 자녀에게 적합한 전문가를 찾으려고 노력한다.

이렇게 세심하게 살펴준 부모가 결국에는 너무 간섭하고, 호되게 비판하고, 지지해주지 않았다거나 아니면 부적절하게 양육했다는 말을 성인 자녀에게 듣게 되는 것이다.

이것은 모두에게 비극적이다. 모두가 늘 잔소리하고 간섭하는 부모는 위험하다고 말하지만, 학습장애나 주의력 결핍, 불안 장애, 기분 조절 장애를 겪고 있는 일부 자녀는 더 많은 잔소리와 간섭이 필요할 수 있다. 그런데 부모의 폭넓은 노력에 고마워하는 자녀도 있지만, 쇼샤나처럼 부모가 깊이 관여하는 것이 부모가 제 역할을 잘 못 해서거나 자기만족 때문이라고 받아들이기도 한다. 나중에는 부모가 이렇게 개입한 것에 대해 더 분개하면서, 부모가 관여하지 않았더라면 더 잘 해냈을 거라고 상상하는 자녀도 있다.

물론 자녀의 입장에서 공감이 안 가는 것도 아니다. 그녀를 위해 모든 것을 해주는 부모가 진짜 필요했을 수 있지만, 특히나 무남독녀인 쇼사나는 그로 인해 위축되고 숨 막힐 것 같은 기분을 느꼈다고 한다. 기적의 약이 오히려 평생 약을 달고 살아야 하게 만드는 것처럼, 이런 지원과 간섭이 필요하기는 했어도 그녀의 주관적인 세상을 망가뜨렸을지 모른다.

부모 입장에서는 비용도 비용이지만 생각할 수 있는 모든 자원을 그녀에게 쏟아부었다고 느끼는 반면, 쇼샤나의 생각은 완전히 달랐다. 지금 그녀는 성인으로서의 삶에 부족한 부분을 청산하며 자기 혼자 힘으로 살아가고 있다.

아이들은 왜 부모와 관계를 끝내려 하나

내가 임상 연구에서 발견한 것은, 성인 자녀가 자신들의 문제에 대해 부모를 탓하는 정도와 그들이 성인이 되기까지 수치심이나 불완전함을 느끼는 정도가 서로 상관관계에 있다는 것이다. 이런 사람들은 나중에 부모와 연락하는 것만으로도 마치 바닷가에서 강력한 파도가 자신을 끌어내리는 느낌과 함께 이전에 부족했거나 필요했다고 느꼈던 것이 다시 떠오른다고 한다.

학습장애나 자폐, 주의력 결핍, 사회성 부족 등을 비롯해 어떤 형태든 정신질환으로 분류되는 증상을 갖고 있는 사람들은 자신의 삶이나 성공 가능성, 연애 능력 등에 대한 희망을 갖지 못하고 스스로 결함이 있거나 부적절하다고 느낄 수 있다.

쇼사나와 그 부모를 개별 면접한 후, 나는 쇼샤나의 부모가 매우 완고하고 자기중심적인 사람들이 아니라, 걱정이 많긴 하지만 성실한 사람들이라고 판단했다. 그 평가를 전제로 결론을 내리자면, 쇼샤나는 자신이 부족하다고 느끼지 않기 위해 부모 탓을 해야 했으며, 부모는 그런 그녀의 충동과 부딪혀서는 안 되었던 것이다. 나는 그들에게 딸의 성장을 너무 걱정한 것 같다며 위로했다. 어쩌면 쇼샤나가 원했던 것처럼 간섭받고 무시당하고 과소평가되는 느낌이 들지 않는 더 나은 방법, 적어도 다른 방식을 발견했으면 좋았겠다는 마음이 들었다.

나는 그들에게 모든 부모가 그런 것처럼 부모로서 몇 가지 심각한 맹점이 있음을 인정하라고 조언하면서, 엄마의 경우에는 자기중심적으로 보이고 아빠의 경우에는 강제하는 것처럼 보일 수 있다고 말해줬다. 더불어, 이제는 딸이 자기 삶을 스스로 살아갈 능력이 있다고 정말로 믿는다는 것을 알려줘야 한다고 했다.

또한 자신을 방어하지 말고, 스스로의 행동을 정당화하지도 말고, 딸에게 얼마나 많은 것을 해주었는지 상기시키지도 말고, 이전에 했던 행동들이 부모의 사랑과 헌신을 증명하는 거라는 말도 하지 않도록 부모에게 요청했다.

부모가 쇼샤나에게 자신들을 탓할 수 있게 해주고 그 결과에 대해서도 공감한다는 자세를 보여주자, 쇼샤나는 서서히 삶을 이끌어갈 힘을 얻게 되었다. 이것은 부모가 자녀의 삶을 더 어렵게 만들었다는 오명을 기꺼이 짊어지려 했기 때문이었다. 쇼샤나는 혼자서 해내는 자신의 능력에 대해 더 큰 확신을 가지게 되면서 자기 자신을 수용할 수 있게 되었고, 시간을 두고 천천히 다시 그녀 삶 속에 부모가 돌아오도록 허용하게 되었다.

내가 부모 상담을 할 때 맞서기보다는 공감하라고 권유하면 부모들은 자녀의 미성숙함을 조장하는 것이 아니냐고 걱정을 한다. 이런 우려는 수치심이 사람을 무력하게 하며, 그래서 수치심에서 빨리 벗어나게 해야 할 필요가 있다는 사실을 잘 모르기 때문이다.

'인생에서 성공하지 못하면 다른 누구도 아닌 너 자신을 탓하라'는 식으로 능력주의가 만연한 요즘 같은 개인주의 사회일수록, 부모가 자녀에게 더 많은 책임을 지거나 더 많이 공감해야 할 필요성이 있다. 부모가 "그래, 우리가 다르게 행동했더라면 네가 지금쯤 더 나은 모습이었을 것 같구나."라고 말해주면 자녀는 스스로 부족하다고 느끼게 된 게 무엇이든 간에 수치심을 덜 갖게 될 것이며 자신감이 자라날 것이다.

그럼에도 모든 비난은 부모에게로 향한다

미국이 사회적 계층 이동성에서는 꼴찌에서 둘째로 낮은 수준임에도 불구하고, 미국인 대부분은 사회적 계층 이동에서 가장 중요한 것은 개인적인 주도성이라 믿고 있다. 개인적인 주도성만으로는 원하는 계층에 도달하기에 충분치 않다면 어떨까? 심리학자 마틴 셀리그먼은 영속적인 개인 특성에 초점을 둔 개인주의 인과론은 결과가 안 좋게 나타났을 경우 우울감이나 비관적인 느낌을 갖게 만든다고 한다. 바라는 대로 될 수 있는 힘을 가졌다고 생각하는 개인이 실패를 하면 자신을 크게 탓하게 되는 것이다.

나는 부모가 성공에 필요한 경제적 · 문화적 · 심리적 자원을 제공해주지 않았다며 부모를 비난하고 거부하는 자녀의 사례를 임상을 통해 보곤 한다. 이러한 구조에서는 실패의 원인이 제도적인 문제가 아니라 부모에게 있다. 자녀에게 행복하고 성공적인 삶을 일구기 위한 재정적 지원이 이루어지지 않는다면, 사실은 자주성이 없어서 실패했음에도 자녀와 사회는 부모를 비난하게 된다.

이것은 부모에게 너무 불공평하다. 역사학자 스테파니 쿤츠는 "미국은 사회적 문제를 개인적인 문제로 전환하고, 사회적 실패를 개인적인 실패로 전환하는 경향을 갖고 있다."고 했다. 법학자 린다 펜티먼은 "엄마를 탓하는 현상은 역사적으로 긴 뿌리를 가지고 있다. 심지어 자녀의 납중독 재판 사례에서도 책임을 져야 하는 쪽은 집주인과 납 페인트를 만든 제조사임에도 불구하고, 엄마의 판단을 이유로 좋은 부모가 아니라는 식으로 매도해버린다. 그리고 대부분 배심원도 이 점을 받아들인다."고 지적했다.

사회 취약 계층의 문제 자녀가 더 어려운 이유

쇼샤나의 부모는 다행히도 자녀를 보살피는 데 필요한 비용을 감당할 수 있었고 그 비용에 대해서도 크게 신경 쓰지 않았다. 그뿐만 아니라 의사와 상담사, 그 밖의 다른 전문가 등의 지인이 많아서 최고의 도움을 빨리 받을 수 있었었다.

쇼샤나의 부모와 달리 중산층 부모 중에도 자녀 상담과 치료비 때문에 경제적인 어려움에 처하는 경우가 있다. 그러나 저소득층의 경우 대안이 거의 없다. 돈이 없는 부모들은 자녀들이 약물에 빠지거나 끊으려 해도, 조직 폭력배 집단에 들어가거나 아니면 이를 피해 다녀도, 학교에서 자퇴를 해도, 계속되는 폭력의 위협에 순응하며 지내도 그저 무력하게 바라만 볼 수밖에 없다.

가난한 가정은 친구나 친척, 지인 중에서 잠재적으로 도움이 될 수 있는 사람을 만나기도 힘들다. 이렇게 사회적 자원이 부족하면 가난에 허덕이는 부모들은 엄청나게 큰 부담을 안게 된다. 그들은 어디에 도움을 청할지 모를 뿐만 아니라, 알게 되더라도 그 비용을 감당할 수가 없기 때문이다. 저소득자에 대한 정신 건강 서비스와 법률 지원이 없다면 정신 건강 문제를 가진 가난한 아이들은 감옥에 가거나 노숙자가 될 수밖에 없다.

이런 경우에 처해 있던 가정을 상담한 적이 있다. 한 엄마는 자신들이 처한 상황을 다음과 같이 설명했다.

> "차 안이죠. 작은 차예요. 작지만 믿음이 가는 차죠. 비가 내려도 고장 나지 않아요. 그러니 걱정 하나는 던 셈이지요. 아이에게 처음 정신병 발작이 나타난 후 걱정으로 가득한 나날을 보내고 있으니까요. 걱정하다 후회하고 또 후회하다 걱정하기를 반복하지요. 모든 생각과 느낌이 쇠로 만든 벽에 막힌 것 같아요. 하지만 적어도 우리 아이는 길거리나 다리 밑을 전전하지 않는답니다. 이건 그 아이를 마지막으로 본 경찰이 친절하게도 알려준 말이에요.
> 경찰이 우리 애를 잡아넣을 수는 없어요. 범죄를 저지른 건 아니니까요. 애가 차를 오랫동안 한 곳에 주차하지만 않는다면요. 경찰이라고 그 애를 어디로 데려갈 수 있겠어요. 기껏해야 심각한 장애를 구실로 집중 감호소로 보내지거나 아니면 14일간 정신 병동에 머물거나, 항 정신치료를 하고서 다시 풀려나기밖에 더하겠어요. 그 아이는 약을 싫어해요. 그러니 병원을 떠나자마자 약을 챙겨 먹지 않을 거예요. 그 애가 열여덟 살 때부터 병원에 입원했

을 때마다 그랬어요. 입원하고 약 먹이고 퇴원시키고 나면, 후속 치료도 없고 상담이나 심리학자도 없죠. 친구도 없고 직장도 없고요. 뭘 어떻게 도와주든지 다 싫다고 하는데도 사회보장 생활 지원이 있는 것은 하나님께 감사할 일입니다. 음식과 차에 넣을 기름을 살 수 있으니까요. 적어도 어딘지도 모르는 곳에서 얼어 죽거나 굶어 죽지는 않잖아요. 그거면 됐어요. 최악의 상황이 벌어진다면 죽음이겠지요. 차 안에 있으면 눈과 바람이 죽일 듯이 덤벼와도 따뜻한 장작불을 쬘 수 있는 것과 마찬가지일 테니까요.

그 애가 죽어버렸으면 하고 바라는 건지 아닌지, 그 애가 살아있다는 것이 무서운지 아닌지 얼마 동안은 혼란스럽지요. 그렇게 방향 감각을 상실하게 되더군요. 어느 날 갑자기 전화가 와서 "그린버그 부인?", "네?", "유감스럽게도, 부인…." 이런 통화를 하게 되는 상상을 몇 번이고 해요. 하지만 그런 전화는 아직 오지 않았어요.

전 좋은 친구들을 뒀어요. 모든 것을 함께 해왔고 필요할 때면 한밤중에라도 부를 수 있는 친구들이죠. 친구들은 내가 자신들을 믿는다고 해요. 하지만 나는 그들이 미워요. 그들의 고통이 너무 간단해서 미워요. 남편과 소원해졌다고, 딸들이 싫은 소리를 한다고요. 돈에 쪼들린다고 우는소리 하는 것도 아니고, 몸이 아픈 것도 아니고, 끊임없이 솟아오르는 화염과 같은 슬픔과 후회에 휩싸이는 것도 아니지요. 그런 인생을 사는 친구들의 여유로움이란….

남편이 미워요. 아들을 미치게 만들어서 미워요. 남편은 그냥 아들을 전혀 생각하지 않아요. 그 인간은 사람들 머릿속에 있는 스위치를 그냥 꺼버리면 그만이라고 생각하죠. 그렇게 간단하게요. 그저 생각을 안 하면 된다는 거죠. 하지만 아들은 아직 죽지 않았잖아요. 안 죽었다고요. 적어도 우리가 아는 한 살아있어요. 아직 살아있지요. 살아서 자기 차 안에서 생활하지요. 그거면 됐어요. 충분해요."

돌아와도 끝난 것이 아니다

관계가 단절되었을 뿐 아니라 자녀가 정신질환을 앓고 있는 부모는 슬픔, 걱정, 죄책감, 후회, 고통이 켜켜이 쌓인 채로 살아간다. 몇 주씩 때로는 몇 년씩이나 연락도 없이 사라져버린 아들을 둔 엄마가 그렇다. 아이가 죽었을까 아니면 살아있을까? 공원 바닥에 누워있는 건 아닐까? 누군가에게 맞고 골목 어딘가에서 울고 있는 건 아닐까?

모든 관계 단절을 겪는 부모는 자신을 탓한다. 그러나 정신질환을 가진 자녀를 둔 부모는 관계 단절이 해소되더라도 정신질환이 사라지는 것은 아니라는 사실에 더 고통받는다. 자녀가 가정이나 자신의 삶으로 돌아온다 해도 부모의 고통과 걱정이 끝나거나 해결되지는 않는 것이다. 앞서 보여준 엄마와 같은 처지의 부모는 말썽 많은 자녀가 집에 오면 겪어야 할 협박과 언어폭력과 무책임한 행동, 그리고 그를 내쫓아서 노숙자로 전전하게 되거나 더한 상황에 내몰리는 것 사이에서 선택해야 하는 악마의 선택에 놓인다.

내용을 잘 모르는 사람들은 이 같은 굳건한 사랑을 대단한 것처럼 여긴다. 굳건한 사랑은 어떤 어려움에 처한 사람이든 마음 깊은 곳에 숨겨진 여력이 있어서 맨 밑바닥에 닿게 되면 자신을 다잡게 된다고 보는 것이다. 다른 가족을 밖에서 바라보며 조언하는 것은 쉬울 수 있다. 그래서 '그때 만약 그렇게 하지 않았더라면 다른 결과를 맞았을 것'이라는 식의 조언을 한다. 하지만 심각한 문제에 빠진 자녀라면 그리 간단치 않다. 아무리 애써도 출구가 보이지 않는다.

내 아이가 끌어다 쓸 우물마저 말라버렸다면 어떻게 될까? 그 결과는 상상하기에도 끔찍할 것이다. 만약 그 밑바닥이 다른 정신 발작이나 조증 발작이라면? 또는 그 밑바닥이 노숙자라면? 아니면 그 밑바닥이 죽음에 이르는 약물 과용이면 어떻게 될까? 그것도 아니면 그 밑바닥이 자살이라면? 부모들이 스스로를 용서할 수 없거나, 받아들이기 위해 평생을 몸부림쳐야 하는 결과도 있을 것이다.

대부분 관계 단절은 자녀가 주도하지만, 정신질환이 있거나 심한 중독증이 있는 자녀의 부모는 신체적인 해를 입을까 두려워 자녀와 단절하는 경우도 있다. 자녀가 이미 그들에게 위협을 가했다거나, 망상이나 환청으로 폭력의 위험에 노출되거나, 또는 정서 문제 등으로 부모에게 공감을 못 하는 경우가 해당된다.

당신을 위해, 자녀를 위해 최대한 양보하라

공감이 부족하고 타인을 무시하는 성격 특성도 유전성이 강하다. 유전적으로 우울하기 쉬운 자녀는 우울하게 정해진 렌즈를 통해서 부모의 행동을 더 부정적으로 보게 된다.

일부 정신질환은 유전성이 발현되는 시기가 정해져 있어서, 특정한 나이에 도달하기 전이나 사망 또는 이혼 등 심각한 스트레스가 발생하기 전까지는 스위치가 켜지지 않은 상태로 있게 된다. 증상이 나타난 이전과 이후가 너무 다르기 때문에 성인 자녀들은 어린 시절을 돌아보면서 이미 징후가 늘 보였음에도 부모가 알아차리지 못했다고 생각하기도 한다.

부모가 자신의 명백한 증상을 보고도 방치했다고 믿게 되면, 부모와 자녀 모두가 정신적인 헛수고를 하게 된다. 그래서 상황을 명확히 하거나 해답을 찾지도 못하고 서로 불행하게 만든다. 관계 단절을 경험한 어머니들이 자주 반복하는 말들이 있다. "아이가 크는 동안 제가 신호들을 놓쳐버렸어요. 그 애는 인생의 모든 것이 우울하다고 말해왔는데 알아채지 못했어요. 내가 좀 더 주의를 기울였어야 했어요. 그때는 신경을 쓰고 있다고 생각했죠. 내가 그 애를 실망시켰어요." 성인 자녀가 어린 시절을 되돌아보며 불안과 갈등, 실패에 대해 생각하게 되듯 부모도 역시 성인이 되어서 나타난 자녀의 결손이 과거 부모의 결손 때문이라는 분석에 이르게 된다.

유전학 연구는 자녀 양육의 한계와 제한점에 대해 통찰력을 준다. 합리적이고 이성적인 부모였음에도 불구하고 성인 자녀는 부모의 양육 행위를 자신만의 방식으로 이해함으로써 자기 부모가 부모 노릇을 제대로 하지 못했다고 느끼기도 하는데, 이는 유전학으로 설명할 수 있다. 자녀의 세상을 바라보는 왜곡된 렌즈가 부모를 잘못 해석하게 하고, 부모의 동기를 이해할 수 없게 만든다. 둘 이상의 자녀를 키운 부모의 경우에서 알 수 있듯이, 비슷한 방식으로 양육을 했어도 성격, 기질, 지능, 정서가 서로 전혀 다른 아이로 자라날 수 있는 것이다.

반대의 경우도 있다. 예를 들어, 부모가 냉담하고 정서가 부족한 성향을 지니고 있다면 자녀는 관심이나 사랑을 받지 못하고 방치되었다고 느끼기 쉬울 것이다. 또한, 우울한 부모는 덜 우울하고 활력이 넘치는 부모보다 자녀를 다루기가 더 힘들고 까다로우며 부담스럽다고 느낄 수 있다. 다만 중요한 것은, 부모가 객관적으로 합리적인 사람으로 보일지라도 성인 자녀는 여전히 부모가 다르게 행동했으면, 다시 말해 더 관여하거나 덜 관여했더라면, 더 애정을 주거나 덜 참견하거나 더 공감해주었더라면 하고 바랄 수도 있다는 것이다.

따라서 성인 자녀가 그렇게 행동한 원인이 정확히 무엇인지, 부모를 향한 비난이 얼마나 부당한지 따지는 것은 어리석은 일이다. 만약 성인 자녀가 "부모님은 (X)나 (Y)나 (Z)여야만 했어요. [문자 항에 '시간을 내주거나, 참아주거나, 통찰력을 보이거나'로 채워넣어라]. 그래서 내가 (B)이고 (C)이고 (D)인 것입니다. [문자 항에 '너무 초조해하고, 우울하고, 친밀감에 문제가 있고, 성공하지 못했고, 돈 관리를 못 하고'를 채워 넣어라]"라고 말한다면, 당신은 그런 줄 몰랐다며 받아들이는 것이 좋다. "그래, 네 말이 맞을지도 모르겠구나. 그때 네가 그렇게 느끼는지, 네가 다른 걸 원했는지 잘 몰랐어. 내가 그 점을 놓쳐서 정말 미안하다. 내가 그랬다면 너에게 더 좋았을 수 있었을 텐데….”라고 말해주도록 하라. 솔직히 무엇이 정확하게 어떤 영향을 끼쳤는지 알 수는 없다. 하지만 당신을 위해서나 자녀를 위해서 최대한 양보하는 편이 낫다.

끝없이 마찰을 일으키는 성격장애 아들

엄마에게

엄마, 그리고 엄마와 관련된 모든 것들과 이제 끝이라는 것을 알려줘야겠다고 생각했어요.
엄마는 좋은 사람처럼 보이고 싶을 때만 뭔가를 하지만, 솔직히 엄마가 그렇지 않다는 건 우리 다 알잖아요? 엄마는 자기중심적이고 자기 이익에만 관심 있는 사람 같아요.
일요일 점심 식사 후에 난 단지 엄마에게 돈을 좀 빌려 달라고 부탁했어요. 다른 사람도 아니고 바로 엄마 아들이 사업을 시작할 수 있는 돈이요. 엄마가 관심을 갖고 몇 가지 물어보기라도 했다면 많은 걸 얘기해줬을 거예요! 그런데 엄마는 돈을 언제 돌려받을 수 있는지에만 관심이 있었죠.

나는 엄마를 엄마로 생각했지 은행이라고 생각한 게 아니라고요!!!! 그래서 가족 모두에게 이 글을 복사해 보내서 엄마가 어떤 사람인지 모두 알게 하려고 해요. 다들 엄마를 잘 몰라서 나하고는 다르게 헛소리들을 하고 있으니까요.

엄마의 판단과 비난 그리고 기회가 있을 때마다 나를 깎아내리는 것이 지겨워요. 안 그런 것처럼 행동하지만, 엄마가 그렇다는 것은 우리 둘 다 잘 알고 있죠. 이제 곧 엄마에 대해 다들 알게 될 거고 나처럼 엄마와 관계를 끝내려 할 테니 그때까지 나머지 가족들과 좋은 시간 보내세요.

켄 (엄마 아들)

이혼 부모의 동정심을 자극해 돈을 타내려는 아들

이 가족에 대해 모르는 상태에서 이런 이메일을 읽게 되면 혼란스러울 수 있을 것이다. 엄마에게 창피를 당하는 것에 지쳐서 마침내 엄마에게 분노의 편지를 보내고 가족 모두에게 복사본을 보내려고 하는 아들의 이야기로 보인다. 그가 화를 가라앉힌 후에는 이 행동에 대해 후회를 할지 안 할지 알 수 없지만 말이다.

하지만 사실은 부모가 이혼한 후로 엄마를 들볶아서 돈과 동정심을 얻어내는 데 성공한 아들의 이야기다. 아빠는 켄이 여덟 살 때 집을 나갔다. 다른 부모들이 그렇듯 엄마 베키는 아이들에게 이혼의 상처를 안겨준 것에 대한 죄책감 속에 살았고, 그에 대한 보상심리로 오히려 너무 많이 주는 실수를 범했다. 딸은 아빠가 떠난 후 엄마가 힘들게 생활을 꾸려나가는 것에 공감을 보여준 반면, 아들 켄은 반대로 나갔다. 그는 엄마가 아빠를 쫓아냈다고 탓하며 엄마의 성격 중에서 티끌 만한 결점이라도 찾아내는 것을 즐기는 듯했다.

"아들을 키우는 것은 마치 야생 개를 키우는 것 같았어요."라고 베키는 말했다. "계속해서 쓰다듬어주고 먹이를 주고 원하는 것을 하나도 빠짐없이 다 해주면 물지 않다가, 어느 순간 등을 돌리면 달려들어 물어뜯지요."

그녀가 아들에 대해서 실수를 한 부분은 분명하다. 그녀는 좀 더 일찍 켄의 버릇을 고치려 하지 않았고, 죄책감 때문에 일정한 제한을 두지 못했으며, 끝없이 주고 끝없이 용서하며 그에 대한 사랑과 헌신을 입증하려고 했다. 그러나 켄이 책임감 있고 공손하지 못한 사람이 된 것에 대해 그녀가 비난받는 것은 옳지 않다.

켄은 이혼 전에도 다루기 힘들고 버릇이 없었으며 공손하지 않았다. 아빠에게도 버릇없이 굴며 협박을 해대서 아빠의 성질을 돋우었다. 이혼 후로는 양육권을 가진 엄마가 유일한 분풀이 대상이었다. 자신을 버린 아빠를 향한 아들의 상실감과 분노를 받아주는 사람은 엄마뿐이었다. 아들은 이혼 전에는 그렇게도 안 좋아했던 아빠를 더없이 좋은 사람인 양 만들어내기도 했다.

아들 켄은 심리상태가 불안정하고, 자기중심적이며, 사고가 이분법적이었다. 인간관계나 직장생활을 오래 유지하지 못하고 술에 빠져 살곤 했다.

켄과 같은 성인 자녀는 가족 간에 혼란과 분열을 일으킬 가능성이 크다. 친구나 가족에게 부모의 성격이 의심스럽다는 말을 퍼뜨리기도 하고, 불만을 가진 다른 가족을 부추기도 한다. 엄마에게 공격성을 보이는 켄에게는 아빠가 무엇이든지 해줄 수 있는 동맹군이었다. 켄의 나쁜 행동과 기질을 바로잡기는커녕, 결혼생활을 끝낸 게 잘한 일이었음을 스스로에게 재확인시키려는 듯 오히려 아들을 도와주며 부추겼다. 이 때문에 켄의 누나들은 오히려 아빠와 사이가 멀어졌다. 아빠가 켄과 한통속이 되어 엄마를 구렁텅이로 밀어넣는 행동을 하고 있었기 때문이다. 그들은 진작에 켄을 포기했다.

부모는 과연 어떻게 대처해야 할까?

문제를 일으키는 가족 구성원에게 어떻게 대처하는 것이 좋을까. 이에 대해서는 뾰족한 방법이 없다. 그의 내적인 삶이 불안과 분노, 혼란으로 가득해서 아무리 신경 써서 맞춰주고 포용하려고 해도 영원히 행복하거나 만족스러울 수 없다.

성인 자녀와 건강한 관계를 유지하려면, 부모는 좀 더 자유롭게 자신의 의견을 말하고 의도를 명확히 하며, 작은 차이라도 확실히 느낌을 전달해야 한다. 건강한 관계에서는 양쪽 모두 한 개인으로서 존재하며, 단점이나 그 밖의 모든 것이 충분히 공존해야 한다.

하지만 문제를 일으키는 성인 자녀라면 부모는 더 신중해야 한다. 그것은 유전학이 다른 사람을 바라보는 우리의 관점, 즉 이 사람은 안전한가 위험한가, 관대한가 인색한가, 성실한가 까다로운가, 친절한가 잔인한가에 대한 평가를 부추기거나 왜곡하는 것과 부분적으로 관련이 있기 때문이다. 때로는 부모와 자녀가 서로 잘 맞지 않기도 하는데, 이는 서로 간에 이미 정해진 성향이 너무 다르기 때문이다.

원인이 무엇이건 간에, 켄처럼 너무도 많은 피해를 주는 성인 자녀를 둔 부모는 사랑과 규제를 어떻게 적용해야 할지 배워야 한다. 성인 자녀의 인격은 궁극적으로는 그들의 잘못이라 할 수 없는 처절한 생존 본능으로 무장되어 있기 때문에 부모의 사랑이 필요하고, 매우 끔직한 일을 저지를 수 있기 때문에 부모의 제한이 필요하다. 일반적인 경우라면 아래의 조언이 도움이 될 수 있다.

- 스스로를 탓하거나 비판하지 말고, 죄의식에 사로잡히지도 말고 당신이 하고 싶은 것이나 하고 싶지 않은 것을 조용히 말하라. 예를 들어, "다음과 같은 조건을 전제로 너를 도와주겠다."라거나 혹은 "네가 왜 그렇게 느끼는지 이해한다. 하지만 나는 그렇게 할 수 없단다."라고 말하는 것이다. 그러나 다음과 같은 말은 삼가야 한다. "너는 받기만 하고 아무것도 주는 것이 없구나. 너는 사람을 조종하고 파괴적인 사람이야."
- 자녀가 몹시 화나게 하거나 존중하지 않는 자세로 말하면, 당신이 경청하거나 주의를 기울이기 어렵다는 것을 차분히 자녀에게 알려줘라. 자녀가

뭔가 중요한 것을 말하려 하고 당신 역시 귀를 기울이지만 목소리가 적대적이고 협박투라면 협박은 통하지 않는다고 말해준다. 그렇지만 자녀가 협박하려고 해도 비판을 하지는 말아야 한다. 대신 간단하게 이렇게 말해주는 것이 좋다. "그러지 마라. 나한테는 소용없단다." 또는 "그건 안 돼. 나는 그렇게 하지 않을 거야. 하지만 (   )은 해줄 수 있어."

- 자녀가 느끼거나 말하는 것에 공감을 해준다. "왜 네가 그렇게 느끼는지 알겠다. (또는 네가 그렇게 느낄 수도 있겠구나.) 하지만…."
- 자녀가 당신에게 바라는 것이 구체적으로 무엇인지 물어보아라. 그리고 당신의 죄책감이나 협박당한 느낌과는 무관하게 당신이 어떻게 할지를 결정하자.
- 자녀의 감정을 통제하려고 하지 말고, 당신이 자신의 감정을 통제하고 있다는 본보기를 보여줘라.

정신적인 문제가 있는 성인 자녀는 부모와 친밀한 관계를 유지하는 것이 무척 힘들다. 그런 사람들은 정신력이 약해서 부모와 자식 사이에 있을 수 있는 일상적인 갈등을 이겨낼 수가 없다. 그들은 끊임없이 감정에 사로잡혀 있으며, 절망적인 생각으로부터 안식을 얻기 위해 필사적인 행동을 한다. 그 결과 다른 사람을 통제하는 것에서 위안을 찾으려 한다.

5

그들의 잣대로 재단된 유년 시절

잘못된 심리상담이 갈라놓은 모자 관계

"상담사가 엄마는 자기애성 성격장애래요"

제레미의 부모는 그가 세 살 때 이혼했다. 제레미는 이혼 후 첫 2년 동안은 매주 화요일과 격주 주말에 아버지를 볼 수 있었지만, 아버지가 재혼해서 새엄마의 가족이 살고 있던 타 지역으로 이사를 한 후부터는 만나는 횟수가 급격히 줄어들었다. 그 시점에 양육권이 재협상되면서 연휴 기간에는 일주일, 여름 동안에는 한 달간 만나는 것으로 변경되었다. 그의 엄마 셰리는 재혼하지 않았는데, 아들과의 삶에 또 다른 남자가 들어오는 것을 원치 않아서였다. 친정 부모의 이혼과 재혼을 경험했던 셰리는 자기 자식에게는 절대 그런 일을 겪게 하지 않겠다고 다짐했었다.

셰리는 거의 평생을 우울증에 시달렸는데, 갑자기 어린 아들을 둔 이혼녀가 된 데다가 전남편이 양육비를 거의 지원해주지 않아 생활이 더욱 어려웠다. 우울증 치료를 받을 비용조차 없어서 일하는 틈틈이 자녀 교육서를 읽고, 책이나 방송에 나오는 유명한 교육학자의 조언에 주의를 기울였다. 제레미는 위험한 행동을 하는 법이 없는 조용하고 주의 깊은 아이였다. 공부도 알아서 잘했고, 사춘기 시절에도 엄마를 힘들게 한 적이 없었다. 게다가 성적도 우수해서 전액 장학금을 받고 미국 중서부에 있는 유명 대학에 입학했다.

하지만 좋았던 모자 관계는 아들이 대학에 들어가고 나서 변하기 시작했다. 처음 대학에 들어가서는 일주일에 한 번씩 전화를 걸거나 문자를 보내서 잘 지낸다거나 친구를 사귀었다거나 하는 소식을 알려주었다. 엄마가 걱정이 많은 편이었기 때문에 그렇게 해서 엄마를 안심시켜준 것이다. 그러던 것이 횟수가 점점 줄어들더니 한 달에 한 번꼴로 연락하다가 마침내는 엄마의 전화에 응답하지 않게 되었다. 연락이 없다는 엄마의 불평과 그런 엄마에게 맞춰줘야 한다는 사실에 부담을 느꼈다. 연락을 자주 안 한다고 불평을 하면 할수록 그는 더 엄마와 말하기가 싫어졌다.

아버지가 몇 년 동안 거의 연락 없이 지내다가 다시 연락을 해오자, 그는 아버지와 다시 관계를 쌓을 수 있으리라는 기대로 들떴다. 그러다 여자친구와 헤어진 후 학교 상담소에서 연결해준 젊은 심리상담사와 상담을 시작했다. 상담 과정에서 심리상담사는 그의 엄마가 자기애성 성격장애가 있는 것 같다고 알려주었다. 그러면서 엄마와의 관계는 잠시 접어두고 제레미 자신에게 전념하라는 제안도 했다.

셰리가 나에게 연락을 해왔을 무렵, 아들 제레미는 이미 엄마와는 대화도 하지 않고 메일과 문자도 안 하고 지낸 지 2년이 된 상태였다. 나는 제레미에게 엄마에 관해 나와 터놓고 이야기할 마음이 있는지 이메일을 보냈다.

그는 바로 회신을 주었고, 전화로 그의 엄마에 대해 이야기하는 시간을 가졌다.

나는 그와 이야기하는 것이 좋았다. 그는 생각이 깊고, 통찰력이 있으며, 자신의 심리에 대해 관심이 있었다. 그가 엄마를 비난하기는 했지만 한편으로는 엄마에게 마음을 쓰고 있었으며, 엄마가 고통받는 것을 원치 않는 것 같았다. 이 장의 후반부에서 다시 그에 관해 언급하겠지만, 엄마에 대한 불만보다 전에 받았던 심리상담이 더 큰 장애물이었던 것을 알게 되었다.

부모와의 관계에서 피해자로 부추기는 심리상담사

심리상담사의 잘못된 상담으로 의뢰인에게 큰 피해를 주는 경우가 종종 있다. 부부 상담에서 변화를 시도해보지도 않고 성급히 이혼을 권해서 가정을 깨뜨리고 자녀들을 혼란에 빠뜨리기도 한다. 반대로 어긋난 결혼생활을 지속하도록 권해서 의뢰인과 자녀를 우울증에 빠지게 할 수도 있다. 부모가 자녀의 이름을 유언장에서 지워버리게 하기도 하고, 부모가 자녀에게 어떤 나쁜 영향을 끼쳤는지도 모르고 무조건 부모를 지지해주기도 한다. 또한, 부모와 관계를 끊으려는 자녀의 의사결정이 자녀 본인이나 부모에게 어떤 영향을 끼칠지 민감하게 살피지 않고 그 자녀를 부추길 수도 있다.

지난 수십 년 동안 우리 사회의 관습과 문화가 크게 바뀌면서 개인을 가족과 분리해서 받아들이는 추세가 진행되고 있다. 그에 따라 심리치료 문화도 개인주의를 수용하는 방향으로 발전해왔다. 예전에는 심리상담이 제도에 순응하고 융화하는 것을 권장했다면, 오늘날의 심리치료는 의뢰인이 재능을 계발하고 이상을 추구하는 데 방해가 되는 죄책감이나 수치심, 타인의 시선 등에 신경 쓰지 말라고 권한다. 가족 구성원에 대해서는 잘못이 있으면 용서하고 화해해야 한다고 보는 대신, 삶에 조력자가 아니라면 장애물로 본다. 가족은 한때 개인이 속하는 가장 기초적이고 사랑이 존재하는 사회였지만, 이제는 해방시켜야 하는 제도가 되어버렸다.

대부분의 심리상담사는 어린 자녀 양육을 제외하고 개인이 다른 가족 구성원에 대해 의무감을 가지거나 돌보도록 권유하지 않는다. 그로 인해 가족 간 갈등이 심화하고 거리가 멀어지며 관계가 단절되기도 한다. 의뢰인이 부모나 형제자매와 더 나은 관계를 유지할 수 있게 해달라고 특별히 요청하지 않는 한, 대부분의 상담사는 다른 가족들의 필요나 감정을 너무 강조하는 것은 의뢰인이 상담 치료에 집중하는 데 도움이 되지 않을 것이라고 걱정한다. 그것이 오늘날 대부분 심리치료의 핵심이다.

심리상담사들은 부모가 좀 더 나은 양육을 했더라면 성인의 삶이 어떻게 바뀌었을지 모른다는 점에서 이상적인 부모와 가족의 역할을 강조한다. 이것은 의뢰인이 자책이나 자기혐오에 빠지지 않게 하고, 이런 부정적인 감정을 증폭시키는 경향이 있는 부모나 다른 사람들과 거리를 두게 하는 데 도움이 된다.

심리상담사가 심리치료에 사용하는 가장 흔한 수단 중의 하나는 성인 자녀가 부모로부터 무엇을 받지 못했는지 그리고 이상적인 환경이었다면 받았어야만 했던 것이 무엇인지 알게 하는 것이다. 의뢰인의 어린 시절을 분석하는 것도 중요한데, 이것은 부모와 형제자매가 정체성, 자존감, 세상에 대한 믿음, 나중에 부모 역할을 할 수 있는 능력 등을 형성하는 데 강력하게 작용하기 때문이다. 또한, 심리상담사는 의뢰인이 어른으로서의 구실을 제대로 하는 것과 못 하는 것 사이에 가족이 어떠한 영향을 미쳤는지에 대해 알려주는 훌륭한 교사가 될 수도 있다.

하지만 여기에는 문제점이 하나 있다. 그렇게 함으로써 심리상담사는 자녀가 부모를 경멸하고 심지어는 미워하도록 만들게 된다. 심리상담사는 분노가 강력한 힘이 되기 때문에 의뢰인의 분노를 부추길 수 있다. 분노는 자기 자신에게 화내지 않고 다른 사람에게 화살을 돌려서 결점이나 실패 때문에 느끼는 자책감이나 수치심, 죄책감으로부터 벗어나게 한다. 분노는 능동적인 감정이다. 분노는 삶에서 일어난 일들로 인해 자신을 피해자로 만들지 않고 반대로 공격하게 해준다. 죄를 미워하되 죄인을 미워하지 말라고 해도 여전히 사람을 미워하는 마음이 없어지지 않는 것처럼, 자녀가 부모에게 느끼는 분노나 경멸을 옹호해준다고 해도 여전히 그들이 벗어나고 싶어 하는 것으로부터 자유로워지지 못한다. 심리상담사는 부모를 종합적으로 바라보도록 돕기보다는 부모와의 관계에 있어 의도치 않게 의뢰인이 피해자가 된 것처럼 부추기기도 한다.

개인의 권리와 선택권이 강조되는 요즘에는 많은 개인 심리상담사들이 의뢰인 가족의 장기적인 행복에 어떤 영향을 미칠지는 고려하지 않은 채, 가족과 공동체에 대한 의무나 이익에 얽매이지 않은 자아실현을 끊임없이 부추긴다.

만약 다른 부모에게서 태어났더라면…

요즘은 모두가 자녀 교육에 대해 일가견이 있다. 그래서 누군가의 교육을 언급할 때 좀 더 나은 방식으로 키워졌다면, 최소한 다른 식으로 키워졌더라면 삶이 달라졌을 것이라 상상하기도 한다. 그러나 이런 식의 비교는 사람을 더 불행하게 만든다. 이런 비교를 하는 사람은 다른 사람보다 못하다는 전제하에 '내가 다른 부모를 만났더라면 지금 더 나은 위치에 있었을 텐데'라고 생각하는 것이다.

실제로 그럴지도 모르지만, 이런 식의 분석은 다음과 같은 잘못된 결론을 내리게 한다.

- 부모의 실수로 자기 자신과 자신의 인생이 바뀌었다.
- 현재의 심리상태와 생활이 유전자, 이웃, 사회 계층, 동료, 경제, 문화에 의해서가 아니라 부모나 가족 환경에 의해 형성되었다.
- 이러한 인생 역정을 치유하거나 변화시키는 가장 좋은 전략은 관계 단절

이다.

- 부모와의 관계를 회복하기 위해 노력하거나 제한된 형태의 만남이라도 갖고자 하는 것은 부모에게 더 안 좋거나 소용없는 일이다.
- 관계 단절로 인해 가족관계가 소원해지더라도 그만큼 다른 데서 행복을 찾을 수 있다.
- 시간과 사랑, 금전적 지원과 같은 부모의 희생과 투자로 얻게 된 혜택에도 불구하고 부모에게 빚진 것은 없다.

반면에 부모가 의뢰인일 때, 상담사들은 부모에 대한 자녀들의 불만이 정당해도 그것을 제대로 인식하지 못하는 경우가 많다. 자녀들이 과하게 요구하며 무례하고 자기중심적이라는 의뢰인의 말을 곧이곧대로 받아들인다. 그래서 자녀의 타당한 요구나 요청에 부모가 제대로 대응하지 못하고 일방적으로 자기주장만을 하게 만든다. 부모가 모든 것을 정하고, 부모를 존중하도록 강요하며, 부모가 베풀어준 모든 것을 자녀에게 상기시키려고 한다. 이런 방식은 성인 자녀에게 다시 어릴 때로 돌아간 느낌이 들게 하고, 결국 그들을 망쳐놓는다.

부모가 문제를 해결해야 하는 이유

과거에는 가족 간 갈등이 토지, 유산, 재산처럼 형태가 있는 것들이었다. 이러한 분쟁이 현재에도 계속되기는 하지만, 오늘날 긴장을 일으키는 것은 물질적인 것보다는 심리적인 것들이므로 해소하기가 더욱 어렵다.

성인 자녀가 화해의 조건으로 부모에게 더 노력을 기울여주기를 요구하는 경우가 많다. 성인 자녀의 입장에서는 자신에게 유리한 쪽으로 관계가 이루어지길 바랄 것이고, 어떻게 보면 적절한 요구라고 볼 수도 있다. 하지만 이런 요구를 하면서도 성공적으로 화해하려면 구체적으로 무엇이 필요한지 피드백을 주지도 않는다. 피드백은커녕 연락도 하지 않고 어떻게 관계가 진전되길 바라는지 답답할 때가 많다.

이러한 요청을 받는 부모는 피드백이 없으니 미칠 노릇이다. "내가 어떻게 하길 바라는지 알려 달라고 하면 자기는 알려줄 책임이 없다고 말합니다. 자기 책임이 아니라나요? 그렇다면 누구 책임인가요? 이건 관계에 대한 문제잖아요. 내 전화도 안 받고 문자에 답도 없으면 그 아이는 내가 어떤 노력을 하는지 무슨 수로 알겠어요?"

나와 상담 중인 한 젊은 여성은 부모가 제대로 된 역할 모델을 보여주지 못했기 때문에 결혼생활에 어려움이 있다고 부모에게 말했다. 그녀는 결혼생활에 전념하려면 부모와 깨끗하게 휴식기를 갖는 것이 필요하다고 느꼈다. 부모를 보면 안 좋은 기억이 떠오른다고 말했다.

"부모님은 진작에 헤어졌어야 했지만 그건 내가 결정할 일이 아니었죠.

내 아이와 가족을 위해서라도 부모님 가까이에 있을 수가 없어요. 부모님과 이야기를 하고 난 다음 날에는 결국 남편과 싸우는 것으로 끝나게 되거든요. 내 삶에서 이런 식의 드라마가 일어나지 않기를 바라요."

딸의 불만을 공감하며 들은 후 그녀의 부모님을 만난 자리에서, 그들도 상처받고 화나 있다는 것을 알 수 있었다.

"맞아요. 아내와 저는 자주 싸웠습니다. 이탈리아 출신들이 그렇듯이 제 성격이 좀 다혈질이죠. 하지만 우리는 서로를 사랑하고 지금도 그렇답니다. 싸운다고 해도 누굴 때리거나 물건을 부서뜨린 적도 없어요. 오히려 애들에게 철 좀 들라고 말하고 싶군요. 도대체 부모와 관계를 끊는 게 말이 되나요? 우린 애들에게 모든 걸 다 해줬어요."

다른 한 의뢰인은 부모 주위에 있으면 우울해지고 자신의 감정을 드러낼 수 없다며 관계 단절을 선언했다. "부모님은 너무 걱정이 많았고, 내가 자랄 때 사사건건 지나치게 관여했어요. 그런 점이 날 자신감 없는 사람으로 만들었죠. 지금도 부모님 곁에 있으면 그런 모든 느낌이 표면화되는 게 싫습니다. 내가 다시 연락하길 바라신다면, 부모님이 많이 노력해야 할 거예요."

자녀에게는 해방감, 부모에게는 고통과 슬픔

이상적인 환경이라면 부모와 성인 자녀가 관계 문제를 해결할 때 동등한 자격으로 협상한다. 하지만 실상은 그렇지 않다. 이 역학관계는 마치 부부 관계와도 비슷하다. 아내는 남편이 변하지 않으면 이혼하겠다는 각오지만, 남편은 아내를 잃고 싶지 않다. 이미 마음의 준비가 된 아내는 부부 관계에 필요한 조건을 제시하고 결정할 우선권을 더 많이 갖는다.

마찬가지로 관계가 단절된 상태에서 고통을 받는 쪽은 부모이기 때문에 자녀가 상대적인 우위에 서 있다. 관계를 회복하고 싶어 하는 부모가 자녀의 입장에 공감하고 이해하는 길을 찾아야만 하고, 자녀는 굳이 그럴 의무를 질 필요가 없다는 뜻이 된다. 부모가 주도한 경우가 아니라면, 관계 단절은 거의 언제나 부모에게 부정적으로 작용한다. 반면에, 부모와의 관계에 경계선을 정하거나 관계를 단절하는 것은 자녀에게 있어서 자율성과 권위, 힘을 표현하는 수단이 된다. 과거 부모의 행동 때문에 관계 단절이 정당화되거나 필요한 경우도 있다. 부모와 관계 단절을 한 어떤 작가는 "궁극적으로 부모와 거의 연락을 안 하거나 아예 연락을 끊겠다고 선언하는 것은 건강한 선택이며, 자유를 향한 선택이다."라고 말한다. 자녀에게 관계 단절은 자부심과 해방감을 느끼게 하지만 부모에게는 부끄럽고 굴욕적이며 슬픈 일이다.

이것은 대부분의 성인 자녀가 관계 단절을 가볍게 선택한다는 의미가 아니라, 사회적 비용을 지불하지 않는다는 뜻이다. 경험적으로 살펴볼 때, 대부분의 성인 자녀들은 부모와 더 나은 관계를 위해 오랜 시간 시도하다가 결국 관계를 단절하게 된다. 의사소통학 전문가인 크리스티나 샤프 교수는 연구를 통해 대부분의 성인 자녀에게 관계 단절은 시간을 두고 천천히 일어났다는 것을 발견했다. 최종적으로 관계 단절을 결심하면 해방감을 느끼기는 하지만, 그 이전에는 긴장과 혼란을 오랜 기간 겪게 된다고 한다.

영국의 언론인이자 연구자인 베카 블랜드는 부모와 관계 단절을 겪으며 크게 영향을 받아 '홀로서기(Stand Alone)'라는 자선단체를 설립했다. 처음에는 관계가 단절된 성인 자녀를 지원하다가 나중에는 그들의 부모도 지원하게 되었다. 인터뷰에서 그녀는 다음과 같이 말했다. "오늘날의 젊은이들은 가족과의 접촉을 자발적인 것이며, 사랑과 수용의 표현이라고 보고 있습니다. 부모세대가 이를 의무나 책임으로 여기고 자녀에게 연락하도록 요구할 권리가 있다고 여긴다면, 부모가 기대하는 방식으로는 자녀로부터 응답받기 어려울 것입니다."

그뿐만 아니라, 대다수의 성인 자녀가 결국 부모의 관점을 이해하려고 하지만 자신이 느끼는 죄책감이나 책임감의 정도에 따라 그 이해의 정도가 달라진다. 그래서 가족 상담을 고려하고 있는 성인 자녀들에게는 그들이 용서하거나 잊어버리거나 화해할 의무는 없다고 알려주고 단지 그들 부모, 그리고 나와 함께 대화만 나누면 된다고 제안한다. 이렇게 제안하는 이유는 대다수의 성인 자녀가 관계 단절이 자신의 정신적 행복을 위해 중요하다고 믿기 때문이기도 하지만, 현실은 부모의 요구나 관점과 너무 거리가 있기 때문이다.

가장 다정했던 자녀가 가장 공격적으로 변한다

나와 통화 후 제레미는 엄마와 함께 몇 차례 상담하는 것에 동의해주었다.

제레미의 엄마는 아들이 다정하고 조용한 성격이라고 했는데, 그 말이 맞았다. 하지만 친절함은 때로 짐이 될 수 있다. 사랑하는 사람에 대한 죄책감과 책임감을 더 무겁게 느끼는 것이다. 경험적으로 볼 때, 가장 다정했던 자녀가 타인의 행복에 더 이상 책임이 없다고 스스로 위안하기 위해 가장 공격적으로 변하기도 한다.

나는 먼저 엄마와 개별 상담을 진행해서 첫 가족상담 치료를 시작하기 전에 앞으로 일어날 일들에 대해 준비를 시켰다. 나는 다음과 같이 조언했다. 아들이 무슨 말을 하더라도 방어적으로 듣지 말아야 한다. 아들이 주장하는 내용이 고통스럽더라도 그 속에서 일말의 진실을 찾아야 한다. 아들의 말이 당신의 기억이나 회고하는 내용과 다르다고 해도 맞고 틀리고가 중요하지 않으니 그의 관점에서 들으려고 노력하라.

아들 제레미와의 개별 상담에서는 무엇이 그를 힘들게 하는지 엄마에게 직설적으로 말하도록 권유했다. 제레미는 주저하지 않았다. 그는 자신이 느꼈던 점을 돌려서 말하지도 않았고, 상처 주지 않으려고 애쓰지도 않았다. 그는 가슴속에 있던 모든 것을 털어내려고 이 순간을 기다려온 것만 같았다. 나는 가능하면 빨리 많은 문제를 상담에 끌어내기를 바랐기 때문에 이러한 방식을 지지했다.

"내가 어렸을 때 엄마는 우울증 때문에 침대에만 있으려 했고, 자리를 털고 일어나 자기 문제를 개선하려고 하지 않았어요." 그는 이야기를 시작했다. "그래서 나는 살아가는 기본적인 것들을 힘들게 배웠고, 엄마와의 관계에서 나 자신의 필요에 우선순위를 두기가 훨씬 어려웠어요. 상담사 말로는 엄마가 나를 부모화했고, 내가 자라나는 동안 정서적으로 근친상간의 상태였다고 해요. 내가 엄마와 대화를 원치 않았던 건 바로 그 때문이에요. 나 혼자서 해나갈 필요가 있었어요."

작심한 듯 직설적으로 말했지만 어떤 것은 통역이 필요했다. 그의 말은 일종의 인격 폭행에 가까웠다. '정서적인 근친상간의 상태'나 '부모화', '자기애성 성격장애' 등과 같은 전문 용어는 듣는 사람에게 큰 수치심을 일으킬 수도 있었다.

정신과 진단의 흔적들을 부드럽게 하는 것은 오늘날 주류 문화의 일부가 되었기 때문에 특히 중요하다. 예전에는 '나쁜 놈' 또는 '개자식'이라고 부르던 것을 지금은 '경계성 성격장애' 또는 '자기애성 성격장애'라 부른다. 여전히 우리는 예전에 쓰던 표현을 사용하기도 하지만 진단용어를 중간에 집어넣어서 더 권위 있게 들리게 만든다.

개인의 성장 발달에 집착하는 사회에서 진단을 내리는 것은 피할 수 없는 부분이지만, 이렇게 정신과적인 꼬리표가 붙으면 꼬리표 붙은 사람이나 그 사람의 행동에 영향을 미칠 수 있다. 암이나 치매 진단이 가족 구성원 간의 연락을 늘어나게 하거나 줄어들게 하듯이, 정신과적 진단이 주변 사람들의 태도에 영향을 줄 수 있다.

안타깝게도 제레미는 자신이 엄마로부터 제대로 양육받지 못했고, 그로 인해 자신의 삶이 지금처럼 되었다고 주장하는데, 이것은 분명 틀린 얘기는 아니다. 우울한 부모의 양육이 자녀에게 부정적인 영향을 미친다는 증거는 많다. 자신이 좋아하는 것이나 자신에게 도움이 되는 것보다는 엄마의 행복에 더 책임감을 느끼며 자랐을 가능성이 크다. 반면, 이런 역할을 감당하면서 얻은 힘이 긍정적으로 작용할 수도 있다는 연구 결과도 있다. 그러나 제레미는 엄마가 몰라서 그랬던(알았더라면 다르게 했을) 행동들에 대해 엄마 탓을 하고, 자신을 키우는 데 정신적으로나 경제적으로 더 많이 지원해주지 못했던 것에 대해서도 엄마를 원망했다.

누구도 나쁜 부모가 되고 싶지 않았다

사람들이 생각하는 것과는 달리 자녀 양육에 있어 사실 자유롭게 할 수 있는 게 거의 없다. 자녀를 양육하는 동안 부모들은 유전자의 대물림, 배우자와 갈등, 어린 시절의 정신적 외상, 재정적인 어려움, 사회 공동체에서의 박탈감과 같은 고통 아래에 있게 된다. 제레미의 엄마가 자녀 양육에 있어서 부족했던 것은 부모에게서 비롯된 결핍도 있지만 경제적 어려움, 우울증에 대한 유전적 · 환경적 취약성, 아들을 양육하는 책임을 분담할 아빠의 부재 때문이기도 했다.

가족 문제의 인과관계를 다룰 때, 요즘은 스스로 자신의 삶을 선택함으로써 치료할 수 있다고 믿는 추세다. 이것은 오히려 문제를 해결하기보다 더 많은 갈등을 일으키기도 한다. 제레미의 관점에서 보면 우울증에 걸린 엄마가 스스로 일어나 침대에서 나와서 상담사를 찾았어야만 했고, 실제로 그럴 수도 있었다는 것이다.

대다수의 성인 자녀는 관계 단절의 이유를 설명할 때, 상황이나 경제 또는 문화 구조에 근거를 두기보다는 부모의 개인적인 성향에 근거를 둔다. 언뜻 보면 인과관계가 들어맞는 것처럼 보이지만 우울증이 어떻게 작용하는지, 개인의 성향에 따라 의사결정은 어떤 식으로 이루어지고 선택은 어떻게 작동되는지 제대로 설명하지 못한다.

상담 중에 있는 자녀가 어린 시절을 회상하며 부모가 더 잘 알았어야 했으며 다르게 행동했어야 했다고 말하고, 그래서 경멸까지는 아니라도 부모와 거리 두는 것은 당연하다고 생각하는 것은 잘못된 것이다. 그것은 자녀를 키울 때 한 번도 가보지 않은 곳의 지도와 손에 닿지 않는 자원을 가지고 있는 것과 같기 때문이다.

문제가 많은 양육방법이 불러오는 엄청난, 때로는 영구적인 손상에 대해 과소평가하려는 것은 아니다. 정서적 · 신체적으로 학대당하며 자라거나, 정신질환 또는 알코올 중독 등이 있는 부모에게서 방치된 채 길러진 자녀들은 부모가 주는 고통을 어려서부터 경험한다. 이 고통은 삶의 모든 면으로 퍼져나간다. 부모의 행동 때문에 수년간 고통받았던 자녀에게 "난 할 수 있는 최선을 다했어."라는 말은 하찮은 위로밖에 되지 않는다. 이 정도로는 자녀가 화해를 시작할 만한 동기 부여가 되지 못한다. 그렇기 때문에 부모들에게 성심성의를 다해 자녀들의 불만을 받아들이고 해를 끼친 부분을 봉합하기 위해 열심히 노력하라고 하는 것이다.

자기애성 성격장애라는 과장된 진단

제레미의 엄마는 아들이 해줄 수 있는 것 이상의 사랑과 돌봄과 다정함을 필요로 했다는 심리상담사의 말은 맞았다. 두 사람의 기질이 맞지 않아서 아들에게 진정 고통을 주었다는 것 역시 틀리지 않았다. 하지만 경험적으로 볼 때, 많은 심리상담사들이 엄마의 산후 우울증을 나르시시즘으로 잘못 진단하기도 한다. 우울한 엄마는 요구가 많고 초조하며 때로는 비난을 늘어놓기도 한다. 심리상담사는 이러한 우울증을 나르시시즘이나 다른 인격 장애로 해석할 가능성이 있다.

제레미나 그의 심리상담사가 믿었던 것처럼 엄마는 자기애성 성격장애가 있었을까? 아니었던 것 같다. 중요한 것은 제레미가 엄마를 위하는 것에도 한계가 있다는 것을 죄책감이나 후회 없이 받아들이고, 엄마는 엄마대로 아들의 어떠한 관심이나 돌봄도 힘겨웠던 삶을 보상해주기에는 충분할 수 없다는 것을 고통이나 불평 없이 받아들이게 하는 그런 기회 자체를 그 진단이 막아버렸다는 것이다.

정신과적인 진단은 문제가 있다. 진단은 끊임없이 변화할 수 있을 뿐만 아니라, 다른 내용이 받아들여지거나 수정될 수도 있는 복잡한 감정을 구체화시켜버리기 때문이다. 심리상담사들이나 선의의 가족 구성원들이 이러한 방식으로 행동에 꼬리표를 달아 보호하려고 노력하는 것은 도움이 되기보다 오히려 해로울 수 있다.

제레미의 엄마는 더 좋은 삶을 누릴 자격이 있었다. 아들만이 그것을 제공해줄 수 있는 것도 아니었다. 제레미도 더 좋은 삶을 살 자격이 있었다. 그에게 더 좋은 삶이 주어지지 않은 것이 단지 엄마의 잘못만도 아니었다. 엄마에 대한 정신과적인 진단은, 특히 자기애성 성격장애라고 과장하고 단언한 것은, 그녀의 삶과 역경들을 지극히 단순화시킨 것이라 할 수 있다. 이것은 오랜 시간 그녀가 해온 사랑과 헌신의 가치를 떨어뜨렸다. 물론 그녀의 잘못이 없는 것은 아니다. 하지만 그러한 접근은 작은 가능성의 연결고리마저도 약하게 만들었다. 그녀는 그저 되는 대로 인생을 산 것이 아니라 삶이 자신에게 제공해준 것과 그 대가로 자신이 제공해야 하는 것에 대응하는 삶을 산 것이다.

칼 융은 부모가 겪지 않았던 삶이 자녀에게 가장 큰 영향을 미친다고 기록했다. 부모를 거부한 자녀의 무시하는 감정 밑바닥에는 그 부모에 대한 깊은 슬픔의 웅덩이가 있고 그 부모가 행복해지길 바라는 마음이 있다는 것을 발견할 때가 있다. 부모의 슬픔과 좌절과 상실감의 무게가 너무 커서 자녀는 관계 단절의 편지를 쓰는 것 말고는 그 무게를 덜어버릴 다른 방법을 알지 못한다. 작가 앤드루 솔로몬은 다음과 같은 글을 썼다. "누군가를 사랑하는 것과 부담감을 느끼는 것은 서로 배치되는 것이 아니다. 사실 사랑은 짐을 더 무겁게 한다."

성인 자녀가 부모의 압박을 느끼는 것은 심리상담사나 학술연구자가 흔히 말하는 부모의 성격장애 때문이 아니며, 그들이 느끼는 공감의 무게가 무겁다는 뜻이다.

귀 기울여 듣고 돌아보며 진실의 조각을 찾다

경험을 통해서 볼 때, 제레미와 같은 자녀는 덜 간섭하고 덜 만나게 되는 아버지를 선호하고 결국 혼자가 된 엄마를 내팽개칠 수도 있다. 엄마가 끔찍해서가 아니라 그녀의 걱정, 두려움, 죄책감, 심지어는 사랑으로부터 자신을 분리하는 다른 방법을 모르기 때문이다.

이러한 상황에서 아버지가 별로 간섭하지 않는 것이 자동적으로 젊은 그들의 마음을 끌게 될 것이다. 아버지도 자녀와 떨어져 멀어지는 것에 고통을 겪었을 수도 있지만, 그는 이미 자녀 없이도 잘살 수 있다는 것을 보여주었다. 그렇기 때문에 엄마의 영향권에서 벗어나려는 자녀에게는 의존적이거나 요구를 하지 않고 애정 결핍도 없는 아버지가 덜 위험한 존재로 인식된다.

자녀의 이러한 심경 변화는 아버지의 도움 없이 자녀를 양육한 엄마를 특히 더 괴롭게 한다. 한참이나 곁에 없었던 아버지를 이상화하며 자신을 거부하는 스무 살짜리 아들에 대해 한 엄마는 다음과 같이 말했다.

"난 그 아이를 키우느라 온갖 무거운 짐을 다 졌는데, 이제 와서 전남편은 아들이 자기 인생을 잘살고 있다며 자기에게 공을 돌리고 있어요. 이건 불공평해요!"

자녀가 고통스럽지만 부모와 관계를 단절하기로 결정하는 것은, 자신을 억압하는 힘으로부터 해방되고 행복을 추구하려는 것과 관련이 있다. 부모에게는 관계 단절이 좋을 게 없다. 모든 게 다 안 좋을 뿐이다. 그것은 삶의 가장 중요한 과제에 실패하고, 부모로서 가치도 인정받지 못하고, 자기 자식뿐만 아니라 소중한 손자 손녀와의 관계도 잃게 만든다. 자신의 실패를 너무도 잘 알고 있는 부모들이 자녀들에게 못 해주었던 것을 이제 손자 손녀에게 해줄 수 있는 기회마저도 박탈당하게 된다.

제레미의 엄마는 처음 몇 번의 상담 기간 동안 힘든 시간을 보냈다. 만성적인 우울증 때문에 아들의 불만을 자신의 근본적인 가치를 공격하는 것으로 오해했기 때문이다. 하지만 귀 기울여 듣고 돌아보며 진실의 조각을 찾으려는 그녀의 노력 덕분에 아들이 생각한 것보다 더 엄마는 강하다는 것을 보여줄 수 있었다. 여전히 그녀는 아들을 그리워하고 더 자주 연락하고 싶어 했지만 그럼에도 아들을 그녀의 삶의 목표로 두지 않았다. 아들이 자신의 삶에 더 집중하고 엄마에게 덜 집중하는 것은 이기적인 것이 아니라고 그녀가 아들에게 말해준 것도 관계 회복에 도움이 되었다. 그들은 앞으로 연락을 어떻게 취할지에 대해 서로 대화를 나누었다. 그리고 엄마는 자신이 원했던 것보다는 부족할 수 있지만, 이전보다는 훨씬 더 많은 것을 얻게 되었다.

부모와 성인 자녀 간의 관계 회복 상담 치료는 한쪽이 확실히 관계를 끝낼 생각을 한다는 점에서 부부 상담 치료와 비슷하다. 관계의 근본 문제를 심층적으로 살펴보려는 사람들은 결국 결혼생활도 지켜낸다. 오히려 전보다 관계가 훨씬 더 좋아지기도 한다. 관계가 단절된 부모와 성인 자녀도 마찬가지다.

6

성격,
이념,
충돌하는 가치관

커밍아웃 후 시작된 부모와의 단절

때로 가족 구성원의 일면이 우리가 생각했던 것과 크게 다를 때가 있다. 이러한 차이가 틈을 만들고, 시간이 지나면서 그 틈새는 더 벌어지거나 커져서 마침내 관계 단절로 이어진다. 예를 들어, 자녀가 부모로서는 이해할 수 없는 성 정체성을 선언하거나 동성 또는 이성과 연애하겠다고 할 때, 혼전 임신한 자녀가 낙태를 하겠다고 하거나 아기를 낳겠다고 할 때, 또는 특정 정치인에게 투표하겠다거나 특정 정당을 지지할 때, 또는 다른 종교를 가진 사람과 결혼하겠다거나 종교를 믿지 않겠다고 할 때, 또는 부모와 맞지 않는 성격이거나 부모가 바라는 것보다 훨씬 적은 빈도로 연락하거나 할 때, 이들 가운데 어느 하나라도 갈등과 긴장으로 이어질 수 있고 나중에는 갈등과 거리 두기 혹은 관계 단절로 끝이 난다.

이 장에서는 흔히 볼 수 있는 부모 자식 간의 의견 불일치에 대해 살펴보고, 관계가 단절된 부모가 화해할 가능성을 높이려면 어떻게 대응해야 하는지 몇 가지 제안을 하고자 한다.

똑똑하고 조숙했던 딸, 여자에서 남자로

에어리얼은 스물두 살 된 아들 로버트와 최근 2년 동안 관계를 단절한 채 지냈다. 로버트는 여자에서 남자로 성전환을 했다(성전환 후 이름을 바네사에서 로버트로 바꾸었다). 성전환을 결심했을 때 엄마가 지지해주지 않는다고 느끼면서 관계 단절이 시작되었다.

그녀가 말하는 로버트는 예민하고 조숙한 아이였다. 학업성적이 뛰어났지만 청년기 초반에 우울증, 사회불안장애, 낮은 자존감 때문에 어려운 시간을 보냈다. 이렇게 힘든 상황에서도 수학과 철학을 복수 전공하면서 학부를 3년 만에 마쳤다. 현재 로버트는 펜실베이니아 대학에서 엄마의 전공과 같은 전산학 박사과정 중이다.

그가 고등학교를 졸업할 무렵 성전환을 하겠다고 말하자, 엄마 에어리얼은 놀라기도 했고 무서웠다.

"저는 아이에게서 그럴 만한 조짐을 본 적이 없어요. 부모가 혹시나 하며 의심하는 사례 중에는 어린 나이 때 아이가 옷을 차려입거나, 다른 성 역할을 하고 싶어 하거나, 가지고 노는 장난감과 태도 같은 것이 다른 경우가 있는데 우리 애는 한 번도 그런 면을 보인 적이 없거든요. 우리 애는 여성스러운 옷을 차려입으려 하고 인형 놀이를 좋아했던 흔히 말하는 소녀다운 소녀

였습니다. 그런 아이가 성전환을 하고 싶다고 말했을 때, 솔직히 저는 완전히 방심하고 있던 상태였어요."

"삶이 힘들어질 게 뻔한데 어떻게 환영할 수 있나요?"

관계 단절 사례 중 숫자는 적지만 꾸준히 늘어나는 것이 사춘기가 지난 청소년 자녀의 성전환과 관련된 것이다. 자녀에게 갑자기 성 정체성 장애가 나타나면 부모는 성전환에 대해 오랜 기간 고민하는 경우보다 더 큰 어려움을 겪는다.

자녀에게나 부모에게나 이보다 더 커다란 위험은 없을 것이다. 성전환을 원하는 청소년은 성 정체성뿐만이 아니라 안전에 관한 위험도 감수해야 한다. 또래 친구에게 조롱당하는 경우도 흔하고 간혹 폭행을 당하기도 한다. 이런 상황에서 성전환을 선언하는 것은 엄청난 용기와 자기애가 필요한 행동이다. 부모 역시 누구보다 혼란스럽겠지만 자녀의 궁극적인 행복을 위해 신뢰를 보여주는 것이 중요하다. 성전환을 선언한 자녀에게 필요한 것은 부모가 재빨리 생각을 바꾸어 수용하고 지지해주는 것이다. 알게 모르게 부정적인 시선을 보내는 친구와 친지, 그리고 낯선 이들로부터 방패가 되어줄 사람이 부모 말고 또 누가 있겠는가.

반면, 행동이 일관적이거나 지속적이지 않고 두드러지지 않아서 확실히 판단하기 힘든 경우라면, 내 아이가 최선의 결정을 할 수 있도록 도울 수 있는 시간이 필요하다. 발달심리학자 에릭 에릭슨이 설명했듯이, 청소년기는 자아정체성을 실험하고 통합하는 시기이다. 그 시기의 자녀가 성전환하겠다는 것은 부모를 특히 혼란스럽게 한다. 자녀 양육이란 작은 슬픔들의 연속이긴 하지만 자녀의 성별이 바뀌는 것은 예상치 못한 일인 것이다.

에어리얼은 딸아이가 성전환하고 싶다고 선언한 다음 어떤 일들이 일어났는지 하나하나 이야기해주었다.

"처음에는 생각만 하고 입 밖으로 내진 않았지만 말도 안 된다고 생각했습니다. '네가 남자가 되기로 결정했다고? 말도 안 돼!' 하지만 그렇게 말하진 않았어요. 내 얼굴표정은 그렇게 말하고 있었겠지만요."

"당신에게 그 말을 꺼냈을 때 아이를 가장 화나게 한 것은 무엇이었을까요?"

"저는 이렇게만 말했어요. "이 문제로 상담받은 적은 있니? 괜찮겠니?" 라고요. 그러면서 난 "세상에, 이게 올바른 일인지 얘기 좀 해보자. 서두를 일이 아닌 것 같다."라고도 했던 것 같아요. 아이는 상담은 필요 없다고, 자기가 올바른 결정을 내린 것이라는데 왜 그냥 믿어주지 않느냐고 말했지요. 그리고는 아이를 다시 못 보게 된 거예요. 조짐은 늘 있었는데 내가 주의를 기울이지 못했어요. 늘 내가 원하는 것만 앞세우고 아이가 원하는 건 안중에도 없었던 거죠."

"완전히 방심하고 계셨던 것 같군요. 예전에는 그에게서 본 적 없던 것이었나요?"

"네, 그런 조짐은 애초부터 없었어요. 그 아이를 어릴 때부터 알고 지낸 모든 이들에게 물어봐도 모두 저처럼 그저 놀랄 뿐이었어요."

"고통스러우셨겠습니다."

"솔직히 말해서 아이는 그렇게 멘탈이 강한 사람이 아니에요. 그런 애가 이 일로 삶이 더 힘들어질 테니 걱정을 할 수밖에요."

"당신이 아이를 지지한다고 말하기까지 얼마나 걸렸나요?"

"잘 모르겠어요. 아마 얘기가 나오고 한 달쯤 아닐까 싶네요. 그 아이는 내 말 속에 성전환자 혐오증이 드러난다고 하더군요. 나는 그 단어가 싫어요. 나는 성전환자를 혐오하지 않아요. 그 아이의 삶을 그려보면 슬퍼지는 것뿐이에요. 때로는 사람들이 자기에게 맞지 않는 몸이나 성별이나 그밖에 다른 형태로 태어나죠. 그러니 어쩌겠어요. '이제 넌 남자구나! 그래, 좋아. 아직도 나하고 말 안 할 거니?' 이렇게 해야 할까요?"

마음을 담은 편지로 대화의 문 두드리기

이들의 화해를 위해서는 몇 가지를 짚고 넘어가야 한다. 다음은 로버트가 갖고 있는 생각이다.

1. 성전환을 하겠다는 결정에 엄마가 지지하지 않았다고 느낀다.
2. 지금까지 살아오는 동안 엄마가 그의 의사결정을 지지한 적이 없고 늘 엄마의 입장에서 생각한다.

3. 엄마가 편견을 갖고 행동하고 있다.

4. 성전환 선언 이전부터 불안과 우울증, 그에 관련된 문제들에 시달렸다.

화해하고 싶어 하는 엄마의 시도를 그가 거부했기 때문에, 나는 그에게 연락을 취해 나와 이야기해보지 않겠는지 물어보았다. 그는 아무런 반응을 보이지 않았다. 이런 반응은 관계를 단절한 성인 자녀에게 접근할 때 이따금 겪는 일이다. 그래서 나는 다시 에이리얼에게 편지를 쓰게 해서 엄마와 대화를 시작할 수 있는지, 그럴 생각이 있는지 아들에게 알아보라고 했다. 편지 내용은 다음과 같다.

> 사랑하는 로버트야.
>
> 엄마는 너를 사랑하고 그리워한단다. 우리 사이를 연결할 방법이 있었으면 좋겠다. 나와 연락을 끊는 게 너의 정신 건강에 가장 좋은 일이기 때문에 이런다는 걸 알아.
>
> 그래서 말인데, 그동안 일어났던 일을 되짚어보고 우리가 새로운 시작을 할 수 있는지 알고 싶단다. 성전환을 하겠다고 선언했을 때 이 엄마가 제대로 대응하지 못했구나.
>
> 솔직히 난 두려웠어. 그래서 그런 엄청난 결정에 네가 지지를 못 받고 심지어 사랑받지 못한다고 느끼게 한 것 같아. 내가 편견을 갖고 있는 것처럼 보였을 테지? 나는 성전환자를 혐오한다고 생

각한 적은 없었어. 하기만 뒤늦게 깨달았는데, 내가 성전환자를 혐오하지 않을까 네가 걱정할 수도 있겠다는 걸 알게 되었어.

네 어린 시절에 대해서도 네가 한 말이 맞는 것 같다. 단지 내가 신호를 알아채지 못했다고 해서 전혀 없었던 건 아니지. 그리고 살아오면서 너의 다른 의사결정들에 내가 전혀 지지하지 않았다고 말했잖아. 나는 지지해왔다고 믿지만 네게 필요한 방식으로 지지하지 못한 것 같구나.

네게 더 좋은 엄마가 되기 위해 배워야 할 것이 많지만, 허락한다면 열심히 해보고 싶단다. 나에 대해 느끼고 있는 점, 우리의 관계, 우리의 과거 등등에 대해 글로 써서 알려주면 절대 나 자신을 방어하는 입장이 아니라 배우는 입장에서 읽어본다고 약속할게.

아니면 가족 상담에서 만나는 건 어떨지. 엄마는 네가 그래준다면 정말 고맙겠어.

이 편지에는 부모라면 쓰기 힘들었을 내용이 많다.

에어리얼이 물었다. "아이의 정신 건강에 가장 좋은 일이 아니라는 걸 알면서도 '너의 정신 건강에 가장 좋은 일이기 때문에 나와 연락을 끊은 것으로 안다'는 말을 어떻게 할 수 있나요?"

"당신의 느낌이 아니라 아이의 느낌에 대해 말해야 하기 때문입니다. 그는 자신의 정신 건강에 가장 좋은 일이라고 느낍니다. 그렇지 않다면 하지 않았을 것입니다. 당신은 그에게 반대하는 위치가 아니라 그와 협력하는 위치에서 시작할 수 있다는 것을 보여줘야 해요. 당신의 사랑과 헌신을 주장하는 것만으로는 충분치 않습니다. 지금 그가 있는 위치에서 심리적으로 그를 만날 수 있어야 합니다."

"아이의 결정에 내가 동의한다고 생각하면 어쩌죠?"

"그의 결정에 동의하는지 아닌지는 중요하지 않습니다. 자신의 삶을 계획하는 능력을 당신이 지지한다는 걸 알려주는 것이 필요해요. 심지어 그의 항로가 잘못되었다고 생각하더라도 말이죠."

"그 아이의 지도가 잘못됐다고 말해주는 것이 엄마로서 할 일 아닌가요? 아이의 삶이 벼랑 끝으로 향하고 있다는 걸요."

"이미 어머님은 자신의 의견을 내셨어요. 그의 앞을 가로막고 그의 결정을 포기하라고 할 수는 없어요. 적어도 한번은 부모가 자녀에게 해가 되는 결정이라면 동의하지 않는다는 의견을 낼 필요는 있지요. 하지만 때로는 그로 인해 발생한 상처를 치유해야 하고, 또한 부모도 틀릴 수 있다는 가능성을 받아들이셔야 해요."

"글쎄요. 게다가 내가 자기 결정에 전혀 지지를 한 적이 없다고 생각하다니…. 난 아이의 결정을 항상 지지했어요. 그 애 말이 맞는 것처럼 행동하면 오히려 내가 아이의 정신병에 놀아나는 게 아닐까요?"

"왜 그렇게 생각하시는지는 알겠어요. 하지만 문제는 그가 이미 어머님 생각이 틀렸다고 하는데 계속 과거 얘기를 하면서 어머님의 견해를 주장하는 게 무슨 도움이 되냐는 것입니다. 자녀의 입장에서 협력할 방법을 찾아봐야 하지 않겠어요? "그래, 네 말이 맞다."라고 하지 않고 "네가 맞을 수도 있겠다. 그때는 내가 미처 보지 못했다."라고 말하는 겁니다. 이러면 당신과 그가 이어질 수 있어요. 그렇게 연결이 되고 나서야 좋은 것도 서로 교환할 수 있겠죠."

믿고 지지해주는 자세가 필요하다

부모가 흔히 갖는 의문점들에 대해 나는 다음의 세 가지 원칙에 뿌리를 두고 조언한다.

1. 모든 부모에게는 사각지대가 존재한다. 부모는 자신이 말하는 과거가 정확하다고 하겠지만 실제로 그렇지 않을 수 있다. 따라서 부모가 성인 자녀의 관점에 공감하는 편지를 쓰도록 도움으로써 그들의 기억이나 평가의 차이를 바로잡을 수 있다.
2. 모든 가족에는 서로 다른 각자의 현실이 존재한다. 부모는 자녀에게 좋은 방식으로, 심지어 가장 이상적인 방식으로 양육을 했다고 느낄 수 있다. 그러나 자녀 입장에서는 부모가 다른 식으로 양육해주었다면 좋았을 거라고 생각할 수 있다. 두 입장 모두 일리가 있다.
3. 자녀의 관점을 받아들이면 적대감이나 방어적인 감정을 줄일 수 있다. 이렇게 하면 과거에 있었던 일에 대해 생각의 차이가 좁혀지고 좀 더 협조적인 분위기를 만들 수 있다.

에어리얼은 나의 권유에 따라 주저하면서도 아들에게 이메일을 보냈다. 이런 방식의 편지에 긍정적인 응답이 올지 그렇지 않을지는 절대 알 수 없다. 관계 단절의 원인이 무엇이었든지, 편지의 내용이 완벽에 가까움에도 불구하고 성인 자녀가 응답하지 않는 이유는 여러 가지가 있다.

1. 부모와 화해하기에는 너무 크게 상처를 받았거나 화가 났거나 해를 입어서 부모를 용서할 준비가 되지 않았다.
2. 부모가 진실하지 않다고 믿는다.
3. 자신의 불행을 부모의 탓으로 돌려야 하며, 부모를 용서하면 탓할 기회가 사라져버린다. 이것은 문제를 일으킨 성인 자녀가 수치심이나 단점으로부터 자신을 보호하기 위한 방법으로 자기 인생의 실패를 부모 탓으로 돌릴 필요가 있을 때 발생한다.
4. 애인이나 배우자, 또는 이혼한 다른 부모 등이 관계개선에 부정적 영향을 미치는 수가 있다.
5. 부모로부터 충분히 독립되었다고 느끼지 못해, 화를 내는 것이 부모에게서 분리되는 방법으로 생각할 수 있다.

다행스럽게도 로버트는 에어리얼의 편지에 긍정적으로 응답을 해왔다. 편지를 보내고 바로 엄마에게 다음과 같은 문자를 보내왔다. "고마워요, 엄마. 정말 감사해요. 내가 듣고 싶은 말이 바로 그거였어요. 우리 서로 얘기해봐요." 그는 앞으로의 기본적인 규칙에 대해 논의하기 위해서 가족 상담을 몇 차례 갖기로 동의했다. 항상 잘 풀리는 것은 아니지만, 이렇게 잘 진행될 때마다 나는 행복을 느낀다.

성전환을 원하는 자녀들은 부모에게 개념을 전달하고 의사소통을 하는 데 어려움이 있다. 성에 대한 새로운 사고방식과 그 성별을 지칭하는 대명사('그'나 '그녀')를 받아들이지 못해서 자녀로부터 핀잔을 듣거나 편견을 가졌다고 비난받거나 관계를 단절한다고 위협받는 부모들이 있다. 사정은 이해할 수 있지만, 그럼에도 화해가 부모의 목표인 경우에는 관계를 단절한 성인 자녀의 요청을 받아들일 여지를 두는 편이 낫다. 그 이유는 다음과 같다.

1. 자녀가 바라는 것을 부모가 존중한다는 경험을 하면 화해할 가능성이 높아진다.
2. 부모가 생각하는 것보다 자녀는 더 상처받고 거부되었다고 느낄 수 있다. 부모가 자녀의 요청에 수용적인 태도를 보이면 자녀는 부모가 얼마나 마음을 쓰는지 더 잘 알게 되어 거리를 덜 두게 된다.

아들의 성 정체성과 신앙 사이에서 갈등하는 부모

신앙과 아들, 둘 중 하나를 선택해야 한다면

동성애 때문에 어려움을 겪는 부모도 많다. 스물다섯 살의 남성인 새뮤얼은 내가 관계 단절에 대해 인터뷰한 TV 방송을 보고 연락을 해왔다. 새뮤얼은 5년 전에 부모님을 떠나 샌프란시스코로 이사했다. 그의 아버지는 개신교 목사로 신앙심이 매우 깊었다. 새뮤얼은 스물두 살 때 커밍아웃을 했고, 결과는 예상했던 대로 비극이었다.

"부모님이 나의 성 정체성을 지지해줄 거라고는 기대도 하지 않았어요. 하지만 지금까지도 부모님은 나만 보면 지옥에 갈 거라고 말씀하세요. 그러니 짐작이 가시죠? 지금 나는 집을 떠나 혼자 살고 있고요, 부모님과는 아예 말을 안 해요. 나를 알아주는 사람들, 그리고 내가 여자보다 남자를 더 좋아한다고 해서 변태 취급하지 않는 사람들 곁에 있고 싶습니다."

"그렇군요. 이해가 됩니다. 갈등은 주로 커밍아웃과 관련되었나요? 아니면 다른 문제로 연락을 끊게 되었습니까?"

"다른 문제들도 있지요. 전 부모님과는 달라요. 저는 집을 뛰쳐나온 유별난 자식이죠."

많은 성인 자녀가 종교관이나 정치관에 있어서 부모를 따라가지만, 일부는 성장 과정에서 부모가 생각하는 것과는 완전히 다른 관심사와 개성, 취향, 열정, 취미, 욕망을 갖는다. 그렇게 되면서 가족 구성원은 서로 남남이 되어버린다. 연구에 따르면, 조사대상자들이 부모와의 관계 단절을 설명하는 공통적인 이유로 '개성과 가치의 충돌'을 들었다. 또 다른 연구에 따르면, 엄마와 비슷하지 않은 인생관을 가진 성인 자녀들이 엄마와 비슷한 경우의 성인 자녀들에 비해 관계를 단절할 가능성이 더 높은 것으로 나타났다.

"나의 성적 취향을 이해하지 못하는 지역에서 성장하는 게 얼마나 힘들었는지 몰라요." 새뮤얼은 설명했다. "우리 부모님도 기본적으로는 좋은 사람이라는 게 참 혼란스럽네요. 누구나 편견을 갖고 있고 동성애를 혐오하며 인종차별주의자인데도 좋은 사람일 수 있잖아요. 부모님은 자신이 믿는 것만 믿으시는 분이죠. 다 좋은데, 다만 나를 볼 때마다 지옥 불에 떨어질 것처럼 말씀하시지 않았으면 좋겠어요. 저도 교인이에요. 다만 부모님과는 다른 식일 뿐입니다. 여기서 멋진 교회도 찾았고요. 뭔가 변화가 없다면, 이제 끝인 것 같아요."

"당신의 성적 취향에 대해 부모님이 의견을 그저 마음속에 갖고 있기만 했다면 관계 단절이 되지 않았을 거라는 거죠?" 관계가 단절된 가족과 초기 상담을 할 때, 나는 타협이 안 되는 영역과 타협이 될 여지가 있는 영역을 파악하는 데에 관심이 많다. 이번 사례에서 관계 단절의 원인이 된 것은 부모가 그에게 끊임없이 지옥에 갈 거라고 말하는 것이었다. 만일 그의 부모가 아들에 대한 불만을 마음속에만 품고 있었더라면, 서로 좋게 지낼 수 있을 것이다.

새뮤얼의 부모님은 신앙과 아들을 사랑하는 마음 사이에서 하나를 선택할 수밖에 없는 상황에 부딪혔다. 게이 아들에게 지옥에 가게 될 거라고 말하는 건 사랑의 표현이 아닌 것 같지만, 실제로 지옥이 그를 기다리고 있다고 믿고 걱정과 두려움으로 그렇게 말한 거라면 그것은 사랑의 행동이라고 할 수 있다. 부모의 관점에서 보면, 필요한 모든 수단을 써서라도 아들의 성적 취향을 포기시켜야 하는 것이 자신들이 깊이 신봉하는 종교적 가치를 표현하는 것이다. 그러나 아들의 입장에서는, 부모가 그를 인정하지 못한다는 말을 삼가는 것이 관계를 개선할 수 있는 유일한 길인 것이다.

단지 1회기에 그쳤던 그의 부모와의 상담에서, 나는 종교적 신념을 지키는 것과 아들을 잃게 될지도 모르는 선택 가운데 딜레마에 빠져있는 상황에 대해 공감했다. 그러면서 성적 취향이나 성 정체성 때문에 부모에게 거부당한 많은 사람들이 우울증에 빠지고, 환각제를 남용하고, 노숙자가 되고, 자살의 위험이 증가하는 문제가 있으므로 충분히 위기 상황이라는 부분을 전해주었다.

부모들은 알지 못했겠지만, 새뮤얼은 이미 성년이 된 초기에 앞서 언급한 문제들 중 몇 가지로 고생을 했고, 부모가 아들을 지지하지 않는다면 그런 문제들이 재발할 위험이 있음을 강조했다. 때로는 부모에게 자녀가 얼마나 고통을 겪는지 설명해주면 다소 입장을 누그러뜨리기도 한다.

"우리는 아이의 영혼이 정말로 걱정됩니다"

"새뮤얼은 부모님이 자신의 성적 취향을 인정하지 않는 건 알고 있으니 굳이 그것만은 건드리지 말아달라는 겁니다. 아들이 게이가 아니길 바라는 것을 알고 있으니 그것을 계속 상기시키는 것은 별로 생산적이지 않겠지요. 아들을 사랑하고 행복해지기를 바라니까 여기까지 먼 걸음을 하신 것 아닌가요?"

"맞아요. 우리는 그 아이가 다시 우리 삶으로 돌아오길 바래요. 우리 모두 그 아이가 너무 보고 싶습니다."

"이해합니다. 새뮤얼도 관계 단절로 많이 고통스러워하고, 부모님도 그러신 것 같습니다. 성적 취향은 우리가 선택할 수 있는 것이 아닙니다. 우리가 가장 하기 어려운 것을 할 때 우리의 사랑을 가장 강력하게 보여주는 거죠."

"사람들을 동성애에서 전향시키는 프로그램들은 어떨까요?"

"그건 별로 효과가 없을 것 같습니다. 그리고 아드님은 전향하는 데 관심도 없고요. 차라리 아드님을 부모님 삶으로 다시 받아들이고, 부모로서 동의할 수 없는 부분이 있다는 것도 받아들이는 것이 낫지 않을까요? 마치 부모가 해야만 하는 일들을 하듯이 말입니다."

“글쎄요, 맞는 말씀이긴 하지만 그 애가 계속 그 길을 간다면 그 아이의 영혼을 걱정할 수밖에 없답니다.”

“부모님이 두려워하시는 것이 있다는 것은 이해하지만, 종교적인 문제에 대해서는 제가 뭐라고 말씀드릴 수가 없네요. 하지만 지금 부모님의 태도는 아드님이 거부당하고 사랑받지 못한다고 느끼게 합니다. 여기서 교회도 다니고 있으니 하나님에 대한 믿음을 포기한 것도 아니지 않습니까?”

“글쎄요….” 아버지가 말했다. 대화가 어디로 흘러가는지 파악하고는 어머니가 중간에 끼어들었다.

“그 애가 사랑받지 못한다고 느끼게 하고 싶지 않아요. 우리는 그 애를 사랑합니다. 그저 그 애를 걱정할 뿐이에요.”

“전 그 말씀을 믿습니다. 제 역할은 무엇이 옳고 무엇이 그른지 판단하는 것이 아닙니다. 저는 가족에게 가능한 것이 무엇인지 알 수 있게 도와드릴 뿐이지요. 서로 좋은 것에만 초점을 맞추고 서로 동의하지 않는 문제는 건드리지 않는다면 아드님을 부모님의 삶 속으로 다시 오게 할 가능성이 있습니다.”

그들은 서로를 바라보면서 이런 엄청난 내용에 대한 서로의 반응을 살폈다.

“그렇게 하면 어떻게 되나요?” 아버지가 물었다.

“모든 것은 가족에게 달려있습니다. 어떤 사람은 수용적이고, 어떤 사람은 고통스러워하다가 결국 받아들이기도 하죠. 헤어져서 다시는 서로 만나지 못하는 경우도 있고요.”

"그건 슬픈 일이네요." 어머니가 고개를 숙여 손을 내려다보며 말했다.

나는 그들에게 논쟁거리에 대해 거론하지 않는다고 지지하는 것은 아니며, 가족 간 화합을 위해서는 문제의 소지가 있는 주제를 피하는 것도 방법이라고 제안했다. 아들 새뮤얼은 부모를 설득하지 않고 그들을 있는 그대로 받아들임으로써 이미 충분히 타협했다고 여겼다. 그가 바라는 것은 부모가 성적 취향을 포기하라고 설득하지 않았으면 하는 것이었다.

나는 그들이 상담실을 떠난 후 일이 어떻게 진행될지 알기 어려웠다. 그들이 내 조언을 받아들일지도 의심스러웠다. 그래도 희망적인 것은 그들 모두 분명 고통을 겪고 있으며 해결책을 찾겠다는 의지로 상담받으러 내가 있는 먼 곳까지 찾아왔다는 점이었다.

하지만 생각처럼 잘되지는 않았다. 그날 저녁 새뮤얼의 아버지로부터 음성 메시지를 받았는데, 그냥 집으로 돌아가겠다는 내용이었다. 내가 시간 내준 것과 조언에 대해서는 감사하지만 자신들의 가치관에 정면으로 배치되는 것에 대해 그저 침묵하는 것은 불가능하다고 했다.

진정 화해를 하기 위해서는 원하는 것을 전부 얻을 수 없다. 그렇지 않으면 관계가 단절된 채로 남는 것을 감수해야 한다. 이번 사례에서 새뮤얼과 그의 부모님이 화해해서 얻는 대가가 자신의 가치관을 바꾸는 데 쏟아야 하는 비용보다 크지 못했다. 이들 가족은 가치관이 너무 다른 사례를 보여준다.

정치적 신념 때문에 갈라선 아들과 부모

"다음 대선에서 트럼프를 찍는다면 우리와는 끝인 줄 아세요."

내가 상담하던 한 부부가 받은 편지는 이렇게 시작했다.

> "첫 선거에서 트럼프의 인종차별주의적 헛소리에 넘어가버린 것은 용서한다고 쳐요. 하지만 그가 얼마나 사악한 인물인지 아직도 모르겠다면 우리 아이들 근처에도 우리 부부 근처에도 얼씬하지 마세요."
>
> 사랑하는 아들 데일 올림

화해하려면 그들의 눈으로 세상을 바라보라

오늘날 정치는 다른 어떤 때보다도 가족 구성원에게서 흔하게 볼 수 있는 의견 불일치의 소재다. 다른 관계 단절의 경우도 마찬가지지만, 위에서 말한 불만은 성인 자녀가 가진 다양한 불만을 상징적으로 보여주거나 축약한 것이다. 미국의 한 정치과학자는 "부모의 지지를 받으며 부모와 연대하고 있다고 느끼는 자녀가 그렇지 않은 자녀에 비해 부모의 신념을 받아들일 가능성이 크다."라고 주장한다.

성적 취향과 마찬가지로 정치적 신념 역시 가치관이나 정체성 면에서 미세한 갈등을 빚어낸다. 정치적으로 어느 쪽을 지지하느냐에 따라 자녀의 경멸과 분노를 견뎌야 하고, 반대로 자녀가 부모로부터 그런 시선을 받기도 한다.

부모가 어떻게 자신의 생각과 이상을 고수하면서 자녀와 화해할 수 있을까? 결혼생활에서 그 해답을 찾을 수 있다. 부부상담가인 존 고트먼은 "배우자의 결정이나 행동에 동기를 부여하는 근본 가치에 깊이 공감하는 것이 중요하다."라고 주장한다. 그렇게 하면 결혼생활에서 흔히 발생하는, 서로 다름을 인정하지 못해 생기는 갈등을 억제할 수 있다는 것이다.

이것은 부모가 성인 자녀와 갈등을 다룰 때도 도움이 된다. 부모와 자녀는 정치적인 차이뿐만 아니라 밑바닥에 숨겨진 다른 불만까지 모두 열어놓고 이야기를 나누어야 한다. 자녀의 의견에 동의하지 않더라도 자녀가 부모의 정치적 성향 때문에 왜 그렇게 괴로워하는지 이해하고, 그의 견해에 공감을 표현하려고 노력해야 한다. 아울러 맞다 틀리다 식의 논쟁에 휘말려서는 안 되며, 어떤 논쟁이든 하지 않는 게 좋다.

믹과 로라 부부는 이런 조언을 염두에 두면서 아들에게 접근했다. 아들은 부모의 정치성향뿐만 아니라 자기보다 성공한 형을 부모가 늘 편애한다는 사실에 화가 났다고 털어놓았다. 그는 자라면서 부모에게 방치되었다고 느꼈다고도 했다. 이들 부부는 자기보다 형을 더 편애했다는 아들의 생각(사실 그러지 않았다.)과 방치되었다고 느꼈다는 사실에 매우 놀랐다. 아들을 안심시키거나 그렇지 않다고 주장하는 대신, 그들은 내 조언을 받아들여서 아들이 어릴 때와 성인일 때 느꼈던 점들에 대해 공감해주었다. 그들은 공감하고, 애정을 표현하고, 어떻게 하면 아들이 우선시되는 느낌을 줄지 배웠다.

몇 회기의 가족 상담을 진행하면서, 데일은 경계를 풀기 시작했고 화해에 한 걸음 더 다가섰다. 그리고 어떠한 경우라도 정치적인 논쟁은 앞으로 피하기로 했다.

부모의 검증되지 않은 편견과 즉흥적인 의견, 그리고 강한 어조의 견해로 인해 자녀나 자녀와의 관계에 해를 끼칠 수 있다. 물론 마찬가지로 자녀도 부모에게 해를 끼칠 수 있다. 자녀와 친밀한 관계를 갖는 것이 목표라면, 잠시라도 우리는 그들의 눈으로 세상을 보아야 하고 그들의 입장이 되어서 살아야 하며 그들이 실존하듯 존재하는 것이 필요하다.

결혼은 변화하는 두 사람 사이에 서로 맞추어 가기 위한 지속적인 리듬을 필요로 한다. 성인 자녀와의 관계에서도 마찬가지다. 그들은 변화한다.

그리고 우리도 변화한다. 우리가 그들에게서 마땅치 않은 부분이 있듯이 그들도 그러하다. 부모는 자신의 사랑과 지지가 관계를 맺기 위한 등대 불빛처럼 자녀를 안내하는 방법을 찾아야 한다. 한 번도 가보지 못한 부모와 성인 자녀의 관계 영역에서는, 친밀함은 늘리고 상처는 줄이기 위해 소통하는 길을 밝혀주고, 자녀와 부모 모두 인내하는 마음을 가져야 할 것이다.

7

결혼 후 달라진 자녀들

여자친구 등장 후 갈라진 가족관계

"활달하던 아들이 차갑고 적대적으로 변했어요"

아들 샘이 대학 입학 후 처음으로 여자친구 마리아를 집에 데리고 왔을 때, 가족들은 그녀에게서 그리 좋은 인상을 받지 못했다. 마리아는 저녁 시간의 대부분을 소파에 앉아서 문자를 보냈고, 아들과 친하게 지내던 두 자매를 포함해 가족 중 그 누구와도 이야기를 나누지 않았다. 아들 역시 그녀의 행동이 당황스러웠으나 가족의 대화에 참여하라고 압박하지 않고 조심스러워했다.

"수줍어서 그런 거 같지 않니?"라고 샘의 엄마는 첫 만남 후 남편과 딸들에게 말했다. "우리 가족이 목소리도 크고 감당하기가 좀 힘들 수 있지. 더구나 외동딸이라는데…. 그 애가 우리를 좀 더 알 때까지 시간을 주자. 샘이 그 애와 같이 있을 때 행복해 보이지 않니? 그게 제일 중요하지."

"아주 못됐던데?" 고등 3학년인 샘의 여동생이 말했다.

"우린 그렇게 자기와 친해지려고 말도 걸고 이것저것 물어보기도 했는데… 어디서 살았는지, 뭘 좋아하는지, 대학 생활은 재미있는지. 그 대답하는 게 뭐가 그렇게 어려워? 에이, 모르겠다. 아무렴 어때? 오빠나 행복하게 해주면 됐지. 그런데, 그 여자가 엄마하고는 얘기 좀 했어요?"

"아니, 그렇지만 뭐, 괜찮아." 최대한 낙관적으로 엄마가 말했다. "적응하는 데는 아마 시간이 필요하겠지. 샘만 행복하게 해준다면 나는 괜찮다. 그 애가 나랑 친구가 될 건 아니니까. 게다가 샘한테는 첫 번째 여자친구잖아, 바로 결혼할 것도 아니고."

"에이, 그래도 결혼까진 안 갔으면 좋겠네." 막내딸이 말을 이었다. "내가 그런 여자애들을 좀 아는데, 이 여자는 진짜 아니라니까. 아마 내 말이 맞을걸?"

딸은 옳았고 엄마는 틀렸다.

마리아와 사귄 지 1년도 안 돼서 샘은 부모, 자매, 할아버지와 할머니, 심지어 어린 시절 친구와도 연락을 끊었다. 모두와 연락을 차단했다. 가족관계가 놀랄 만큼 짧은 시간에 악화되었다. 작은 오해가 생길 때마다 샘은 그녀를 두둔하면서 문제가 커졌다. 가족이 볼 때는 의도적으로 상처를 주려는 것 같았고, 샘을 조종하는 듯한 느낌이었다. 샘과 마리아가 방문하고 나면 항상 다음 날 전화로 격렬한 언쟁이 벌어졌다. 샘은 부모님이나 여동생이 마리아를 무시한다며, "도저히 이해가 안 된다."고 고함을 질렀다. 엄마가 마리아에게 아기를 가질 계획이 있냐고 물었을 때, 마리아가 엄청나게 모욕감을 느꼈다고 샘이 전했다. 게다가 샘 엄마가 만든 요리를 좋아하지도 않아서 다시는 샘네 집에 가서 저녁 식사를 하고 싶지 않다고도 했다.

샘의 가족에 이어 친구들까지 놀라게 된 것은 샘의 성격이 극적으로 변했다는 점이다. 다정하고 활달했던 사람이 차갑고 적대적으로 바뀐 것이다.

"그 애가 샘의 마음을 휘어잡은 것처럼 보였어요." 아버지가 나와의 첫 상담에서 말했다. "우리가 사정하면 할수록 아들은 더 멀리 가버려요. 마리아의 부모에게도 연락을 취해보았지만, 그들은 전혀 협조적이지 않았어요. 되려 우리가 자기 딸한테 못되게 군 것 아니냐는 듯이 말하더군요. 그래서 우리가 그랬어요. "우린 아들하고 얘기를 좀 하려는 것뿐이에요. 둘이 사귀고부터는 우리와 연락을 하지 않아요. 우리가 뭘 어떻게 했다고 이러는지 알 수가 없네요." 하지만 그들은 우리를 도울 마음이 전혀 없는 것 같았어요. 그들은 분명 아이들과 연락을 하고 지내는 것 같은데 말이죠. 샘의 페이스북을 보니까 같이 찍은 사진이 많더라고요."

실제로 이런 경우는 수없이 많다. 정서적으로 불안정하거나 문제가 있는 사람은 자기 애인이나 배우자가 가족이나 친구와 아주 가까울 경우 위협을 느끼기도 한다. 그래서 배우자로 하여금 이전의 모든 관계를 청산하도록 부추기고 나중에는 자기한테만 집중하도록 만든다.

이 장에서는 가장 해결하기 어려운 문제 중 하나인 사위 또는 며느리와 관련된 관계 단절에 대해서 다루고자 한다. 들어가기에 앞서 다음과 같은 질문을 할 것이다. 성인 자녀가 모든 사람과 관계를 끊고자 하는 이유는 무엇인가? 관계를 단절하게 만드는 것이 무엇인가? 그리고 다음과 같은 질문도 다룰 것이다. 사위나 며느리에게 희망이 있는가? 그들이 변할 수 있는가? 부모는 그들을 어떻게 이해해야 할까?

나는 탐과 결혼 후 바로 부모와 관계를 끊은 라헬의 이야기를 들려주려 한다. 라헬과 샘은 이 이야기에서 안내자가 되어, 왜 이것이 관계 단절의 흔한 원인이며 어떻게 해결할 수 있는지 파악하게 해줄 것이다.

사위 혹은 며느리로 인해 멀어진 관계

라헬은 33세로 두 자녀의 엄마다. 그녀는 결혼 전에도 부모와 관계가 순탄한 편은 아니었는데, 결혼을 하고 나서는 아예 연락을 끊어버렸다. 라헬의 남편 탐은 거만하고 사람을 깔보는 듯한 변호사였다. 라헬의 부모는 처음부터 탐이 불편했다. 대화 중에 딸의 말을 자르고 딸을 감시하는 듯한 행동이 거슬렸다.

"우리 애는 언제나 말을 잘하고 솔직하며 똑똑한 아이였는데 갑자기 조용하고 위축되어 보였어요."라고 라헬의 엄마가 초기 상담에서 말했다.

결혼식에서 탐의 아버지가 라헬의 부모에게 했던 말이 있다.

"탐은 키우기 힘든 아이였어요. 지금도 쉬운 성격은 아니죠. 그 애를 키우면서 아마도 저희가 실수를 많이 한 것 같습니다. 부디 두 사람이 행복했으면 좋겠습니다."

돌이켜 생각해보니 실제 소망을 표현한 게 아니라 회의적인 생각을 내비

친 것이었다.

결혼하고 얼마 되지 않았을 때부터 딸은 부모와 연락하는 빈도를 줄여나갔다. 결혼 전부터도 탐은 가족 행사에 온 적이 거의 없었는데, 그럴 때마다 딸은 항상 일 때문에 바빠서 함께 못 왔다고 했다. 딸과의 연락은 몇 주에 한 번에서, 한 달에 한 번으로 줄었다가, 두 달에 한 번이 되더니 결국 연락이 끊겼다. 처음에는 "정말 바빠서요."나, "꼭 그러려고 했는데 그러지 못했어요."와 같은 평범한 이유들을 대다가, 연락이 뜸한 것에 불만을 표했더니 부정적인 응답이 늘어나기 시작했다.

그리고는 결국 끝장이 났다. 사위가 앞으로 연락할 일이 있으면 자신을 통해서만 하라고 법률 양식에 편지를 써서 보냈다.

두 내외분께

앞으로의 연락은 저를 통해서만 해주십시오. 라헬은 두 분 편지를 받을 때마다 화를 냅니다.
제 생각에 두 분은 스스로가 얼마나 비판적이고 부정적인지 모르시는 것 같군요. 두 분은 라헬이 자라는 동안에도 그랬고, 지금도 계속해서 영향을 끼치고 있다는 걸 모르시는 것 같습니다.
계속 편지를 쓰셔도 좋지만, 지금부터 모든 편지는 저를 통해야만 합니다. 제가 먼저 편지 내용을 읽고 나서 적절한 경우에만 라헬에게 전달하겠습니다. 두 분 모두 자녀 양육 문제에 대해서는 정말 답이 없으신 것 같아 이렇게 해야 할 것 같군요.

그때까지 두 분이 상담을 좀 받아서 왜 라헬이 두 분과 엮이지 않는 게 좋은지 알 수 있으면 좋겠습니다.

진심을 담아

탐 애덤스, 변호사

라헬의 부모는 편지를 받고 괴로워했다. 양육과 관련된 비난뿐만 아니라 사위가 딸과의 접촉을 가로막았기 때문이다. 더 가슴 아픈 것은 사위는 부모의 감정에 아무런 관심도 보이지 않았다는 점이다.

자신들이 그가 생각하는 그런 사람들이 아니라는 것을 보여주려면 무슨 말이나 행동을 해야 한단 말인가? 그리고 라헬이 부모와 함께할 때 불행하다면 어째서 직접 얘기하지 않는 것인가? 딸은 자신이 독립적이고 강한 여자라는 것에 자부심을 느낀다고 늘 표현해왔다. 그런데 딸이 변한 걸까? 왜 직접 말하지 않고 남편의 입을 빌려 말하는 걸까? 딸은 늘 불만을 표현하는 걸 어려워하지 않았었다. 어떤 일이 벌어졌길래 남편을 대신 내세워야 했을까?

사이비 종교와도 같은 배우자의 세뇌와 조종

임상적인 경험을 통해서 볼 때, 며느리나 사위가 사이비 종교의 교주처럼 행동하며 절대적인 복종을 강요하는 경우가 적지 않다. 이렇게 세뇌하는 가장 강력한 방법 중 하나는 배우자에게 부모가 형편없다고 설득하는 것이다. 부모가 정말로 학대를 했거나 안 좋은 영향을 끼쳤던 경우라면 그럴 수 있지만, 부모와 자녀가 매우 친밀한 관계를 누리던 경우에도 이 방법이 통할 때가 많다는 사실이 놀랍다.

그동안 누구한테도 얘기하지 못한 가정 학대가 있었는데, 결혼 후 배우자에게 비밀을 털어놓게 되어 배우자가 대신 나서준 것일까? 하지만 그것이 관계 단절의 원인이 되지는 않는다. 오히려 대부분의 성인 자녀가 매우 문제가 많은 배우자를 만나게 되면 이런 식의 조종에 넘어가기 쉽다.

예를 들어, 매우 문제가 많거나 조종하는 배우자는 당신의 자녀를 다음과 같이 설득한다.

- 그가 학대에 대한 기억을 포함해 어린 시절의 안 좋은 기억을 억눌러왔다.
- 그가 부모에게 너무 의존적이어서, 그 자신을 위해서라도 부모에게서 자립해야 한다. 그러면서 조종하는 배우자는 가정생활에서 빚어지는 일상적인 문제들도 용납하지 못하고 심각하게 받아들이며, 이 모든 것을 부모의 성격 결함 때문인 것으로 부풀린다.
- 부모가 좋은 의미로 연락하는 것도 그를 배우자로부터 떼어놓으려고 한다며 부정적인 것으로 왜곡해서 해석한다.

비슷한 특징이 사이비 종교집단 신도들에게도 공통적으로 관찰된다는 점은 흥미롭다. 다음은 사이비 종교에 빠진 사람들에게 나타나는 현상이다.

- 갑자기 인성이나 신념체계가 180도 달라짐.
- 어린 시절이 안 좋았거나 학대당했다는 식으로 기록 수정
- 코치를 받은 듯하거나 평소답지 않은 언어 사용
- 부모와 형제, 또는 이들과 가까운 모든 사람을 거부
- 어린 시절 아꼈던 물건과 같이 과거와 연결된 모든 것을 거부
- 흑백 논리적 사고
- 인생 계획의 급격한 변화
- 비밀
- 독단적인 신념체계

조종 성향이 매우 높은 사람은 다른 사람의 기분을 좋게 하는 데 필요한 것이 무엇인지 잘 안다. 예를 들어, 배우자가 지적인 면에서 자신감이 없는 사람이라면 그가 현명하다고 느끼게 해준다. 만약 성공 가능성에 대해 불안해하면 성공의 가능성은 무한하다고 느끼게 만든다. 매력이 없다고 느끼면 그 이상 더 매력적일 수 없을 정도로 느끼게 해준다. 한편으로 그들은 결핍의 고통을 건드리면서, 그 모든 고통을 사라지게 해주겠다고 은근히 혹은 공

공연하게 약속한다. 또 다른 편으로는 같은 종류의 불안감을 가지고 놀며 그들을 조종하려 한다.

자녀의 배우자가 당신에게 부정적일 때

다시 샘의 가족 이야기로 돌아가보자. 새 식구로 맞은 며느리나 사위가 적극적으로 관계 단절을 주도하거나 대리인으로 나설 경우, 가족들은 그를 리더로 인정하고 자기 자녀나 손자 손녀와 연락할 때도 그를 통하는 수밖에 없다.

나는 상담 첫 회기에서 샘의 부모에게 말했다.

"두 분은 며느리를 거치지 않고는 아드님에게 다가갈 수가 없습니다. 그렇다고 며느리를 비난할 수는 없어요. 아드님이 며느리에게 일임했기 때문입니다. 그녀를 비난한다면 두 분은 점점 더 깊은 수렁에 빠지게 될 뿐입니다. 게다가 그것을 이용해서 당신 아들에게 불리한 얘기만 늘어놓을 게 뻔합니다. 그렇다고 아드님과 따로 접촉하면 며느리가 위협을 느끼기 때문에 그럴 수도 없지요."

나는 샘의 부모님에게 며느리를 의도적으로 분열을 조장하는 사람이 아니라 유약한 사람으로 봐줄 것을 권유했다. 이때 며느리를 어떻게 대하느냐가 중요한데, 두려움과 상실감으로 인해 아들과 며느리에게 과잉 반응하거나 감정적이고 공격적으로 대하지 말아야 한다고 강조했다. 잘못하면 부모가 원하는 것과 정반대의 상황이 되어버릴 수 있기 때문이다. 서두르지 말고 조심스럽게, 어느 정도 그녀를 존중하고 연민을 갖고 자제해가면서 아들에게 접근하는 것이 좋다고 말했다.

마리아에 대해 더 들어볼수록 그녀는 극심한 사회불안장애가 있어서, 사람들과 교류할 때 두려움, 자기 의심, 자기 비난으로 고통받고 있다는 것을 분명히 알 수 있었다. 친밀하면서도 다양한 의견을 가진 사람들이 모인 시끄럽고 외향적인 샘의 가족 안에 들어온 것은 그녀로서는 공포스러운 일이었을 것이다. 겉으로 보기엔 자기중심적인 것 같고, 소파에 앉아 문자를 보내며 가족과 섞이려 하지 않았지만, 그것은 내면의 공황 상태를 달래려고 노력하는 것이었다.

그녀가 나중에 샘의 가족을 비방하려고 하는 것은 문제라고 할 수 있으나, 그 또한 불안 상황으로부터 자신을 보호해야 할 필요성을 정당화하려는 시도였다. 그녀가 남편 샘에게 가족과 연락을 끊으라고 한 것도 두려움을 통제하기 위해서였고, 혹시라도 샘의 가족이 샘에게 그녀와 헤어지게 하지 않을까 걱정해서 미리 막으려던 거였다.

그녀에게도 이런 모든 것들이 쉬운 일은 아니었을 것이다. 불안을 줄이기 위한 방어기제는 그 고통을 겪는 당사자를 극도로 예민하게 하거나 냉담하게 만들 수 있다. 특히 마리아와 같은 성격은 누군가 선을 넘었다고 생각하면 앞뒤 가리지 않고 성급히 결론을 내려버리는 경향이 있다.

나는 샘의 부모에게 아들과 며느리에게 화해의 편지를 쓰도록 권유했다. 며느리가 누그러질 거라고 생각해서도 아니고 부모가 특별히 잘못했다고 생각해서도 아니었다. 오히려 나는 이를 통해 아들이 며느리의 양보하지 않는 성격을 고칠 수 있기를 기대했다. 나는 관계 단절의 주원인은 아들이 자기 아내에게 너무 충실했고 그녀에게 거절당하는 것을 두려워하는 마음 때문이라고 보았다. 부모가 그녀의 영향력과 그녀가 아들 삶의 전부라는 것을 인정하게 된다면 아들은 결국 이렇게 말하게 될 것이다. "이제 부모님도 이해를 하셨고 진심으로 노력한다고 생각해. 두 분께 기회를 드려보자." 부모가 그녀와의 경계를 존중하면서 위협적이지 않은 자세를 취할수록 그녀는 부모와 연락을 해도 안전하다고 느낄 것이다. 반대로 부모가 그녀를 비난할수록 그의 가족이 해롭고 위험하다는 그녀의 주장에 힘을 더 실어줄 뿐이다.

결혼 후 성격이 변한 걸까?

한때는 다정했던 자녀가 문제 있는 애인을 만나서 그 성격을 닮아간다고 많은 부모들이 내게 하소연한다. 사실은 그동안 자녀가 항상 원하던 변화일 수도 있는데도 사위나 며느리가 원인이라고 비난하는 것이다. 자녀가 부모에게 시간을 덜 투자하고 싶었다거나 자기 의견을 더 주장하고 싶었다거나, 또는 불만을 더 적극적으로 표현하고 싶었던 차에, 새로운 배우자가 그렇게 할 수 있는 자유 혹은 핑곗거리를 준 경우도 있을 것이다.

그러나 때로 결혼 이후에 부정적이고 적대적으로 변하는 경우도 실제로 있다. 이것은 레온 페스팅거의 '인지 부조화(cognitive dissonance)' 이론으로 설명할 수 있다. 인간은 사고 과정에서 일관성을 유지하도록 하는 강력한 힘이 있어서, 자신이 갖고 있던 믿음들이 서로 일치하지 않는 걸 알게 되면 그것을 일관되도록 변화시켜서 심리적 불편감을 해결하려 한다는 것이다. 그렇다면 인지 부조화 이론으로 샘이 친절하고 사려 깊은 가족 구성원에서 비판적이고 편협한 성격으로 변한 이유를 설명할 수 있을까?

다음은 성격의 변화가 일어나는 방식이다.

1. 믿음 : 나의 부모와 누이들은 나의 사랑과 존중을 받을 만한 좋은 사람이다.
2. 믿음 : 마리아는 내 가족을 미워한다. 그리고 그들이 나를 세뇌해서 사실은 그렇지 않지만 좋은 사람이라 생각하게 만들었다.

샘은 가족과 아내 마리아를 모두 사랑하기 때문에 어려움에 처해있다. 그가 마리아와 관계를 지키기로 한다면, 그녀 의견에 동의하지 않거나 그녀에게 가족 행사에 참여하도록 강요하느라 끝없는 싸움을 벌일 것이다. 그녀는 이미 그의 가족을 좋아하지 않고 그들과 함께 있는 것이 불편하다고 말했다. 그가 가족과 계속 연락을 하면 그녀에게 죄책감을 느낄 것이다. 마리아는 자신을 더 우선해서 선택하라고 샘에게 명확히 했기 때문에 그가 가족과 친밀하게 지내면 그녀를 배신하는 것이 되기 때문이다.

샘은 매일 밤 아내가 있는 가정으로 돌아와야 하니, 인지 부조화를 가장 적게 일으킬 방법은 그녀가 생각하는 방식으로 부모를 이해하는 것이다. 그녀의 행동을 수용할 때 그녀의 행동이 잘못되었다는 생각을 덜 하게 되어 인지 부조화를 더 적게 일으킬 수 있다. 또한 이를 통해 그는 가족에 대해 계속되는 죄책감, 슬픔, 후회를 겪지 않아도 된다.

"마리아는 부모님을 끔찍하게 대하고 있어요. 저도 그렇고요. 전부 부모님이 이렇게 만들어서 그래요! 마리아가 옳고 부모님은 틀리셨어요!"

사위와 며느리에게 흔히 하는 실수

때로는 부모가 결혼할 상대의 행동이나 성격을 지적하는 바람에 자녀를 문제 있는 배우자의 품에 안겨주는 상황이 되기도 한다. 예를 들어, 자녀는 첫 만남 후 부모의 생각을 물어볼 수도 있는데, 부모는 이런 식으로 답하게 된다.

"옷차림이나 행동이 평범해 보이지는 않던데 성격은 괜찮은 거니?"

"경제적으로 자립할 능력이 없다는 사실이 중요하다고 생각하지 않니? 결혼하고 너한테만 부담을 지우는 건 불공평한 것 같은데?"

이런 반응을 보이면 자녀는 부모의 비판이 공정한지 아닌지와는 무관하게, 부모가 자신의 취향과 판단에 의심을 갖고 있다고 믿게 된다. 이럴 때 부모에게 반항을 표현하기 위해 상대방에게 달려가는 방법을 택할 가능성이 있다.

다르게 말하자면, 자녀는 자신에게 잘 맞는 상대를 만났다고 확신해서가 아니라 자신의 선택권을 주장하기 위해 상대를 포용한다는 것이다. 이렇듯 반항을 하는 것이 본질적으로 자기 파괴적인 일이어도 의견을 굽히지 않는다.

며느리 또는 사위의 집안 내력 또한 매우 중요하다. 그들이 자기 부모와 문제가 있다면 당신과도 그런 문제가 발생할 가능성이 크다. 만약 자기 부모가 지나치게 통제한다고 느낀 경우라면 당신도 지나치게 통제한다고 볼 가능성이 크다. 만약 자기 부모로부터 평가절하되고 거부당하고 버림받았다고 느낀다면 당신의 행동과 말에 과잉 반응을 보일 수 있으며, 기존에 당신 자녀가 생각하던 것보다 훨씬 더 당신을 부정적인 사람으로 몰아가게 될 것이다.

자녀가 결혼을 할 때는 특정한 사람과 결혼을 하는 것일 뿐만 아니라 그 사람의 심리 전반과 무의식 속에서 수년간 쌓여온 가족관계라는 짐도 함께 하는 것이다. 당신 자녀는 상대의 예민함과 단점들, 그리고 아직 해결되지 않은 문제와도 결혼을 하는 것이다. 이러한 현실 상황을 잘 이해한다면 당신 자녀에게 '부모님과 나, 둘 중에서 하나를 선택하라'고 강요하는 사위 또는 며느리와의 험난한 여정을 잘 헤쳐나갈 수 있다.

당신의 자녀가 문제라면…

자녀의 배우자가 건강한 정신을 가졌고 오히려 당신의 자녀가 심리적인 문제가 있어서 성인으로서의 삶과 가족 간의 상호작용을 견디지 못하는 것일 수 있다. 일반적인 부모와 자녀 간의 상호작용에서 발생하는 문제들로부터 거리를 두기 위해 배우자 및 그 가족들과 연합해서 당신에게 대항하기도 한다. 또는 자녀가 너무 민감하거나 우울하거나 불안하거나 안정적이지 않거나 문제가 있어서, 한 가정 내에서 일어나는 갈등을 다룰 능력이 없는 것일 수도 있다. 자녀의 나약함 때문에 극도로 단순한 방식으로 자기 세계를 재구성하는 것을 뜻하기도 한다. '사람들은 모두 네 편 아니면 내 편'이라는 편협한 사고방식이 부모, 형제자매는 물론 조부모와 고모, 삼촌에 이르기까지 부모와 관련된 사람 모두와 관계를 끊게 만드는 이유다.

왜 이런 경우가 생기는 것일까? 아마도 자녀의 자존감이 너무 낮아서 그것을 건드리는 사람은 누구도 용납하지 못하는 것으로 보인다. 예를 들어, 관계를 단절하지 않은 형제자매가 "우리 부모님이 그렇게 나쁜 분은 아니잖아? 오히려 좋은 사람들이지. 네가 부모님에게 좀 심한 것 같아. 다시 기회를 드려봐. 대화조차 하지 않을 정도로 그분들이 잘못한 게 뭐지?"라고 말하는 것을 받아들일 수 없다.

무엇보다 관계 단절의 핵심은 갈등을 피하는 것이다. 죄책감이나 과도한 책임감, 다른 사람의 감정을 다치게 할지 모른다는 지나친 걱정으로 인해 어떤 자녀들은 부모와의 불화를 감수하기보다는 그냥 물러나버린다. 이 같은 관계 단절의 속성을 이해한다면 자녀에게 지나친 부담을 주는 것은 좋지 않다. 불만을 속에 쌓아두고 있다면 차라리 불평하도록 부추기는 것이 좋다.

화해를 위한 전략

1. 언제나 그렇듯 자기 자신으로부터 시작해야 한다. 우리 모두는 잘 아는 것 같지만 실제로 아무것도 모를 때가 있다. 우리가 가장 바르고 합리적이며 호의적으로 행동하고 있다고 생각할 때조차 우리는 어떻게 우리 아이를 문제 있는 배우자의 품으로 밀어 넣었는지 모른다.

당신 자녀와 그 배우자가 아니라 당신의 책임이 더 큰지 어떻게 알겠는가? 여기에 몇 가지 실마리가 있다.

① 며느리나 사위와의 문제는 당신이 다른 친구나 동료, 배우자 또는 다른 가족 사이에서 겪는 문제를 그대로 반영한다.

② 당신의 행동이 자신이 생각하는 것보다 더 문제가 많다는 소리를 다른 사람들로부터 듣는다.

③ 당신은 과거에 며느리나 사위와 좀 더 효과적으로 소통하려고 노력했고, 그 시도는 좋은 평가를 받았다.

2. 당신이 잘못한 것이 없더라도 화해의 편지를 써야 한다. 기억하자. 당신의 이야기를 듣는 사람은 며느리나 사위일 뿐 아니라 당신의 자녀도 된다. 당신이 노력하고 있으며, 화해할 기회를 줘도 괜찮겠다고 그들이 말하게끔 해야 한다. 이것은 며느리나 사위가 연락을 다시 할 마음이 있는지를 확인하기에도 좋은 방법이다.

3. 자녀와 의사소통을 할 때는 항상 문제의 사위나 며느리를 포함시켜야 한다. 자녀에게 생일 선물을 줄 때는 그 배우자에게도 마찬가지로 선물을 주도록 하자. 다른 휴일이나 기념일 선물도 마찬가지다. 그리고 자녀와 통화를 하거나 연락을 주고받을 때는 항상 배우자가 어떻게 지내는지 안부를 물어봐야 한다. 속마음은 안 그렇더라도 안부와 사랑의 마음을 전해달라고 표현하자. 여기서 듣는 사람은 배우자가 아니라 성인 자

녀라는 점을 잊지 말아야 한다. 또한, 자녀가 원할 경우를 제외하고는 자녀하고만 따로 화해하려고 하지 말아야 한다.

4. 배우자에 대해 불평하지 말자. 그 불평들은 전달이 될 것이고 그로 인해 당신의 인생은 더 힘들어질 것이다.

5. 조부모 역할에 대해서 그들이 만들어놓은 한계를 존중해야 한다. 그 한계들이 당신의 마음에 들지 않더라도 할 수 없다.

6. 자녀나 그 배우자가 당신이 충분히 사과하지 않았다고 주장하면 다시 사과한다. 설득력이 없을 수도 있겠지만, 그렇게 함으로써 당신이 화해를 위해 할 수 있는 모든 것을 하고 있다는 것을 성인 자녀에게 보여주게 된다.

딸과 아들, 누가 결혼 후 더 멀어지나

임상 경험을 통해서 볼 때, 여자보다 남자가 더 여러 가지 이유로 가족 문제에 관한 한 배우자나 여자친구에 의해 부정적인 영향을 받는다. 남자에게는 대부분 아내가 가장 친하거나 유일한 친구다. 그래서 남자는 가족한테서 자기를 떼어놓으려는 아내나 여자친구에게 반대하기가 무척 힘들다. 그녀는 그를 지지하고 성장시키는 주요한 원천이며 유일하고도 소중한 존재이기 때문이다.

게다가 여자친구가 원하는 것을 들어주는 것도 남성다움을 나타내는 중요한 요소가 된다. 남자들은 마마보이라거나, 여자의 행복 하나 지켜주지 못한다는 소리를 듣기 싫어하기 때문에 조종하기가 비교적 쉽다. "난 이제 당신의 새 가족이에요. 그러니 당신은 나와 내 감정을 우선시해야 해요."라는 말에 저항하기 어렵다. 특히 두 사람 사이에 아이가 있으면 더욱 그렇다.

어머니로부터 독립했다는 것을 보여주기 위해 아내와 하나가 되어 어머니에게 대항하는 것은 좋은 모습이 아니고 필요한 행동으로 여겨지지 않는다. 모성애와 간섭을 거절하는 것이 남성다움을 표현하는 것도 아니다.

역사학자 스테파니 쿤츠에 따르면, 과거에는 모성애가 평생 아들에게 환영받고 필요한 것으로 묘사되었으나, 이제는 그러한 사랑이 방해가 되고 유아적인 것으로 간주되기 시작했다. 나아가 성인 남자가 되었다는 것은 어머니의 영향력과 애정으로부터 멀어졌다는 것을 의미하게 되었다. 그러면서 차츰 성인 자녀와 부모 사이의 유대관계는 결혼으로 생겨난 부부간의 유대관계보다 확실하게 뒤로 밀리게 되었다.

이뿐만이 아니다. 최근 들어 어머니의 사랑은 아들에게 나타나는 병리현상의 주원인이자, 나약함과 동성애를 일으키는 것으로 인식된다. 그에 따라 어머니들이 정신분열과 자폐 등 여러 심리적 질병에 책임이 있는 것으로 비난받고 있다. 모성애나 어머니에 대한 애착을 병리의 하나로 보고, 가족에 대한 책임감 대신 자아 개발을 장려하는 쪽으로 사회의 관념이 바뀌었다.

남자의 또 다른 취약점은 감정 과잉이거나 감정에 압도당하는 것을 피하기 위해 마음을 아예 닫아버리는 경향이 있다는 것이다. 부부상담가인 존 고트먼에 따르면, 대부분의 남성에게 있어 결혼 만족도는 아내가 성적으로 얼마나 잘 반응하는가뿐만 아니라 아내가 얼마나 덜 비판적인가에 달려있다.

따라서 남자는 가족이나 친구와 연락을 덜 하게 되더라고 아내와 갈등이나 비판을 피하고 싶어 할 가능성이 크다.

이와 반대로 여자는 보통 가족의 지킴이 역할을 하며 가족의 필요에 제대로 주의를 기울이지 못할 때 사회적 비난에 크게 직면할 수 있다. 지킴이는 가족 구성원의 생일이나 졸업, 또는 휴일에 맞춰 선물을 보내고, 축하카드를 썼는지 전화를 걸었는지 확인하는 사람이다. 그들은 가족을 지키는 것에 자신을 걸고 있으며 가족관계에 긴장이 존재하면 고통을 받는다. 그러나 지킴이 노릇은 누구를 지킬 것이냐에 따라 달라진다. 며느리가 관계 단절의 주요 원인일 때, 시댁 가족은 배제하면서도 친정엄마와는 강력한 짝을 이루는 경우가 적지 않다.

남자는 전형적으로 지킴이 역할에서 제외되었기 때문에 결과적으로 부모와 연락을 끊었을 때 죄책감을 덜 느낀다.

형제자매와 화해가 안 될 때

샘의 부모는 내가 이끄는 방향으로 기꺼이 따라주었지만 그의 누이들은 그렇지 않았다. 그들은 마리아도 싫었고 마리아가 부모님께 고통을 준 것도 매우 싫어했다. 그들은 거부당했다고 느꼈다. 자랄 때 서로 우애가 좋았지만, 샘은 그들을 삶의 밖으로 쫓아냈다. 그들은 오빠를 다시 그들의 삶으로 돌아오게 하고 싶었지만, 그러기엔 너무 많은 굴욕을 견뎌내야 했다. 그렇지만 부모는 아들을 되찾을 수만 있다면 온갖 굴욕을 기꺼이 감수할 생각이었다.

부모와 자녀 사이의 갈등 관계는 형제자매의 경우와 상당히 다르다. 관계를 단절하면서까지 부모를 거부하는 것은 자율성과 힘의 표현이며, 한편으로는 오랫동안 묻어둔 상처나 분노의 감정을 일종의 보복처럼 표출하는 것이다. 그것은 성인이 되는 마지막 단계로서 부모와 자신은 동등하다고 주장함으로써 권위의 균형을 맞추는 방법이 될 수도 있다.

관계가 단절된 부모는 자녀와의 연락 두절로 인해 견뎌내야 하는 고통뿐 아니라 부모로서의 정체성과 자존감의 상실도 겪는다. 그들은 스스로를 훌륭하고 사랑 많은 부모로 볼 수 있는 능력도 잃어버리게 된다. 성심과 애정으로 자신들을 존경하는 자녀를 키워냈다는 자부심도 잃어버린다.

부모와 형제자매는 단절로 인한 고통과 영향이 다르다. 형제자매는 부모가 받는 만큼 정체성과 자존감에 공격을 받지는 않는다. 형제자매는 부모만큼 그 역할에 의무나 상징적인 권위를 갖고 있지 않기 때문이다. 자녀가 부모에게 좋은 어머니나 아버지가 아니라고 비난하는 것은 그야말로 억장이 무너지는 일이다. 그러나 나쁜 형제, 나쁜 자매라는 비난이 아무리 상처가 된다고 해도 권위나 도덕에 타격을 주는 것은 아니다. 형제에게 요구되는 역할은 명확하지가 않아서 갈등이 더 빠르게 악화할 수 있지만, 그렇다고 누구 하나 적극적으로 갈등 해소에 나설 만큼 절실하지도 않다. 그러나 단절된 가족관계의 갈등을 해소하는 데는 누군가 적극적으로 나서는 의지, 객관적으로 타당한 수준보다 더 많은 책임을 지겠다는 자세가 절실히 요구된다.

가족 모두와 연락을 끊는 이유

관계 단절은 부모나 형제자매 또는 다른 가족 구성원 한 사람과 일어날 수도 있고, 샘의 경우처럼 모든 가족과 일어나기도 한다. 왜 모두와 연락을 끊는가? 요구가 많은 배우자나 연인과의 갈등을 줄이려고 그런 경우도 있지만 그것이 유일한 원인은 아니다. 어떤 사람에게는 관계 단절이 자신을 새롭게 정의할 기회를 제공한다. 가족과 연락하며 지내다 보면 자신이 보고자 하는 자신의 모습, 즉 이상적으로 설정한 자아와 상반되는 모습만 계속 보이게 된다.

그래서 알고 있던 모든 사람과 연락을 끊으려고 하는데, 그것은 정신적인 모험과 같으며 준비 없이 숲속을 헤매는 심리적 방황과도 같다. 당신의 자녀는 거기에서 심리적으로 혼자 살아남을 수 있고 자력으로 해낼 수 있다는 것을 증명하려고 한다. 이것은 부모에게 지나치게 의존적이라고 느끼거나 가족 내에서 결핍이나 수치심, 깊은 오해를 갖고 자란 이들에게 특히 설득력이 있다. 우리가 알고 있는 것과는 달리 이것은 아무 문제가 없는 가정에서도 발생할 수 있다.

부모나 다른 가족과 단절하는 데는 많은 힘이 들어간다. 따라서 단절된 가족과 화해하려고 한다면 아무리 혼란스럽고 고통스러운 결정일지라도 그 결정에서 건강함이나 강인함 또는 지배욕의 핵심을 인정하는 것이 매우 중요하다. "네가 나에게 어떻게 이럴 수가 있니?"라고 말하고 싶겠지만 자제하고 이렇게 말하는 편이 훨씬 낫다. "이렇게 하는 게 너의 건강에 가장 좋은 일이 아니었다면 하지 않았을 거라는 걸 안다." 이것이 바로 관계를 단절하려는 사람이 느끼는 감정이기 때문이다.

샘의 부모는 결국 샘과 화해할 수 있었지만, 빠르게 진행되지는 않았다. 샘이 거리를 두는 것을 비난하지 않고 공감을 표현하면서 그가 부모로부터 독립된 존재임을 받아들인다는 것을 오랫동안 보여주었다. 그들은 또한 참을성 있게 계속해서 마리아에게 다가가고 마리아가 비판적이거나 적대적일 때 방어적인 태도를 취하지 않았다. 간단한 일은 아니었다. 그러나 결국 화해로 이어졌다.

이런 행복한 결말이 라헬의 부모에게는 주어지지 않았다. 그녀의 부모가 화해와 공감 그리고 책임감을 떠안고자 엄청난 노력을 기울였음에도 불구하고 그녀의 남편은 반응하지 않았다. 희망이 없어 보일 때 부모는 어떻게 감정적으로 버텨낼 수 있을까? 고통에는 어떻게 대처할 수 있을까? '그때 내가 그렇게 하지 않았더라면….' 하고 후회하는 마음을 어떻게 멈출 수 있을까? 이런 중요한 질문에 대해 다음 장에서 다루려 한다.

8

형제자매의
단절

부모의 편애와 오해가 빚은 자매의 갈등

'너희 모두를 똑같이 사랑한다'는 거짓말

샐리와 칼라는 자매인데 여러 가지 면에서 너무 달랐다. 지난 10년간 두 사람은 인연을 끊었다가 다시 연락하다가 하면서 관계를 이어왔다. 동생 칼라가 엄마 조앤과 살았고, 샐리는 엄마와 단절된 상태였다. 둘 다 자신들의 엄마가 매우 어려운 사람인 걸 알고 있었다. 조앤은 기분이 자주 바뀌고 금방 화를 내며 자녀들을 비난하곤 했다. 딸들은 엄마의 뒤치다꺼리에 평생 골치를 썩여야 했고 최근에도 그런 일이 있었다. 마지막 다툼은 엄마 부양에 필요한 비용 때문이었다. 칼라가 엄마를 돌보는 데 들인 시간과 노력에 대한 보상을 요구했으나 샐리가 이에 동의하지 않았다. 자매는 법정에 가기 전에 중재를 위한 최후의 노력으로 나에게 도움을 청했다.

두 사람을 처음 만났을 때 나는 그들이 자매라기엔 너무도 달라서 놀랐다. 동생 칼라는 언니 샐리보다 두 살 어렸는데, 원래 나이보다도 훨씬 더 젊어 보였다. 그녀는 매력적이고, 타인과 잘 어울렸으며, 유머러스한 사람이었다. 반면, 샐리는 칼라보다 훨씬 덩치가 컸고, 꼭 누군가와 싸우려는 사람 같았다. 그녀는 내가 다른 사람들과 마찬가지로 여동생의 편이 될 것이라고 짐작해서인지, 자리에 앉을 때부터 반항적인 태도를 보였다.

나는 상담에 앞서 두 사람의 상담 목표와 그들이 자라던 어린 시절에 대해 물어보았다.

그들의 어린 시절 회상 이야기를 들으며 자매가 비슷한 점보다는 다른 점이 훨씬 많다는 생각이 들었다. 조용하고 섬세하며 친절한 동생과는 달리, 언니 샐리는 직설적이고 도전적이며 강렬했다.

샐리는 그들이 자랄 때의 이야기를 들려주면서, 엄마의 기분에 따라 다가갈 때와 멀어질 때를 잘 알아서 요령껏 처신하는 동생의 능력이 솔직히 부럽다고 했다. 그러면서 자신과 엄마와의 관계는 마치 격투기 결승전에 선 선수들 같아서 단 한 치의 빈틈도 내주지 않고 심장에 비수를 꽂듯 모진 말로 서로의 마음에 상처를 주었다고 말했다.

나는 자매 중 더 매력적이고 합리적인 것 같은 칼라의 편에 서려는 충동을 억눌러야만 했다. 그리고 감정 통제를 잘 못 하는 샐리가 엄마의 양육방식에 안 맞았던 이유도 알 수 있었다. 공격적이고 퉁명스러운 그녀의 태도는 엄마의 화를 돋우기에 충분했고 따뜻한 보살핌은 덜 받게 했을 것이다.

부모들은 종종 아이들에게 "우린 너희 모두를 똑같이 사랑한다."라고 이야기한다. 그러나 대부분의 아이들은 그것이 거짓이라는 것을 안다. 나는 우리 어머니가 형보다 나를 더 좋아했다는 것을 알고 있다. 나는 늦둥이로 태어나 8년간 어머니의 사랑을 독차지했고, 어리다는 이유로 가장 안락하고 편한 자리를 차지했다. 반면, 거칠고 과격한 성격의 형은 어머니와 부딪히는 일이 많았다. 그래서 나는 왜 샐리가 동생을 싫어했는지 알 수 있었다. 부모님이 보지 않을 때 형이 나를 치거나 뒤에서 내 팔을 꺾었던 것과 같은 이유일 것이다.

샐리는 유년기에 어려움을 겪었고, 청소년기에도 성인기에도 마찬가지였다. 하지만 샐리는 지능이 뛰어나서, 아이비리그의 하나인 다트머스 대학의 생물학 대학원 과정에 진학할 수 있었다. 거기서 그녀는 아일랜드 출신의 동료 대학원생 션을 만나 사랑에 빠졌다.

션은 불행한 샐리의 인생에 주어진 보상과도 같았다. 샐리는 그에게서 그토록 원했던 부모의 무한한 사랑을 느꼈다. 그는 쉽게 흔들리지 않았고, 사랑하는 사람과의 관계에서 통제 불능한 상태가 되기 전에 멈춰야 할 때를 아는 사람이었다. 샐리가 법정에 가지 않고 가족 상담을 먼저 해보도록 권유한 것도 션이었다.

자매가 서로 싸우는 이유를 이해하는 것이 매우 중요했다. 언니 샐리의 관점은 동생 칼라가 엄마로부터 더 많은 사랑과 관심을 받았다는 사실이며, 그것은 돈으로 대체할 수 없는 것이었다. 칼라의 관점은 엄마를 돌보기 위해 자신의 인생을 바쳐서 희생했다는 것인데, 그런 것들을 샐리는 이해하지 못했다. 데이트는 물론이고 혼자만의 시간을 가질 수도 없었다. 그런 것들이 결정적인 순간에 얼마나 그녀를 방해했는지, 칼라의 인생을 어떻게 바꾸어놓았는지 샐리는 인정하지 않았다. 그뿐만 아니라, 샐리가 '키우기 힘든 딸'의 역할을 차지했기 때문에, 칼라는 부모에게 걱정을 끼치지 않기 위해 '완벽한 딸'의 역할을 해야만 하는 의무를 졌다. 엄마는 샐리와의 불화를 슬퍼했지만, 평생 동안 노골적으로 칼라를 편애한 것이 결국은 샐리를 불행하게 만들었고 자매가 인연을 끊는 결과를 가져왔다.

키우기 쉬운 자녀 vs 다루기 힘든 자녀

형제자매가 부모로부터 차별받고 자란 경우 건강한 자아상과 자신감 형성에 안 좋은 영향을 미칠 수 있다. 연구에 따르면 부모의 차별적 대우는 성장 후 전반적인 행복에 영향을 미칠 수 있으며, 우울증의 위험이 높아지거나 자존감이 낮아질 위험이 있다고 한다.

부모가 차별 없이 세심하게 자녀들을 돌보았음에도 불구하고 나중에 형제자매가 단절될 수도 있다. 부모가 형제자매 관계를 나쁘게 만들 수 있는 데에는 무한한 경우의 수가 존재하지만, 그들의 관계를 좋게 만들기 위해 부모가 할 수 있는 것에는 한계가 있다.

자녀들 간의 관계는 타고난 혈연이라는 요소에 문화, 이웃과 친구, 경제적인 형편, 행운 등의 요소가 더해져 끊임없이 변화한다. 저항적이고 공격적이며 공감 능력이 부족한 자녀, 또는 주의력결핍 과잉행동장애(ADHD)나 우울증, 불안증에 시달리는 자녀는 부모나 형제자매와의 관계에 어려움을 겪을 수 있다. 칼라처럼 부모가 키우기 쉬운 자녀는 샐리처럼 부모와 기질적으로 잘 안 맞는 자녀로부터 부러움, 분노를 일으키거나 심지어 괴롭힘을 당할 가능성도 있다.

자녀들끼리 관계를 끊거나 서로 사이가 안 좋으면 대다수의 부모들, 특히 엄마들은 좌절감을 느낀다. 오늘날, 형제자매 사이에 부모의 영향력이 그 어느 때보다 줄어들었다는 점에서 이것은 비극이다. 요즘은 형제자매 간의 애정 넘치는 유대감은 거의 찾아볼 수 없다. 가족역사학자 스티븐 민츠는, 과거의 형제자매는 물질적 자원을 가지고 경쟁했지만 오늘날의 형제자매는 측정하기 어려운 감정적 자원을 가지고 경쟁한다고 설명한다. 사랑과 관심이 계량화되는 양상을 보일 때 오해와 적대감은 증가한다.

역사학자 피터 스턴스는 1900년 미국의 평균 자녀 수가 가족당 4~5명에서 1925년 평균 2~3명으로 줄어들면서 처음으로 형제자매 갈등에 대해 전문가들이 다루게 되었다고 말한다. 교육개혁가 도로시 캔필드 피셔는 형제자매간의 경쟁과 질투를 극복하기 위해 부모가 노력해야 한다고 경고했다. "자녀간 경쟁을 부추기는 것은 부모의 현재와 미래의 행복을 빼앗아갈 수 있다."고 했다. 스턴스는 특히 서로 책임감을 공유하고 서로를 돌보는 다자녀 가정과 달리 소규모의 가정에서는 형제자매간 유대가 줄어들고 경쟁의식이 싹틀 수 있다고 주장한다. 칼라와 샐리의 사례에서 보듯 유대감이 줄면 갈등이 심화되기도 한다.

형제자매 갈등 해소가 부모 자식보다 더 어려운 이유

부부 문제를 연구하는 사람들에 따르면, 서로의 관점을 깊이 이해하는 것이 틀어진 부부를 화해의 테이블로 이끄는 데 도움이 된다고 한다. 형제자매가 서로의 관점을 이해하는 것도 난관을 해결하는 데 도움이 된다.

하지만 다른 사람을 이해시킨다는 것은 결코 쉬운 일이 아니다. 형제자매라면 더 어려울 수 있다. 부모는 관계가 끊어진 성인 자녀를 예전의 일상으로 되돌리기 위해 필요한 모든 것을 기꺼이 할 수 있지만, 형제자매는 갈등을 해소하는 데 필요한 헌신이나 공감, 또는 책임을 보여주려는 동기가 낮다.

부모와 자녀의 관계를 개선하는 일과 마찬가지로, 형제자매 관계의 성공은 누가 가장 영향력이 있는지에 달려있다. 여기서 영향력이란 부나 사회적 지위라기보다는 누가 서로가 원하는 바를 가지고 있는지를 의미한다. 예컨대 부모의 목표가 단절된 성인 자녀와의 화해라면, 자녀가 더 많은 영향력을 가진다. 자녀의 경우에는 외면하는 것이 확실한 이득을 주며, 관계의 회복은 분명한 불이익을 준다. 부모들의 경우, 관계 단절과 계속되는 소원함이 주는 긍정적 면이 거의 없다. 이러한 현실은 협상테이블에서 부모의 힘을 약화시킨다.

형제자매의 경우에는 일반적으로 각자가 원하는 것을 가지고 있는 상태에서 동등한 지위를 가지고 치료실에 들어온다. 예를 들어 한 자녀는 관계 단절에 대해 죄책감을 덜 느끼기를 원할 수 있고, 다른 자녀는 자신의 형제 또는 자매와 더 많은 시간을 보내고 싶어 할 수 있다. 발달심리학자 루시 블

레이크는 형제들보다 자매들이 더 빈번하게, 그리고 더 긍정적으로 상호작용을 한다는 것을 밝혀냈다. 그리고 부모나 다른 가족 구성원에 대한 책임감은 부담이 되기도 하지만 그 책임감이 가족 내에서의 위치나 의미를 느끼게 할 수도 있다.

샐리는 칼라가 자기보다 더 높은 위치에 있으면서 여전히 사랑받는 자녀로서 이익을 얻고 있다는 사실을 인정하기를 바랐다. 또한 이런 관계가 재산 상속에도 영향을 미치기 때문에 칼라가 엄마에게 돈을 요구하는 것을 막고 싶었다. 둘은 서로 다른 목표를 가지고 있었지만 나는 그들을 도울 수 있는 최선의 방법을 제시하고 싶었다.

내담자에게 있어서 자신의 감정이나 필요 또는 인식에 대해 공개적으로 이야기하는 것은 평생 동안 스스로에게 해온 익숙한 이야기를 자기 비난이나 죄책감 또는 슬픔을 불러일으키는 새로운 이야기로 변질시키는 위험이 있다. 이런 감정들은 우리가 가능한 한 피하려고 하는 것들이다. 자신의 이야기를 바꾸고 싶지 않은 사람들에게는, 느끼지 않는 게 더 나은 감정을 피하고 싶은 유혹도 있다. 이 때문에 일부 사람들은 치료를 회피한다. 도움을 받는 것이 약하다는 일반적인 오해 때문만이 아니라, 묻어버리려고 했던 아픈 기억이나 감정을 불러일으키기 때문이다.

다른 사람이나 자신에게 너무 많은 것을 드러내는 것에서 오는 두려움은 가족치료에서 흔히 볼 수 있다. 가족치료에서는 가족 구성원 각자가 유지해온 오랜 이미지가 달라질 수 있다. 각자의 이야기는 자전적 사실에서 논쟁의 여지가 있는 말들로 변형 또는 축소될 위험이 있다. 그러한 이유로 명절에 가족을 방문하지 않는 사람들도 있다. 그것은 그들이 갈등을 피하고 싶어서일 뿐만 아니라 스스로 열심히 노력해서 바꾼 자아를 혼란스럽게 하고 싶지 않기 때문이기도 하다.

언니와 동생, 가족치료의 시작

칼라는 관계 회복을 위해 첫걸음을 먼저 떼고자 하는 의지가 있었다.

"언니보다 내가 원하는 것들을 더 쉽게 얻었다는 걸 알고 있어. 엄마가 우리를 차별했다는 것도, 그 때문에 언니가 힘들었다는 것도…. 게다가 모든 일에서 한발 물러나있던 아빠도 엄마 편인 것처럼 느껴졌을 거야."

"응, 그랬지." 샐리는 핸드폰을 쳐다보며 무심하게 대답했다.

"내가 이미 부모님으로부터 모든 것을 얻은 것처럼 느끼는 이유도 이해해. 그래서 내가 더 많은 돈을 받을 거라는 거지?"

"알고 있네." 샐리는 단호했다.

"응, 이해해. 언니."

나는 칼라가 이런 식으로 말하도록 코치한 것은 아니지만 그녀가 그렇게 말해줘서 기뻤다. 가족 상담에서 많은 진전을 보인 것은 아니었지만 그것은 그들의 역학관계를 바꾸는 시작이 되었다.

나는 샐리에게 칼라의 입장도 이해해달라고 요청했는데, 너무 앞서나간 생각이었음을 금방 알았다. 그녀는 칼라의 입장을 산산조각 내버렸다. 그녀는 냉소적으로 대꾸했다.

"그래. 네가 정말 힘들게 살고 있는 것 같네! 엄마 집에서 집세도 내지 않고 살면서 이제 그것에 대한 보상을 받기를 바라고 있으니까."

사실 샐리는 그렇게 말할 게 아니라 다음과 같이 말해야 했다. "그렇구나. 우리 중 누군가가 해야 할 일을 너 혼자서 돈을 써가면서 해왔다는 걸 내가 생각 못 했네. 네가 한 일들은 당연히 보상받아야지. 그것 때문에 내가 누린 것들을 너는 하나도 못 누리고 살았겠지. 너 아니었으면 내가 그렇게 누리고 살 수가 있었을까?"

샐리가 이렇게 말해주었다면 한 단계 더 나아가 그 대화 속에서 진실의 핵심을 찾아낼 수 있었을 것이다. 그러면 다음번에는 자연스럽게 "그래, 네가 왜 그렇게 생각하는지 알 것 같아. 비록 네가 나보다 엄마와 친하다는 것은 인정하지만 그 사실이 나를 괴롭히기도 해."라고 이어졌을 것이다.

하지만 실제로는 그렇게 되지 않았고, 첫 상담은 결론 없이 끝났다.

입장 바꿔서 바라보면 보이는 것들

샐리가 칼라의 입장을 이해하는 게 왜 그렇게 어려웠을까? 샐리는 가족 상담에 나올 때 이미 타협할 마음이 없었다. 그녀는 자신이 조금만 긴장을 풀면 그동안 버텨오던 절실한 벽이 무너질 것 같았다. 칼라에 대한 질투심으로 인해 샐리는 자기가 인생에서 얻은 모든 것은 쟁취해서 얻은 결과라고 느꼈다. 그녀의 엄마를 비롯해 다른 사람들 모두가 그랬던 것처럼 상담가인 나 역시 칼라의 편에 서고 싶은 마음이 들었다.

나는 전략을 바꾸기로 했다. 샐리로 하여금 칼라의 입장에 서도록 하는 대신, 그녀가 어떠한 위치에 있는지에 초점을 맞추기로 했다.

"샐리, 당신은 칼라가 한 일에 비해 과분한 혜택을 받았다고 느끼는 것 같아요. 그런데 이런 생각 해본 적 있나요? 왜 칼라는 평생 사랑받는 아이의 역할을 맡고 그 대가로 혜택을 받을까, 이런 불공평한 일이 반복되는 이유는 무엇일까…."

나는 칼라가 혹시라도 내 이야기에 반발하는 것은 아닐까 싶어 그녀를 흘깃 쳐다보았으나 그렇지는 않았다.

"음…." 샐리가 다리를 고쳐 앉으며 나의 말에 귀를 기울였다. 나는 계속해서 말했다.

"당신의 입장에선 그럴 수 있어요. 칼라의 관점에서는 더 빛진 느낌이겠지만요. 그러나 당신의 관점에서는 그런 말들을 받아들일 이유가 전혀 없겠지요. 당신의 입장은 아마 단순히 '그래, 내가 마땅히 받아야 할 걸 받지 못했으니 법정에 가야지.'일 수 있어요. 불공평하다고 느낀다면 그렇게 해야죠."

샐리가 피식 웃으며 대답했었다.

"하지만 난 여기 상담소에 왔잖아요? 내가 그런 식으로 느꼈다면 애초에 비용을 지불하고 여기 오지도 않았을 거예요."

"네, 맞습니다. 그리고 여기서 일을 해결하는 것이 법정에 가는 것보다 비용이 덜 들 거라는 것도 맞고요. 하지만 우리 모두가 이 문제를 해결할 수 없다고 결정하고 작업을 중단하는 것도 하나의 방법이라는 말씀도 드려야겠어요."

나는 종종 가족 상담에서 가족 구성원들에 발생한 문제 상황 자체보다 상황을 더 극단으로 치닫게 하는 것이 도움이 된다는 것을 알고 있다. 모든 상황에 대한 가능성을 열어주기 때문이다. 나는 부부 상담에서도 어느 한쪽이나 아니면 두 사람 다 각자의 요구를 주장하고 상대방의 변화만 바라며 이혼을 위협할 때도 이와 같은 방법을 사용한다. 특히 부부 사이에 아이들이 있을 때 나는 이혼을 지지하지 않는다. 그래서 가끔은 말할 수 없는 것들을 드러내놓고 말한다.

"아이들이 있는 가정에서 이혼은 최후의 수단이지만, 이 문제에 대해 논의하고 넘어가야 할 것 같습니다." 그러고 나서 겁에 질린 부부의 표정을 바라보며 압박한다. "두 분이 사는 집에 누가 남을 것인지, 어떤 양육권 방식을 선호하는지, 이혼할 경우 자녀에게 어떻게 말할 것인지 생각해보셨습니까?"

상담 치료를 마치고 이혼 가능성을 인정하면서, 그 결정에 수반되는 것들에 대한 감정을 생각해보라고 강요한다. 일종의 위협과도 같은 이런 방법이 하나의 무기가 되어 이혼이나 관계 단절을 무력화한다. 그리고 그 위협의 밑바탕에 깔린 감정에 대해 직접 대화하게 해준다. "이것이 당신이 진정 원하는 것인가요? 진지하게 생각해봅시다."

나는 이러한 절망의 심연을 들여다본 경험이 있다. 내 쌍둥이 자녀가 어렸을 때, 나와 내 아내는 결혼생활을 유지하기 위해 부부 상담을 받은 적이 있다. 나는 이때를 '어두운 날들'이라 부른다. 쌍둥이들이 태어나고 10년쯤 지났을 때, 우리 부부는 서로 등을 돌리고 서서 "그냥 갈라서야 할 것 같아. 우리 결혼생활이 하나도 제대로 되는 게 없잖아."라고 말할 참이었다. 상대를 바꿔보려고 하는 위협이라기보다는, 우리가 결혼을 한 것이 큰 실수였다는 표현이었다. 우리는 쌍둥이 아들들이 필요로 하는 것과, 새로운 가족 안에서 내 딸이 안전하고 사랑받는 느낌을 주고 싶은 나의 욕구 사이에서 균형을 맞추는 데 큰 어려움을 겪었다. 아내는 내가 공정하고 친밀하게 가정을 이끌지 못한다고 생각해 좌절감을 느꼈다. 나는 아내가 육아에 과도하게 집착하며, 아이들이 태어나기 전과 같은 행복을 느끼지 못하는 것 같았다. 우리는 둘 다 상대방이 자신의 기질과 욕구에 잘 안 맞는다고 생각했다.

다행히도 우리는 좋은 부부 심리상담사를 만나 고비를 이겨낼 수 있었다. 한편으로는 자신의 입장을 유지할 자유가 있다는 것을 분명히 할 필요가 있다는 것도 배웠다. 이것은 당신의 미래를 더 정확히 인지할 수 있게 해준다. 그렇지 않으면 당신은 아마 자신의 입장을 제대로 살펴볼 수 없을지 모른다. 자신의 입장이 명확해지면, 당신이 하고 싶은 것이나 하고 싶지 않은 것을 더 쉽게 결정할 수 있다.

금기시되었던 것을 이야기하는 것은 부모와 자녀 간 상담에도 유용하다. 나는 때로는 자녀의 관점을 현재 부모와의 상태보다 훨씬 더 극단적으로 표현한다. 그들이 곁가지만 건드리고 있다는 생각이 들 때, "아버님이 당신을 제대로 돌보지 못한 것 같군요. 그런데 왜 당신이 지금 아버님 곁에 있어야 하나요?"라고 말하는 것이다. 이렇게 하면 자기가 아니라 상담사가 말한 게 돼서, 내담자들이 말하기 어려워했던 것을 생각해볼 수 있다. 나는 그들이 자신의 입을 통해 말할 수 있는 것보다 훨씬 더 세게 그들의 입장을 말해줘서, 자신의 상황을 더 객관적으로 볼 수 있게 하고 갈등을 줄여준다. 그가 실제로 그렇게 느끼고 있었다면 이제 그 감정을 공개적으로 이야기할 수 있다. 그렇지 않고 내 말이 그들의 감정을 잘 표현하지 못했다면 부모와 자녀에게 내 말을 다듬어볼 기회를 준다.

그렇기 때문에 나는 항상 자녀들에게 말할 때 공감하는 것부터 시작하라고 부모들에게 일러준다. 자녀가 말한 내용을 되돌아보고 그들의 불만 속에서 핵심을 찾아 이야기해보라. 단순한 불평이라고 여기지 말고 부모도 함께 살펴보려고 할수록 자녀가 부모에 대해 느끼는 감정을 더 빨리 알 수 있다. 더 중요한 것은 그렇게 함으로써 자녀들 자신이 부모에 대해 어떻게 느끼는지 스스로 알 수 있다는 것이다.

이미 서로 알고 다 있는 사실 아닌가 생각하기 쉽지만 늘 그런 것은 아니다. 어둠 속에 있는 것은 어둠 속에서 자라게 된다. 말하는 것이 금기시되면 이해하는 것도 마찬가지로 제한된다. 직접 목소리를 내서 크게 말하는 것은 자신의 감정을 살펴보는 기회를 제공하고, 일단 말하고 나면 그것이 실제로 어떻게 느껴지는지 확인할 수 있다.

새로운 관계로 나아가게 하는 '공감'의 힘

자매 사이에 여전히 경계심이 있었지만 그런 가운데서도 서로에 대한 애정이 느껴졌다. 첫 번째 상담은 쉽지 않다는 점을 감안해, 각자 상대방에 대해 좋아하고 사랑하고 감사하는 것을 말하게 하며 상담을 마무리 지었다. 이것은 상담 중에 표출된 불만을 봉합할 수 있는 기회를 제공할 뿐 아니라 둘 사이의 관계를 신뢰와 긍정과 개방으로 전환하는 기회를 제공한다. 이 질문에 대한 응답에서 칼라는 스스로를 위해 싸울 수 있는 샐리의 능력과 자율성, 두려움에 대한 극복 능력에 감탄했다는 것을 분명히 알았다. 샐리는 질투심에도 불구하고 별다른 노력 없이도 사람들의 삶에 긍정적인 영향을 미치는 칼라를 자랑스럽게 생각했다. 그리고 둘 다 상대방의 유머 감각에 경의를 표했다. 그러한 인식이 문제를 더 좋게 만들었는지 나쁘게 만들었는지 알지 못한 채 상담이 끝났다.

형제자매, 부부, 부모와 자녀와 같은 가족치료는 상담 회기 사이의 시간에 서로에게 느슨해진 실을 당겨서 그다음 상담시간에 더 결속할 수 있게 한다. 나는 사람들이 몇 주 전까지는 도달하리라 생각하지 못했던 통찰력과 새로운 관점을 습득하는 능력에 종종 놀라곤 한다. 상담 회기 사이의 기간에는 치료사 또는 다른 가족 구성원이 말한 내용을 보다 차분하고 객관적으로 생각할 수 있게 해준다. 이런 경우에 그들은 새로운 방식으로 다시 관계를 맺게 된다.

가족 상담에서는 구성원 가운데 정신적으로 가장 건강하지 않은 사람일수록 빨리 치료가 진행되기도 한다. 다음번 상담에서 샐리는 좀 더 부드러워졌다. 그녀는 여전히 싸울 준비가 되어있는 것처럼 보였지만, 내가 당연히 자기 여동생 편이 될 거라고 생각하지는 않는 것처럼 보였다. 그녀는 덜 냉소적인 태도로 내 말을 경청했다.

샐리의 새로운 태도는 내게 희망을 주었다. 그것은 그녀가 자신의 목표를 포기하지 않고도 칼라와 공감할 수 있다는 것을 의미했으며, 이는 그 자체만으로도 심리적인 성취이다. 다음 달 동안 진행된 상담에서 그들은 관계를 회복할 수 있었다. 샐리는 칼라가 엄마와 함께 산다는 것을 감안해 엄마의 자산 중 일정 부분을 받을 것이라는 데 동의했다. 그 금액은 칼라가 애초에 요청했던 것보다 적었지만 상담 치료가 시작되기 전에 받은 것보다 많았다. 또한 칼라는 샐리에게 월별 명세서와 지출 영수증을 보여주겠다고 제안했다. 중요한 것은 상담에서 함께 보낸 시간 덕분에 그들은 관계 단절을 끝내고 새로운 관계로 나아갈 수 있었다는 사실이다. 두 사람 모두 분명히 원했지만 방법을 알지 못했던 변화를 시작한 것이다.

9

돈과 단절의 관계

연락을 끊은 자녀, 상속을 거부하는 부모

셸던과 보니 부부는 자녀를 유언장에서 빼버리는 가장 좋은 방법을 알고 싶어 했다. 그들은 작년에 나의 웹 세미나에 참석한 후 좀 더 자세한 조언을 구하고자 나에게 연락을 해왔다. 노부부는 최근 아들과의 관계 단절을 겪었다.

돈은 어떤 물질보다도 많은 의미를 담고 있다. 돈은 사랑, 헌신, 가치, 보호, 안전을 표현하는 동시에 통제, 처벌, 조작, 그리고 실망감을 표현한다. 부모와 자식 간에도 돈이 자녀를 부모에게 더 가까이 다가가게 하는가 하면 밀어내기도 하고, 다른 형제자매들과 경쟁심을 느끼게 하거나 성장시키며, 부모에게 영원히 묶이게 하기도 한다.

이 장에서 우리는 돈이 관계 단절을 악화시키고, 부모와 자녀 또는 형제자매 관계를 복잡하게 만들고, 부모가 자녀를 유언장에서 빼버릴 생각을 하게 만드는 여러 가지 문제를 다루고자 한다.

“이런 대우를 받으면서 유산을 물려줘야 하나요?”

나는 상담을 시작할 때 부모에게 관계가 단절되기 전에 자녀와 주고받았거나 모아두었던 모든 자료를 가져오도록 요청한다. 이를 통해 관계 단절의 인과관계를 파악할 수 있기 때문이다. 자료 중에는 연락을 차단한 자녀를 원망하는 메시지도 있지만, 행복했던 시절이 담긴 두꺼운 사진앨범과 사랑이 가득 담긴 메시지들도 들어있다. 한때 누구보다 사랑했음을 보여주는 이런 자료들은 외부로부터의 비난이나 비판에 대응하는 일종의 증거 역할을 한다.

그동안 오고 간 대화를 살펴보면 다음 질문의 답을 알 수 있다.

- 부모의 요청이 얼마나 합리적인가?
- 자녀는 어느 정도 안정적으로 보이는가?
- 자녀가 인식하는 것 이상으로 더 많은 다른 사람, 예컨대 이혼한 전 남편이나 전 부인, 또는 자녀의 배우자, 그밖에 다른 가족이 관계 단절에 관련돼있는가?

편지를 통해서도 부모가 관계 단절에 어느 정도 책임이 있는지 알 수 있다. 예를 들면,

- 부모의 응답이나 자녀의 요청은 존중할 만한가?

- 경계를 정하고 싶어 하는 자녀의 요청을 부모가 받아들이는가 전혀 그렇지 않은가?
- 자녀의 결혼을 지지하는가 아니면 못마땅해하는가?
- 자녀의 종교와 정치적 신념, 가치관을 지지하는가 아니면 비판하는가?

노부부가 아들과 나눈 대화 내용을 살펴보니 아들이 정말로 관계를 단절한 것은 아니라는 확신이 들었다. 결혼한 이후로 부모님이 원하는 만큼의 시간을 못 냈을 뿐이었다. 그러나 그들의 과거 이야기를 듣고는 아들이 소원해진 게 왜 그토록 고통스러웠는지 이해가 됐다.

그들은 결혼 초기에 계속되는 유산 때문에 아기 갖기를 포기했다가 부인이 41세 되던 해 임신이 되어 10달 만에 건강한 아들을 출산했다. 어렵게 얻은 아들은 사랑스럽고 따뜻하며 예절 바르기까지 했다. 친구들이 자녀와의 갈등으로 하소연을 할 때면 속으로 뿌듯했다. 그러던 아들이 결혼하고 나서 달라졌다. 특히 두 아이의 아빠가 되고 나서부터는 전화 통화도, 방문 횟수도 점점 줄어들어 만나기가 힘들어졌다. 아들을 전혀 만날 수 없게 되자 깊은 좌절감을 느꼈다.

"그러니까 아들을 유언장에서 빼버리려면 어떻게 해야 하나요?"

부인이 나에게 물었다.

"아들을 빼고 손자 손녀에게 바로 상속하고 싶습니다. 우리도 이렇게까지 하고 싶지는 않아요. 하지만 이런 대우를 받으면서 유산을 물려주고 싶은 생각이 없네요."

나는 다음과 같이 말하고 싶은 충동을 억눌렀다.

"자기 자식과 완전히 단절된 부모 중 얼마나 많은 사람들이 당신 아들만큼이라도 만날 수 있으면 좋겠다고 하는지 아십니까?"

그러나 나는 그 말을 입 밖으로 꺼내지 않았다. 두 사람은 나이가 들었고, 그런 그들에게 유일한 아들이었기 때문이다. 그들에게는 시간이 더없이 소중했고, 손주들을 볼 기회는 점점 더 제한되었다. 하루빨리 갈등을 해결해야 했다. 그들은 다른 부모에 비하면 훨씬 나은 형편인데도 자꾸만 옛날 좋았던 시절과 비교하며 속상해하고 분노했다.

"왜 화가 나는지 알겠습니다. 엄청난 변화였군요. 예전에는 언제든 아들을 만날 수 있었는데 이제는 얼굴 보기가 무척 어려워졌다는 거군요."

"이게 다 며느리 때문이 아니겠어요? 저는 그런 느낌이 듭니다."

노신사가 화를 억누르며 말했다.

"그 아이는 항상 우리 앞에서는 참 친절했어요."

부인이 말했다.

"저는 며느리 때문은 아니라고 생각하지만 이 사람은 그렇게 생각해요."

아들이 부모님과 거리를 두게 된 이유를 쉽게 짐작할 수 있었다. 남편과 아빠의 역할에 충실한 나머지 시간이 없었던 것이지 며느리가 중요한 원인 같아 보이지는 않았다. 그는 사랑스럽고 언제든 함께할 수 있는 아들에서 사랑스럽고 언제든 함께하는 남편과 아빠로 위치가 바뀐 것이다.

누군가의 아들에서 한 가정의 남편이자 아빠가 되다

"그래서 유언장은 어떻게 하면 되죠?" 부인은 고집스럽게 물었다.

나는 이렇게 해서 얻고 싶은 것이 무엇인지 물었다.

"글쎄요. 아들에게 벌을 주겠다는 건 아니에요. 우리가 그 애 때문에 겪은 것들을 생각하면 유산을 받을 자격이 없다고 생각하는 거죠."

"자격이 없는데도 유산을 물려준다는 게 위선처럼 느껴지시나요?"

"맞아요. 선생님은 어떻게 생각하시나요?"

부인은 내가 그녀의 의견에 동의한다고 생각하며 말했다.

"저는 두 가지 마음을 가지고 있습니다." 내가 말했다. 상대가 듣고 싶지 않은 말을 꺼내야 할 때는 먼저 상대의 이야기에 충분히 공감하는 모습을 보여주어야 한다.

"한편으로는 완전히 이해가 됩니다. 그렇게 다정다감하던 아드님이 전혀 다른 사람으로 변했으니까요. 부모님이 그렇게 서운해하시고 상처받은 걸 알면서도 좀 더 시간을 내려고 하지 않았고요."

"정말 그래요." 남편이 맞장구를 치듯 말했다.

"하지만," 나는 친절한 말투로 다음과 같이 말했다. "아드님의 행동이 그렇게 이상하지도 않고, 확실히 관계를 단절했다고 생각되지도 않습니다. 아드님이 전보다 시간적인 여유가 없는 것은 확실하니, 그 부분이 바뀔 수 있는지 지켜봐야겠지요. 그러나 아드님이 보낸 메시지와 두 분의 말씀을 바탕으로 생각해볼 때, 아드님도 최대한 시간을 할애한 것으로 보입니다. 그렇게 느껴지지 않겠지만 아드님은 나름 신경을 쓰고 있는 것 같고요. 두 분 마음을 아프게 해서 너무 슬프고 죄책감을 느끼나 봅니다."

"그렇게 죄책감을 느낀다면 왜 아무것도 하지 않죠? 다 큰 어른인데요." 라고 아버지가 말했다.

"무슨 말씀이신지 이해합니다. 하지만 그 당시 할 수 있는 한 최선을 다 했더라도 사랑하는 사람들에게 상처를 줄 수 있다는 것을 알기 때문에 죄책감을 느끼기도 하지요."

그다음 이어지는 말을 부모들이 항상 싫어하는 것을 알기 때문에 나는 조심스럽게 말을 이었다.

"자녀를 유언장에서 제외하거나 아예 세대를 건너뛰어 상속하는 것을 그다지 찬성하지는 않습니다. 정말 합당한 이유가 없는 한 말이죠. 이 경우에는 합당한지 잘 모르겠습니다. 두 분은 벌을 주는 게 아니라고 하지만 어쨌든 아드님에게는 그렇게 느껴질 것입니다."

"그렇게 보이지 않게끔 글로 남기는 방법은 없나요?" 부인이 물었다.

"글쎄요, 어떤 말을 하든 여전히 불만과 거부로 가득 찬 표현이 될 겁니다. 두 분 역시 부모님을 떠나보내서 아시겠지만, 부모님은 돌아가셔도 여전히 부모입니다. 돌아가신 후에도 자식들 마음속에 살아있다는 거죠." 나는 이어서 말했다.

"아드님은 이미 더 해드리지 못해서 죄책감을 느끼고 있는데 유언장을 이런 식으로 설계한다면 그의 마음을 더욱 상하게 할 뿐입니다. 이게 목표는 아니시잖아요?"

"네, 그 애가 더 기분 상하기를 바라는 것은 아니에요. 우리는 잘못된 행동에 보상해주고 싶지 않을 뿐이지요." 아버지는 생각하면서 골치가 아픈 듯 말했다. 나 때문인지 자신의 아들 때문인지는 알 수 없었다.

"저는 아드님의 행동이 나쁘다고 보지 않습니다. 두 분이 슬프고 실망하고 상처받고, 그래서 아들이 그렇게 하지 않았다면 좋겠다고 말씀하실 수야 있지요. 하지만 그의 행동은 지극히 정상이어서 나쁘다고 보기에는 무리가 있습니다. 그리고 더 중요한 것은, 그가 시간을 안 내준다고 불평을 할수록 두 분과 시간을 보내고 싶어 하지 않을 거라는 사실입니다."

노신사는 불만스러운 표정으로 아내를 바라보았으나, 그 후에도 몇 차례 상담을 더 받기로 했다. 두 사람은 아들의 죄책감을 자극하는 것을 멈추고 아들이 할애하는 시간을 우선적으로 받아들이는 것에는 동의했지만, 유언장에서 아들을 빼버리지 말라는 내 조언을 받아들이지는 않았다.

세대를 건너뛰어 손주에게 상속하는 방법

관계가 단절된 부모 중에는 자신들이 상처받고 방치되었다고 느끼기 때문에 자녀에게 유산을 물려주는 것이 합당치 않다고 생각해, 자녀를 건너뛰고 손주에게 물려주는 경우가 있다. 그러한 결정의 긍정적인 측면과 부정적인 측면은 다음과 같다.

긍정적 측면

- 손자 손녀에게 주는 것은 간접적으로 자녀에게 주는 것이다.
- 손자 손녀들도 관계 단절의 희생자라는 것을 인정하는 것이다.
- 손자 손녀에게 의미와 가치가 있는 선물을 제공하는 것이다.

부정적 측면

- 아무리 조심스럽게 처리한다 해도 여전히 처벌적이다.
- 손자 손녀에게 환영받기보다는 부담을 줄 수 있다. 자기 부모에게 미안한 마음이 들게 하거나 부모와의 관계를 복잡하게 만들 수도 있다. 결과적으로 선물의 좋은 의도가 없어지거나 줄어든다.

끊임없이 돈을 요구하는 폭력성향의 아들

캐서린은 아들에게 또 이용당했다고 느꼈다. 그녀의 아들은 양극성 장애로, 의사가 처방해준 약을 또다시 끊고는 엄마에게 전화를 걸어 소리를 질러댔다. 그는 엄마가 자신의 인생을 망쳤고, 가족 모두가 엄마를 미워했으며, 얼마나 끔찍하고 자기중심적인지 모르겠다고 말했다. 그녀는 모욕감과 분노가 뒤엉켜 마음에 커다란 상처를 입었다. 어머니의 돈으로 생활하는 실업자이자 37세의 독신남 앨런을 만나보자.

앞에서 소개한 경우와 마찬가지로, 캐서린도 아들과의 관계가 완전히 단절된 것은 아니다. 오히려 그녀는 아들과 지긋지긋한 관계에 놓였고 그로 인해 경제적으로도 힘든 상황이었다. 그녀는 "내가 이 괴물을 만든 것 같아요"라고 말했다. "내 아들을 괴물이라고 부르면 안 된다는 걸 알지만, 어쩔 수가 없네요. 아들이 이렇게 된 건 내 잘못인 것 같다는 생각이 계속 들어요.

남편과 나는 아이가 어렸을 때 헤어졌는데 아들은 우리 둘 중 어느 누구와도 그 무엇도 하려 하지 않아요. 내가 아들에게서 연락받는 유일한 경우는 돈이 필요할 때예요. 너무 죄책감이 들어서 계속 돈을 주고 있어요."

나는 그녀 아들의 발달과정을 비롯해 그녀의 과거 양육방식도 자세히 살펴보았다. 양육과정에서 부모는 자녀의 발달에 해로울 수 있는 결정과 그렇지 않은 결정을 구별하는 법을 알게 된다. 그녀의 양육방식이 완벽하지 않았지만(완벽한 사람이 어디 있겠는가), 그녀가 잘못해서 아들이 엄마에게 언어폭력을 하고 정신적으로 학대하는 것은 아닌 것 같았다.

상처받았다고 부모에 대한 무례가 정당화될 수는 없다

내가 부모와 관계가 단절된 자녀를 만나는 경우는 부모 자신이 자녀에게 해를 끼친 것에 대해 인식하고 고쳐 보겠다는 의지를 보여줄 때다. 엄한 체벌이 있었던 경우라면 자녀가 과거의 기억으로 인해 부모를 만날 때마다 얼마나 고통을 겪었는지에 대해 적나라하게 이야기를 털어놓기까지는 어느 정도 시간이 필요하다. 그런 점에서 부모가 듣고, 배우고, 공감할 수 있도록 돕는다는 취지에서 한두 번 정도 마음속의 모든 것을 토해내는 시간을 갖게 한다.

간혹 어떤 자녀들은 부모가 나에게 상처를 주었으니 마음껏 부모를 경멸하고 무례하게 굴어도 정당화된다고 생각하기도 한다. 특히 이혼한 부모 밑에서 자란 아들이 엄마에게 다음과 같이 말하는 것을 들었다. "내가 결혼해서 아이를 낳고 길러보니 당신이 나한테 했던 것처럼 내 아이들을 대한다는 것을 상상도 할 수 없어요. 무슨 생각으로 어린아이에게 그렇게 모질게 대했던 거죠?" 어른이 되었지만 아직 상처가 남은 아이가 진심으로 이해하고 싶은 마음에서 그런 질문을 하는 것은 이해가 된다. "무슨 생각이었던 거죠, 엄마? 어째서 어린아이를 때릴 정도로 감정을 다스리지 못한 건가요?"

그것이 방임이건, 정서적 또는 신체적 학대이건 간에, 나는 이해하고자 애쓰는 성인 자녀와 화해를 청하는 부모가 양쪽 모두의 회복을 위해 엄청나게 노력하는 것을 봐왔다. 이를 통해 자녀는 자신에게 가해진 심리적 외상이 자기 잘못 때문이 아니었다는 것을 이해하게 되고, 부모는 자기 자식에게 상처 입힌 것을 반성하며 복구할 수 있는 기회를 갖게 된다.

그러나 부모에게 그런 질문을 던져놓고 대답을 들을 생각조차 하지 않는 자녀들도 있다. 그것은 단지 부모에게 수치심을 주는 동시에 관계 단절을 정당화하기 위한 것일 뿐이며, 부모의 그릇된 행동에 자기는 잘못이 없다는 것을 드러내는 것이다.

"아들은 저 때문이라고 하는걸요"

27세에 처음으로 조증이 나타나기 전에는 앨런은 엄마에게 한 번도 언어폭력을 가한 적이 없었다. 그래서 그의 급격한 변화는 엄마를 완전히 놀라게 했다. 결국 정신과 의사를 만나 약 처방을 받고 안정을 되찾은 후 엄마에게 다시 연락을 해왔다. 그렇게 해서 일시적으로 정상으로 돌아와 다시 침착해지고 공손해졌다. 그러나 오랫동안 꾸준히 약을 복용하지 않았다. 약을 끊었을 때, 그는 최악의 수준까지 내려가 엄마를 장황하게 비난하곤 했다. 게다가 양극성 장애를 가진 사람들에게 자주 발생하듯 조증이 나타나면 낭비벽이 심해졌다.

여러 의사로부터 포기하라는 충고를 받았지만 캐서린은 항상 아들을 구하기 위해 나섰다. "아들이 이렇게까지 된 건 내 잘못인 것 같아요. 내가 잘못 가르쳤기 때문이에요." (나는 이런 식으로 자신을 비난하는 아빠들은 거의 보지 못했다.)

"당신의 못 말리는 죄책감을 어떻게든 해결해드려야 할 것 같아요." 나는 내 생각을 명확하게 말했다.

"그런가요?" 그녀는 놀란 표정을 지었다. "아들은 제가 그를 이렇게 만들었다고 하더군요."

"정말로 그렇게 믿는 것일 수도 있지만, 자신이 원하는 대로 당신을 조종하기 위해 그런 말을 하는 것 같습니다."

"하지만 제가 아들을 이렇게 만들었다면요? 아들은 저 때문이라고 하는 걸요." 그녀는 미소 띤 얼굴로 눈물을 흘렸다.

"아드님이 조증일 때 말도 안 되는 말을 많이 하는 것 같습니다. 문제는 당신이 그것을 그대로 받아들인다는 것입니다. 이것은 당신이나 아드님에게나 좋지 않습니다. 그의 요구를 들어줌으로써 부당한 취급에 대한 보상으로 끝나버리기 때문에 아드님에게도 좋지 않아요. 설사 당신이 나쁜 엄마였다고 해도, 어느 쪽이든 계속 이런 식으로 행동하는 것은 안 좋습니다."

나는 캐서린이 학대하는 아버지 밑에서 자랐다는 사실에 놀라지 않았다. 그녀는 어렸을 때 자신이 부모가 된다면 아이를 자기처럼 두렵고 외롭게 만들지 않을 것이라고 스스로에게 맹세했다. 그리고 그녀는 그 목표를 훌륭하게 이루어냈다. 그러나 아이를 학대하지 않겠다는 그녀의 집착은 그녀가 결코 부모에게 닮고 싶지 않았던 것으로 아들이 그녀를 비난하면서, 혼란스럽고 두렵고 죄책감에 가득 차게 만들었다. 앨런은 이러한 엄마의 약점을 알아차리고 이용했다.

"아드님이 다시 약을 복용하겠다고 약속하고, 당신에게 돈을 부탁할 때도 정중하게 이야기하지 않으면 주지 말아야 합니다. 두 가지 다 지킬 수 없다면 아들의 이메일이나 전화에 응답해서는 안 됩니다."

나는 다음과 같이 이메일을 쓰도록 도와주었다.

> 사랑하는 아들, 앨런
> 엄마는 너를 사랑한단다. 네가 힘들어하고 있는 걸 생각하면 얼마나 마음이 아픈지 모르겠구나. 돈을 마련해달라는 네 요청에 대해서는 약을 다시 복용한다면 고려해볼게. 너는 조증이 다 나았다고 생각하지만 네가 조증이 있는 동안에는 알지 못한단다. 의사들이 그러는데 그것은 흔한 일이라는구나.
> 엄마의 첫 번째 조건은 약을 시간 맞춰서 잘 먹으라는 거고, 두 번째 조건은 네가 지금까지 그래왔던 것처럼 무례하게 굴지 말라는

거다. 나한테 화가 났다고, 나를 존중하거나 사랑하거나 좋아하지 않는다고, 내가 좋은 부모라고 생각하지 않는다고 했지? 뭐가 됐든 좋으니 조용하게 말하거라. 나에게 욕을 하거나 내 앞에서 죽어버리겠다고 말하는 건 안 된다. 다시는 너한테서 그런 끔찍한 소리를 듣고 싶지 않구나. 그런 식으로 이메일을 보내면 답장도 안 할 거고, 전화로 그렇게 말하면 전화를 끊을 거야.

네가 다시 약을 복용하게 된다면 너와 함께 가족 상담 치료를 받고 싶구나. 거기서 나에 대한 불만 사항을 더 털어놓을 수 있을 거야. 난 너를 아주 많이 사랑한단다.

엄마가

죄책감을 걷어내고 엄마가 먼저 달라져야 한다

지난 10년 동안 아들은 수도 없이 그녀와 연락을 차단했다. 캐서린은 그것만은 피하고 싶었다.

"아들이 거부한다면 어떻게 하죠?"

"어떤 게 옳은 선택인지 잘 판단하셔야 할 겁니다. 아들과 계속 이런 식으로 관계를 이어가게 되면 당신은 그때마다 스스로 끔찍하게 느낄 것이고, 아들은 아들대로 개선이 안 될 테니까요. 그렇게라도 해서 아들과 연락을 하고 지내는 게 낫다고 느끼신다면 할 수 없고요."

캐서린은 굳세게 밀고 나가지 못했다. 적어도 6개월 동안은 그랬다. 끝까지 버텨보려 했지만 결국 돈을 달라는 아들의 요구에 굴복했다. 아들을 잃을지 모른다는 두려움과 아들을 망쳤다는 비난 앞에서, 잘못되었다는 걸 알면서도 번번이 돈을 내주었다. 그런 일이 있고 나면 스스로 당혹스러워하면서 나에게 변명을 했다. "이번이 마지막이라고 하는데 저는 그렇게 믿어요.", "이번엔 정말 돈이 필요한 일이 있었어요."

편지에서 그녀가 내걸었던 조건은 하나도 지켜지지 않았다. 돈 요구를 거절할 때마다 아들은 언제나처럼 난폭하게 굴었다.

하지만 상담을 거듭하면서 그녀가 먼저 달라지기 시작했다. 자기 아버지처럼 자기도 학대하는 부모가 될까 봐 두려웠다는 사실을 인정했다. 그러나 두 사람은 양육방식이 분명히 달랐다. 상담 치료를 통해 그것이 근거 없는 두려움이었다는 것을 그녀는 알게 되었다. 아들에게 조건을 많이 내걸수록 관계가 단절될 수 있다는 생각도 머릿속에서 걷어버렸다. 마침내 아들에 대한 죄책감이 비논리적이었다는 사실을 천천히 받아들인 덕분에 아들에게 내건 조건을 끝까지 밀고 나갈 수 있었다. 아들은 그다음 해에도 계속해서 그녀를 괴롭혔지만, 약을 다시 복용하겠다고 약속했고 차츰 나아지고 있었다.

앨런과 같이 난폭한 자녀에게는 부모의 죄책감이 상황을 더 나쁘게 만든다. 돈과 관련해서 다음과 같은 일이 발생할 수 있다.

• 성인 자녀에게 적절한 수준 이상으로 돈을 주게 된다.

- 자녀의 삶이 이렇게 된 것이 당신 책임이라고 생각해서 보상해야 한다고 느낀다.
- 자녀의 삶이 이렇게 된 것이 당신 책임이라고 자녀가 생각하기 때문에, 당신이 보상해야 한다고 느낀다.
- 절망감과 무력감, 그 어느 것도 충분하지 않다는 느낌이 지속된다.

유언장에서 자녀를 제외시키기

자녀에게 언어폭력을 당했거나, 경찰에 신고당했거나, 사위나 며느리로부터 욕을 먹었거나, 몇 년째 아들, 딸 또는 손주를 보지 못하는 슬픔을 안고 그저 묵묵히 살아야 했던 부모의 경우, 자식을 유언장에서 빼버리는 게 유일하게 권리를 행사하는 것처럼 느껴지기도 한다. “나를 비참하게 만들기나 하는데, 그런 자식에게 내가 힘들게 일해서 번 돈을 그렇게 많이 물려줘야 할 이유가 있나? 도대체 이렇게 불공평한 게 어디 있지?”

아무리 인격이 훌륭한 사람이라도 부모 자식의 인연을 끊겠다는 자녀에게 유산을 물려주고 싶은 부모는 많지 않을 것이다. 내 딸이 나와 화해를 하지 않았다면 나도 그랬을지도 모르겠다.

하지만 우리가 세상을 떠난 후 우리의 결정이 어떻게 진행될지 한 번쯤 생각해보았는가. 상담을 진행하면서 나는 살아있을 때 부모와 화해하지 못한 것을 후회하는 자녀들을 많이 봐왔다. 아마 당신의 자녀도 지금 당장은 당신과 화해할 수 없지만, 당신이 세상을 떠나고 나서 생각이 달라질지도 모른다.

당신의 마지막 유언이 원망과 보복이 아닌 사랑과 포용의 메시지가 되게 하는 것, 그것이 당신에 대한 그들의 생각이 잘못되었다는 것을 보여줄 수 있는 마지막 기회다. 자녀를 유산 상속 대상에서 빼버리는 것이야말로 자녀가 옳았다는(부모가 나쁜 사람이며, 그래서 부모와 관계를 끊고 살았다는) 것을 증명할 뿐이다. 그렇다고 자녀의 지독한 태도가 정당화된다는 것은 아니다. 오히려, 부모로서 우리가 느끼고 인식하는 것이 우리 아이를 파악하는 최선의 척도가 아닐 수도 있는 것이다.

부모가 자녀 양육에 최선을 다하는 것처럼, 자녀도 부모와 관계를 맺기 위해 최선을 다한다. 다음과 같은 이유로 부모와 거리를 두게 된다면 자녀를 비난하는 것은 옳지 않다.

- 정신적으로 문제가 있어서 어떻게 하면 당신과 가까워지거나 관계를 맺을 수 있는지 모른다.
- 당신의 전처 혹은 전남편이 당신을 안 좋게 생각하도록 만들었다.
- 자녀가 아내 혹은 남편에게 통제당하거나 지배당하고 있다.
- 당신에게 너무 얽매여있다고 느낀다. 당신에게 부정적이거나 거리를 두는 것 외에는 분리감을 느끼는 다른 방법을 모른다.
- 자녀가 어렸을 때 당신의 선택이나 결정, 행동으로 인해 상처를 받았다.

당신이 그것을 만회하기 위해 상당히 노력했거나, 사실은 그게 아니라고 느끼더라도 마찬가지다.

- 당신이 학대하지 않았는데도 자녀가 학대를 당했다고 심리상담가가 설득했다.
- 당신과 가치관이 너무 달라서, 연락하지 않는 것 외에는 행복해질 방법이 없다.

또한, 부모가 다음과 같은 노력을 하지도 않고 자녀를 유언장에서 빼버리면 안 된다.

- 부모가 자녀에게 가까이 다가가면서 화해하려고 오랫동안 노력했다.
- 부모가 더 나은 관계를 유지하기 위해 원하는 것이 무엇인지 자녀에게 명확하게 말했다.
- 자녀가 가지고 있는 불만 사항에 대해 공감해주었다.
- 부모와의 관계에 경계를 정해서 시간을 제한적으로 투자하고 싶어 하는 자녀의 요청을 수락했다.
- 부모가 화해를 청했다.

위에 나열된 항목을 모두 기꺼이 수행했음에도 여전히 상황이 나아지지 않거나 배신감을 느낀다면, 자녀를 당신의 유언장에서 제외할 때 아래와 같이 편지를 써볼 것을 권한다.

○○에게

몇 년 동안이나 너에게 다가가려 했지만 네가 나와의 관계를 원하지 않는다는 것이 분명한 것 같구나. 너에게 상처를 주거나, 너를 실망시키거나, 기대를 저버린 것에 대해 내가 미안하게 생각하는 것을 알아주기 바란다. 그것은 내가 무덤까지 가지고 갈 고통과 후회의 원천이다. 네가 나와의 관계를 원하지 않는 데에는 충분한 이유가 있다고 생각한다.

너도 알다시피 난 늙어가고 재산 상속을 계획할 때가 되었다. 네가 나와 인연을 끊으려 하는 걸 알면서도 네게 유산을 물려주는 건 힘들다는 사실을 인정해야겠다. 네가 나를 거부하는 데에는 이유가 있다는 것을 알고 있지만, 네가 우리의 관계를 위해 노력할 마음이 없는데도 너에게 유산을 상속하는 것은 기분이 좋지 않구나. 남들처럼 좋은 관계를 갖는 것까지는 바라지도 않지만 그래도 어떤 식으로든 너와 연락은 하면서 지내고 싶다. 네가 가족 상담을 받을 생각이 있다면 이런 결정을 내리지 않아도 될 것 같은데, 너의 생각을 알려주었으면 한다.

사랑하는 엄마 또는 아버지가 등등

당신이 돈을 갖고 협박한다고 비난하는 답장이 올 수도 있다. 그런 경우에는, 다음과 같이 회신할 수 있을 것이다. "어떤 느낌이 드는지 알겠다. 우리 관계가 어떻게 해도 회복될 수 없는 엄청나게 큰 사각지대가 나에게 있는 것 같구나. 나는 우리 관계를 치유할 방법을 찾으려고 할 뿐이란다. 내가 좋은 엄마였다고 너를 설득하려는 게 목적이 아니라는 걸 알아주었으면 좋겠어. 내가 세상을 떠나기 전에 우리 관계를 개선해볼 일종의 장을 마련하고 싶기 때문이야. 그리고 지금보다 나아지기 위해 우리의 차이점을 해소할 방법이 있는지 확인할 기회를 가져보려는 거란다."

아니면 유언장에 다음과 같이 쓸 수 있다.

> 내가 너에게 유산을 남기지 않게 된 것이 무척 안타깝구나. 네가 어렸을 때나 네가 자랄 때 너에게 고통을 주었던 것에 대해 사과하기 위해 내 삶의 많은 부분을 바쳐서 너에게 다가가려고 노력했지만, 너는 나에게 연락할 마음이 없는 것 같다. 부모로서 너에게 큰 상처를 준 건 인정하지만, 그래도 그것 때문에 너나 손주들을 아예 못 보고 산다는 게 이해가 되지 않는구나. 나는 네가 고통받는 것도 바라지 않고, 그렇다고 너에게 되갚는 것도 원치 않는다. 그러나 너와 관계를 유지했다면 네게 주고 싶었을 많은 것들을 이런 상황에서 네게 남기는 것은 잘못된 것으로 느껴진다.
>
> 사랑하는 엄마 또는 아버지가 등등

이 편지는 아무래도 징벌처럼 느껴진다. 사랑하는 사람을 떠나며 남기는 이별의 메시지로 징벌은 안 좋은 것 같다. 그러나 유산을 물려주기가 너무 힘들다면 이 편지가 가장 좋은 방법일 것이다.

관계 단절된 자녀도 똑같이 받아야 하는 이유

부모는 자녀가 더 나은 결정을 하지 못한 것에 대해, 그들도 어쩔 수 없었던 경우가 있다는 것을 인정해야 한다. 결혼 후 배우자의 영향, 자녀에게 닥친 불운, 또래 친구의 영향, 정신적인 부분 등 많은 요소가 작용하기 때문이다. 부모가 더 나은 결정을 내릴 수 있었는데 그러지 않았다고 원망하는 자녀처럼, 자녀가 더 나은 결정을 내릴 수 있는데 그러지 않는다고 원망하는 부모가 되어서는 안 된다. 물론, 자녀가 나에게 감사하게 생각하거나 효도하지 않고, 나를 용서하지 않으며 거부하는 것에 대해 화가 날 수는 있다. 그러나 우리 마음대로 그들을 바꿀 수는 없다.

그렇다고 자녀마다 유산 상속 비율을 다르게 책정하는 것은 형제간 불화를 일으킬 수 있으므로 신중해야 한다. 유산을 적게 받은 자녀가 불만을 품고 소송을 제기하면 문제가 복잡해질 뿐만 아니라 형제들끼리 화해할 기회도 사라지게 된다.

하지만 자신에게 잘하고 효도하는 자녀와 그렇지 않은 자녀에게 같은 금액의 유산을 남겨주는 것은 불공평하다고 생각하는 건 당연하다. 나 역시 공감하지만, 유산 상속이라는 최종 수단 말고도 부모에게 효도한 자녀가 부모 살아생전에 보상받을 수 있는 방법은 많이 있다. 돈을 빌려주거나 커다란 선물을 하는 것도 여기에 포함된다.

누구도 상처받지 않는 유언장 설계하기

벤저민 씨 부부는 자기 아들과 약혼한 여자를 못마땅해했다. 자리에 앉자마자 부인은 말을 꺼냈다.

"아들이 동거를 하더니 이젠 결혼하고 싶다고 말한 여자가 있어요. 우리는 버릇없고 무례한 그 여자가 마음에 들지 않아요. 아들에게도 그 여자가 마음에 들지 않는다고 이야기했어요. 그렇게 예절도 모르는 여자가 좋은 엄마가 될 것 같지는 않아요."

나는 계속해서 이야기를 들어주었다.

"아들이 내 말을 전한 게 분명해요. 그 이후로 우리는 아들을 만나지도 소식을 듣지도 못했어요. 아들이 그 여자와 결혼한다면 재산을 물려주지 않겠다고 확실하게 알려주고 싶어요."

나는 고개를 끄덕였다. 사위나 며느리를 싫어하는 부모가 흔히 하는 말이었다.

그러고 나서 부인은 상담실을 찾은 결정적 이유가 된 질문을 이어갔다.

"그래서 말인데요, 그 여자가 아들의 인생을 망칠 수 있다는 걸 어떻게 하면 아들에게 알려줄 수 있을까요?"

"네, 무슨 말씀인지 알겠습니다."

내가 말했다.

"하지만 유산을 안 물려준다고 해서 아드님이 그 여자분을 포기하게 될 것 같지 않네요. 오히려 부모님을 더 안 좋게 생각할 수 있습니다. 두 분이 걱정하는 이유는 잘 알겠습니다. 저라도 아마 그럴 겁니다. 그러나 그 여자가 좋은 사람인지 아닌지는 아드님이 스스로 알아내야 합니다. 당신이 그 여자분을 나쁘게 볼수록 아드님은 자신이 부모로부터 독립된 존재임을 증명하기 위해 그녀를 포용하려는 의무감이 더 높아질 뿐입니다. 만약 그녀가 괴로워한다면 당신과 관계를 단절할 핑곗거리로 그보다 더 좋은 게 없을 겁니다."

"우리는 아들 인생을 우리 마음대로 하려는 게 아니에요. 그 애도 어른이 되었으니 원하는 건 뭐든 할 수 있겠죠. 하지만 그 애가 인생을 망치는 건 원치 않아요. 지금은 확실히 잘못된 방향으로 가고 있거든요."

"그 말에 전적으로 동의합니다. 문제는 잘못된 방향으로 가는 걸 막기 위해 당신이 무엇이든 할 수 있는가 하는 것입니다. 그녀는 당신 손자의 엄마가 될지도 몰라요. 그녀가 정말로 문제가 있는 사람이라면, 상황이 어려울 때 아들은 당신의 도움을 필요로 할 것입니다."

심리학자들은 자녀가 10대가 되면 부모는 관리자 역할에서 상담자 역할로 전환해야 한다고 조언한다. 성인 자녀에게도 같은 조언이 적용된다. 우리는 자녀가 아주 안 좋은 선택을 한다고 해도 막을 수가 없다. 그럴 때 부모의 역할은 자녀가 자신이 원하는 것이 무엇인지 분명히 밝히지 않는 한 경고나 조언조차 하지 않는 것이다. 그런 조언이 그들에게 필요하다고 생각되더라도, 심지어 그들의 삶을 망칠 가능성이 클 때도 마찬가지다.

이런 생각의 틀을 염두에 두고 나는 벤저민 부부에게 다음과 같이 조언했다.

"저 같으면 아드님이 그 여자와 결혼할 경우 유언장에서 빼버리겠다고 한 말을 취소하겠습니다. 그리고 그녀에게 다가가 대화의 길을 열어보려고 노력할 것입니다. 그녀를 좋아하지 않고 의구심이 들더라도 당신이 모든 것을 내려놓고 노력한다면 아드님은 당신을 존경할 것입니다."

두 부부는 내 말에 동의했다.

"하지만 우리가 죽은 후 그 여자가 우리 돈을 받는 것은 원하지 않아요."

사실 이러한 경우는 흔한데, 유산을 전적으로 자신의 자녀가 관리하도록 지정해서 유언장을 작성할 수 있다. 이때 자녀가 이혼하면 상속액은 자녀를 따라가게 되도록 규정할 수 있다.

몇 번의 추가 상담 회기를 끝낸 후, 벤저민 부부에게 변호사와 상담할 것을 권했다. 이렇게 해서 그들은 유산 상속에 대한 대안을 갖게 되어 마음의 평화를 찾을 수 있었다.

10

자식에게 거부당하고 손주와 차단된 조부모

육아관 차이로 손주를 만날 수 없게 된 할머니

오늘날 수없이 많은 조부모들이 손주들과 연락이 끊겨있다. 이것은 때로는 조부모가 손자 손녀에게 한 문제 행동 때문이기도 하지만, 나의 임상 경험에 따르면 부모와 자녀 또는 부모와 자녀의 배우자와의 갈등에서 비롯되는 경우가 더 많다.

관계가 단절된 조부모는 이중으로 고통받는다. 자식으로부터도 거부당하고 손자 손녀와도 연락이 끊기는 것이다. 이번 장에서는 이러한 일이 발생한 여러 가족을 살펴보고 화해를 위한 발걸음을 내디뎌본다.

수잔은 엄마와 오빠 사이의 갈등 때문에 나를 찾아왔다. 그녀의 엄마는 오빠 로널드와 화해할 수 있게 도와달라고 그녀를 귀찮게 했다. 엄마는 특히 3년간 만나지 못한 손주들을 만나고 싶어 했다. 수잔은 이 문제에 개입하는 게 내키지 않았다. 엄마와 오빠의 관계를 악화시킬까 봐 걱정되기도 했고,

사실은 이미 오빠에게 그 사실을 말했기 때문이었다. 하지만 엄마가 아들과 손자를 만나지 못해 괴로워하는 것이 안쓰러워서 마지못해 중재에 나섰다.

"손주들이 너무 보고 싶어요"

수잔의 엄마 조안나는 평생을 불안감과 싸웠다. 그녀는 알코올 중독자인 부모와 다섯 형제가 있는 가정에서 자랐다. 그녀는 나를 연락이 끊긴 자녀를 다시 볼 수 있게 도와줄 수 있는 유일한 구원자라고 생각했다. 그래서 손자를 다시 보고 싶다면 아들에게 새로운 방법을 써봐야 한다고 말했을 때 조금도 망설임이 없었다. 나는 별 효과도 없는 수잔을 대리자로 내세우지 말라고 조언했다.

"말씀하시는 대로 따르겠어요. 그놈의 아들 때문에 손주들도 못 보고…."

나는 미소 지었다. "아드님과 화해하지 않는 한 손자들을 볼 순 없을 거예요."

"그래야만 하나요? 며느리도요?"

"특히 며느리는 그렇죠."

"이런." 그녀는 창밖을 바라보며 말했다.

처음 아들과 갈등이 시작된 것이 언제였는지 물었다. 그녀는 대답할 기회를 기다렸던 것처럼 말을 시작했다.

"아들이 결혼하면서부터 시작되었어요. 며느리네 집안은 엄청난 부자였지요. 돈이 정말 많았어요. 그 애는 자기 집이 부자라는 사실에 자부심이 많아요. 그 애 엄마도 그렇고요. 그들은 다이애나 전 영국 황태자비 같은 결혼식을 원했어요. 결혼식 비용이 우리 집값보다 더 비쌌는데 그 애 엄마는 비용을 내가 같이 부담하기를 원했죠. 결국 나는 리허설 만찬 비용을 지불하기로 했는데, 그 금액도 만만치 않았어요. 내 결혼식과 신혼여행 비용, 자동차 값을 합친 것보다 더 큰 금액이었어요.

그때부터 며느리가 나한테서 점점 멀어지는 것을 느꼈어요. 하지만 시간이 흐른 후 상황이 나아지는 것처럼 보였고, 모든 일을 뒤로 하고 우리가 잘 지낸다고 생각했죠. 나는 주중에 2~3일 정도씩 손주들을 돌봐주곤 했고, 가끔 아들 부부가 주말 밤에 단둘이 데이트하러 나갈 때도 애들을 봐주었답니다." 그녀는 활짝 웃는 두 소년이 바탕화면에 깔려있는 휴대전화를 보여주었다.

"귀여운 아이들이네요."라고 나는 말했다.

"그럼요, 얼마나 귀엽고 다정한데요. 아이들은 항상 "함미 이거", "함미 저거" 하며 나를 불렀어요."

그녀는 잠시 말을 멈췄다. 그녀의 눈가가 젖어 있었다. "손주들에게 무슨 일이 일어난 건지 어떻게 말했을까요? 태어나서부터 늘 자기 곁에 있던 할머니가 갑자기 사라졌다는 사실을 세 살, 네 살짜리 남자애들이 이해할 수 있을까요? 내가 죽었다고 말했을까요? 내가 그 애들을 사랑하지 않는다고 했을까요? 나는 이 모든 게 전혀 이해가 되지 않아요."

관계가 단절된 조부모의 대부분은 관계 단절이 손자 손녀에게 어떤 영향을 주었을지 알 수 없다는 게 가장 걱정스럽다. 할머니 할아버지가 그들을 보고 싶어 하지 않는다고 아이들에게 말하거나, 다른 식으로 아이들에게 안 좋은 말을 할까 봐 두려워한다.

시어머니와 며느리, 충돌하는 육아관

나는 조안나에게 관계 단절의 원인으로 생각나는 게 있는지 물어보았다. 우리가 아무리 삶을 객관적으로 보려고 노력해도 우리 모두에게는 사각지대가 존재한다. 따라서 그녀도 놓친 부분이 있을 거라고 가정했다.

"아, 모르겠어요." 그녀가 생각하며 말했다. "아들이 이런 말을 한 적이 있어요. "우리는 아이들이 할머니와 같이 있을 때 텔레비전 보는 걸 원치 않고요, 쓰레기 같은 음식 먹이는 걸 원치 않아요." 세상에나…. 나는 아들에게 말했죠, "내가 애들의 할머니라서 그러는 거야. 내가 애들 응석을 받아주는 게 당연하지. 너 키울 때도 똑같은 음식이었는데, 그걸 먹고 자란 너도 별 문제가 없잖니." 그랬더니 아들이 그러더군요. "그렇지만 우리는 애들을 그렇게 키우지 않아요." 물론, 내가 진짜 말실수로 며느리를 비난하긴 했어요. 이 모든 문제가 며느리에게서 비롯되었기 때문이죠. 내가 거짓말이라도 했어야 하나요?"

그렇게라도 해야 했다고 나는 생각했다. 많은 관계, 특히 가족과의 관계는 생각하거나 느끼는 걸 그대로 표현하는 것이 중요하다는 잘못된 생각 때문에 끝장이 난다. 말로 표현하기보다는 전략적이고 절제된 방식이 낫다. 특히 부모와 성인 자녀의 관계에서는 그렇다. 며느리나 사위와의 관계일 때는 더 그래야 한다.

그녀는 말을 이어갔다. "나는 아들에게 "너답지 않구나, 로널드. 넌 네 처한테 목줄이 잡혀있는 것 같아. 네 처가 너를 이렇게 바꾸어놓은 거니?"라고 말했어요. 그런 말도 하지 말았어야 했나 봐요." 안타까운 표정으로 나를 보며 말했다.

내가 말했다. "아마도 하지 말았어야 했겠죠."

"글쎄요, 나는 그런 사람은 아니에요. 요즘은 그게 문제죠. 아들은 며느리한테 벌벌 떨어요. 자기가 뭘 하든 와이프가 괜찮다고 하는지 확인하려고 눈치를 봐요. 아들은 "엄마, 애들 엄마와 저 둘 다 그렇게 생각해요. 괜히 저 사람을 탓하지 마세요! 저한테 애들 엄마 욕을 하면 안 되죠. 저 사람은 좋은 엄마예요."라더군요. 나는 그것이 마치 자기 처는 훌륭한 엄마고 나는 그렇지 않다는 식으로 들렸어요. 나를 한 방 먹이는 거였죠."

그녀의 목소리는 더 커졌다. "너희가 나를 안 보고 싶다면 좋다, 안 보면 된다! 그렇지만 내가 햇살과 무지개 그림이 그려진 재활용 유기농 상자에 담긴 나파밸리 인증 그래놀라 대신 슈가 팝스를 준다고 해서 내 손자들을 볼 수 없다는 거냐? 도대체 이게 무슨 거지 같은 소리야?"

나는 관계가 단절된 조부모로부터 이런 종류의 불평을 자주 듣곤 한다.

"며느리가 나한테 말하는 건 어떤 식인 줄 아세요? 바로 내 앞에서 무안을 줍니다. 며느리가 만든 새로운 규칙에 아주 조금이라도 반발하려고 하면 늘 더 세게 되받아친다고요. "애들에게 그런 말씀은 하지 마세요. 우리는 안 된다는 단어를 좋아하지 않아요. 애들에게 선택권을 주고 싶어요. 그게 아이들 자존감에 더 좋거든요." 그녀는 며느리 목소리를 흉내 내며 말했다. "나는 우리 손주들이 걱정돼요. 정말로요. 그들이 내 부모였다면 기회만 되면 가출해버렸을 거예요. 진짜로요."

다른 가족 사례에서도 이와 같은 일은 흔하다.

결혼 등으로 두 가족이 합쳐지는 것은 사회적 위치나 소득 수준이 비슷한 경우라도 쉽지 않다. 서로 다른 두 문화를 합치는 것이기 때문이다. 어떤 의미에서는 중매결혼이 이혼이나 가정불화에 덜 취약하다. 결혼은 낭만적인 사랑 하나만이 아니라 확대된 가족이라는 수많은 관계로 유지된다. 그래서 가족 간의 불화는 배우자를 통해 확대되어 원치 않는 결과로 이어지기도 한다.

싸울 때와 물러설 때를 아는 쪽이 승리한다

조안나의 사례는 수많은 딸과 엄마, 며느리와 시어머니 사이에서 흔히 일어나는 문제다. 일반적으로 아내는 무엇이 합리적이고 건강한 가족관계를 구성하는지에 대해 훨씬 더 명확한 생각을 갖고 있어서 대체로 남편들은 그것에 잘 따른다. 대부분 가정에서 가족관계에 대한 결정을 내려야 할 때는 엄마가 가장 잘 안다.

아내는 남편 가족에 들어가기보다는 남편을 자신의 가족 안으로 데려올

가능성이 더 크다. 일반적으로 남자는 여자가 자기 엄마에게 느끼는 것보다 자기 엄마에게 친밀감을 덜 느끼는데, 그래서 결과적으로 아내의 의견을 주로 따르게 된다. 여기에는 시댁 식구가 얼마나 자주 그리고 얼마나 오래 방문할 수 있는지, 시댁 식구들이 아이를 돌볼 수 있는지, 그들과 함께 휴가를 갈 수 있는지, 그밖에 다른 일상적인 가족의 결정 등이 포함된다.

손주들을 다시 볼 수 있기를 간절히 원한다면 조안나는 스스로 변해야 했다. 하지만 그녀가 그럴 준비가 되어있는지는 알 수 없었다. 그것은 며느리를 새로운 우두머리로 받아들이고, 아들의 삶에서 자신의 역할이 줄어든 것을 인정하며, 아들과 며느리가 정한 한계를 존중하는 것을 의미한다. 그녀는 그동안의 대립적인 접근 방식에서 물러서야 했다. 중국의 〈손자병법〉에도 '싸울 때와 물러설 때를 아는 쪽이 승리한다.'고 나와 있다.

이런 상황에서 흔히 볼 수 있듯 싸움은 시어머니와 며느리 사이에 벌어지는 것만이 아니었다. 아들은 아내의 강력한 지위를 이용해 어머니에게 자신의 불만을 제기했다. 그가 어머니에게 맞서는 것은 아내를 행복하게 했을 뿐만 아니라 어머니에게 심리적으로 덜 얽매이게 하는 기회를 주었다. 조안나가 논쟁적인 입장을 취해봐야 좋을 것이 없었다. 며느리에게는 조안나의 그런 태도가 자신이 아들을 장악하고 있으며 집안에서 며느리의 권위를 받아들일 의지가 없다는 신호로 보였다. 아들에게는 어머니가 자신의 존재나 자신이 어머니로부터 분리되었다는 느낌을 받아들일 수 없다는 것을 의미했다.

시어머니와 며느리의 갈등은 별로 새로울 것이 없지만, 시어머니의 개입에 대해 젊은 엄마들의 불안감은 더욱 커지고 있다. 요즘 젊은 엄마들은 자녀의 일거수일투족에 특히 민감해서 아이가 먹는 것, 입는 것, 노는 것에 유난히 신경을 쓴다. 그래서 시어머니의 개입이 자신들의 육아관과 안 맞을 경우 갈등을 일으키기 쉽다.

조안나는 아마도 며느리를 지나치게 비난했을 것이다. 아들네 가족과 관계가 끊어진 것이 자기 아들보다 며느리 때문이라고 생각하는 편이 덜 고통스럽기 때문이다. 어쩌면 그게 맞는지도 모른다. 아들이 결혼생활을 더 편하게 하기 위해 아내를 믿고 따르는 것일 수도 있다. 많은 아들들이 이렇게 해서 관계 단절에 동조하게 된다.

나는 조안나가 아들과 며느리에게 화해의 편지를 쓰는 것을 도와주었다. 편지를 쓰는 목적은 아들 부부가 정한 관계의 규칙을 기꺼이 받아들이고, 그들의 경계를 위반했다는 것을 인정하고, 앞으로 더 잘하겠다는 약속을 하는 것이라고 말했다. 손주들에게 가까이 가기 위해서는 며느리나 사위를 통과하지 않으면 안 된다. 그들의 허락 없이는 아무것도 할 수가 없다. 부모가 노력하지 않으면 사위나 며느리가 아예 문을 닫아버릴 수 있다. 자녀의 배우자는 화해에 관심이 없을지 몰라도, 당신의 자녀는 화해의 편지를 받고 나면 다음과 같이 말할 수 있을 것이다. “부모님이 노력하신다고 생각해. 이 편지는 진심인 것 같아. 기회를 드렸으면 좋겠어.”

단절로 이어진 이민가정의 세대 갈등

타이거 마더, 성공에 대한 높은 기대감

장웨이 부부의 손주와의 단절 경로는 조안나의 경우와 매우 달랐다. 장웨이 부부는 중국 이민자로, 남편은 베이징대학교를 나온 유전학자고 부인은 칭화대학교를 나온 미생물학자였다. 그들에게는 제니퍼라고 부르는 딸이 있었다.

많은 아시아계 부모와 마찬가지로 이들 부부는 제니퍼의 교육에 막대한 투자를 했다. 제니퍼는 피아노에 재능이 있었지만 부모님처럼 과학을 전공하기로 했다. 그녀는 하버드대학을 나와 존스홉킨스대학에서 의학박사 학위를 받았다. 그녀는 자라면서 문제 한 번 일으키지 않은 착하고 자랑스러운 딸이었다.

그러던 그녀가 결혼 후 아이를 갖고 나서 달라졌다. 첫 아이를 낳은 후

잠깐 산후 우울증을 겪었는데, 그때 존스홉킨스대학의 교수로부터 정신과 의사를 소개받아 상담 치료를 했다. 상담 과정에서 의사는 그녀에게 부모로 인해 우울증이 생긴 게 아닌지 솔직히 이야기하라고 했다. 아들이 두 살이 되었을 때 그녀는 갑자기 부모에게 "우리 관계에 약간의 거리가 필요해요."라며 언제 다시 연락할지는 모르겠다고 말했다. 그녀의 부모는 그때까지만 해도 손자와 거의 매일 연락을 했다. 그랬는데 갑자기 딸이 관계 문제가 해결될 때까지 손자를 다시 볼 수 없을 거라고 했다.

정신과 의사는 그녀에게 부모에 대한 분노의 감정을 자극하면서 그녀의 우울증은 부모님의 엄격함과 성공에 대한 높은 기대감 때문일 수 있다고 했다. 상담 치료를 받은 지 1년, 제니퍼는 마침내 그들에 맞서기로 했다. 그녀는 부모가 너무 통제적이고 간섭이 심했다면서, 자기가 불안과 우울증에 시달리는 것에 대해 부모가 책임을 져야 한다고 말했다. 그녀의 부모는 갑작스러운 그녀의 태도에 놀라며 화를 냈다. 그들의 반응으로 갈등이 급속히 확대되었고 결국 완전히 관계가 단절되었다.

부인은 딸의 이런 행동을 이해할 수 없다고 말했다.

"우리 문화권에서는 부모가 자식의 성공을 위해 열심히 뒷바라지하면 자식은 나중에 자라서 부모에게 효도합니다. 딸이 미국에서 나고 자라서 미국 사람이 다됐다는 건 알고 있었지만, 그래도 동양의 중요한 가치는 어느 정도 간직하고 있을 거라고 생각했어요. 우리가 무슨 끔찍한 일을 저질렀다고 그 애가 우리에게 이러는 건지 도무지 모르겠어요. 그래요, 우리가 엄격했던 건 인정해요. '아 그래, 하고 싶은 대로 해라. 피아노를 배우고 싶니? 밖에 나가서 노는 건 어때? 의사가 되고 좋은 대학에 가고 싶은데 공부는 하기 싫다고? 문제없어, 공부 안 해도 돼. 네가 결정하렴.'이라고 말하는 부모한테서 훌륭한 음악가나 과학자가 나올 수 있을까요? 어림도 없죠."

그녀의 신념은 논란이 많았던 에이미 추아의 자녀 교육서 〈타이거 마더(Battle Hymn of the Tiger Mother)〉에서 이야기하는 것과 비슷하다. 책에는 이렇게 나와 있다. "잘하게 되기 전까지는 아무것도 재미가 없다. 무엇이든 잘하려면 노력해야 하는데, 자녀 스스로는 노력하기를 원치 않기 때문에 자녀의 선호를 무시하는 것이 핵심이다. 자녀는 저항을 할 것이므로 부모의 불굴의 의지가 요구된다. 항상 처음이 가장 어렵다 보니 서양의 부모는 포기하는 경향이 있다."

제니퍼의 경험은 다른 2세대 아시아계 미국인이 이야기하는 것과도 비슷하다. 〈마지막 호랑이 부모(The Last of the Tiger Parents)〉에서 변호사 라이언 박(Ryan Park)은 자신을 성공시켰지만 본받고 싶지 않은 부모의 양육 스타일을 이야기했다. "나는 한 가지는 확신합니다. 내가 어린 두 딸에게 예비해준 그들의 어린 시절은 내 어린 시절의 모습과 전혀 다릅니다. 그들은 스스로 가치 있고 지지받는다고 느낄 것입니다. 그들은 가정을 기쁨과 즐거움의 장소로 알게 될 것입니다. 그들은 아버지의 사랑이 성적에 따라 달라지지 않는다는 것에 의심이 없을 것입니다."

세대 차이와 문화 차이, 그리고 양육 갈등

오늘날 성인 자녀가 자신의 가치관에 따라, 자신에게 행해진 실수를 피하는 방식으로 자녀를 양육하고 싶어하는 것은 당연하다. 문제는 이러한 차이가 부모와의 대화에서 어떻게 다루어지는가 하는 것이다.

작가 미셸 쿠오는 부모의 헌신을 인정하면서도 그것이 성장한 자녀에게 간섭이 되거나 상처를 줄 수 있다고 말한다. 쿠오는 뉴욕타임스 기고문 '호랑이 부모에게 반항하는 14가지 단계(How to Disobey Your Tiger Parents, in 14 Easy Steps)'에서 자신의 열망과 상충하는 부모의 열망 사이에서 갈등을 헤쳐나가는 방법을 알려준다. 섣불리 경멸하지도 말고 심리학적으로 분석하려고 하지도 말고 연민을 가져보라는 것이 조언의 핵심이다. "부모는 당신을 가장 가깝게 생각합니다. 실제로 그들은 당신에게 얼마나 상처를 주었는지 전혀 알지 못합니다. 그들은 오히려 자신에게 상처를 준 것이 당신이라고 생각합니다. 이런 난관은 고통스러울 수밖에 없습니다. 둘 다 배신감을 느끼는 전투에서 누가 승리하든 상처만 남기기 때문입니다."

물론, 이런 양육의 가치관과 관련된 갈등은 아시아계 미국인 가족만이 아니다. 때로는 세대 차이가 문화에 의한 차이보다 더 심한 갈등을 일으킨다. 자기가 자랄 때보다 훨씬 더 비용과 노력을 들여 헌신적으로 자녀 양육을 한 부모는, 자녀가 자신이 얼마나 힘들게 자랐는지 불평할 때 충격과 배신감을 느낀다. "대체 뭘 더 바라는 거니?"라고 부모는 말할 수밖에 없다. "난 너한테 모든 걸 주었어. 그런데 이젠 내 손주들을 빼앗아가려는 거니?"

역사학자 파울라 패스는 "과거 가족 제도에서는 조부모가 권위 있는 위치에 있었지만 오늘날에는 자녀나 그들의 배우자를 행복하게 할 수 있는 능력이 있을 때만 조부모를 필요로 한다."라고 말하며, 연장자에게 존경을 드러내는 것에 대한 세대 간 견해 차이가 오해를 부르고 단절을 가져오게 한다고 주장한다.

조부모와 손주와의 관계가 조부모의 행복뿐만 아니라 아이의 발달에도 도움이 된다는 연구 결과가 있는데, 그런 점에서 관계 단절은 비극이다. 조부모는 손자 손녀에게 애착감과 안정감을 주고 더 사랑받는다는 느낌이 들게 한다. 조부모들은 부모가 문제 있는 행동을 하거나 아이에게 상처 주는 행동을 하면 바로잡아주기도 한다. 예를 들어, 아이의 부모가 비판적이거나 까다롭거나 아니면 흥분해서 아이에게 긍정적인 의견을 줄 수 없는 경우, 조부모가 그들에게 다른 경험을 줄 수 있다. 조부모는 가족 내에 문제가 생기거나 가족이 제 기능을 못 할 때 가족 행동을 주시하고 가능한 경우 손자를 대신해 개입할 수 있다.

조부모는 한 가족의 살아있는 역사와도 같아서 가족 구성원의 정체성, 가족의 역사 등에 대해 많은 이야기를 들려줄 수 있다. 가족 대대로 내려오는 요리 비법, 조상과 뿌리에 대한 것들이 있으며, 이민자 가정일 경우 이민해서 정착한 이야기가 포함된다. 조부모는 손주들에게 다른 역할 모델을 제공하기도 한다. 그들은 부모와는 다른 예술적 또는 지적 관심사를 손주들에게 이야기해줄 수도 있다. 이처럼 조부모는 손자 손녀에게 안정감과 안전함, 그리고 정체성의 토대를 제공하는데, 만일 조부모가 사라지면 그들에게 깊은 상처를 주고 삶의 방향을 잃게 할 수 있다.

아이에게는 그래도 할머니가 필요하다

요즘은 갈등이 발생했을 때 조부모의 역할을 별로 필요로 하지 않는다. 조부모는 부모와 성인 자녀 간 관계를 유지하는 데 필요한 기준을 충족하지 못할 때는 폐기할 수도 있는 관계로 취급된다. 나는 조부모가 자녀와 부모 또는 자녀의 배우자와 부모 간 갈등으로 인해 버림받은 가족을 너무도 많이 만나왔다. 손주들이 아무리 할머니 할아버지를 따르는 경우라도 마찬가지다.

자녀 양육에 있어서 학대를 광범위하게 해석하며 아이의 정서에 온 신경을 쓰는 젊은 부모들이 조부모를 자기 아이의 삶에서 너무 아무렇지 않게 내쫓아버리는 것에 의구심을 느낀다. 자신과 자녀 사이의 애착에 관한 이론에 깊이 집착하면서 정작 조부모에 대한 자기 자녀의 깊은 애착을 무시하는 것을 보면 놀랍기만 하다.

이것은 때로 조부모에 대한 건강한 한계 설정으로 규정되지만, 그것이 얼마나 건강할 수 있는지 의문이 든다. 당신의 감정을 너무 소중히 여긴 나머지 자녀의 관계를 희생하는 것이 옳은 것인가? 자녀의 필요와 자신의 필요를 분리하지 못하는 것이 잘하는 것인가? 자녀의 정신적 행복은 당신과만 관련된다는 것이 건강한 분리 모델인가? 당신과는 불편한 관계지만, 자녀가 조부모와의 관계를 통해 혜택을 받는다는 것을 상상도 못 하는 것인가?

나는 장웨이 부부가 딸을 나무라지 않고 순전히 딸의 불만을 딸의 관점에서 다루도록 도왔다. 자식의 의무, 부모에 대한 존경과 효도 같은 단어를 논의에서 완전히 배제한다는 것이 그들에게는 힘들었지만, 그들은 해낼 수 있었다. 다행히 딸이 반응을 보여 화해에 이르렀고, 딸과 손자 모두 만날 수 있었다.

조안나는 그들만큼 운이 좋지는 않았다. 아들은 기꺼이 어머니와 화해하려고 했지만 며느리는 여전히 회의적이어서 그 후로도 4년 동안 손자와 접촉하는 것을 거부했다. 나는 조안나에게 인내심을 가지고 며느리에 관해 아들에게 비판하지 말고 일관되고 친근하게 계속해서 다가가도록 격려했다. 마침내 조안나는 천천히 손자의 삶으로 돌아갈 수 있었다. 그녀는 연락할 수 있게 된 것에 감사했다. 하지만 돌이켜보면 그들과 함께하지 못한 세월이 아쉽고 슬펐다.

모두가 만족하는 관계를 위한 전략

손자 손녀를 가끔씩 볼 수는 있지만 너무나 엄밀히 감시되고 감독되어 조심스럽다고 불평하는 조부모로부터 편지를 자주 받는다. 그들은 손주에게 어떻게 행동해야 하는지에 대한 기준 때문에 마치 범죄자 취급을 받는다고 말한다.

요즘 어린 자녀를 둔 부모는 아이들 식단, 텔레비전 시청, 의사소통 방식에 대해 더 엄격한 기준을 적용한다. 어떤 이들은 자기 부모가 자기 아이를 돌봐주는 것을 달가워하지 않는데, 자신이 자랄 때 부모가 상처 준 것과 같이 자기 자녀도 그런 상처를 받을까 봐 걱정하기 때문이다. 이것은 자녀에게 실제로 상처를 준 부모뿐 아니라, 일상적으로 허용되는 범위 내에서 자녀를 힘들게 했던 더 많은 부모들에게도 어려운 문제다.

당신이 손주와 있는 것을 자녀가 의심스러워한다면?

이 부분은 조부모에게 특히 혼란스러울 수 있다. 자기 딸이나 아들이 어떤 식으로든 손자 손녀에게 조부모를 안 좋게 말하거나, 조부모가 상처 줄 것이라는 이유로 손자 손녀와 시간을 보내지 못하게 하는 경우가 적지 않다. 당신 자녀가 당신과 연락은 하면서도 이러한 입장을 취한다면 최선의 전략은 다음과 같이 하는 것이다.

1. 질문을 많이 해야 한다. 내가 무엇을 할까 봐 걱정하는 거니? 왜 그런 걱정을 하니? 내가 그런 행동을 마지막으로 한 게 언제였더라? 내가 그런 행동을 했을 때 기분이 어땠니? 손주가 그것에 대해 불평을 했니? 그래서 나에 대해 어떤 결론을 내렸니?

질문의 목적은 자녀가 틀렸다는 걸 증명하기 위해 그들과 논쟁을 벌이는 것이 아니라는 것을 알아야 한다. 오히려 무슨 일이 일어나고 있는지 더 깊이 이해할 수 있도록 더 많은 정보를 수집해야 한다.

2. 자녀 집에 방문해서 어떻게 하는 게 좋은지 물어봐야 한다. 내가 애들과 함께 있을 때 어떻게 하길 바라니? 이때 자녀는 조부모 양육에 대한 규칙이 무엇인지 말해줄 수 있다. 당신은 규칙이 마음에 안 들 수도 있지만, 그것에 대해 많은 말을 하지 않아야 한다.

자녀와 관계가 단절되었지만 손주가 보고 싶어서 내게 조언을 구하는 경우가 많이 있다. 이럴 때 내가 추천하는 방법은 손주들에게 계속 접근해야 한다는 것이다. 특히 손주가 당신에 대해 다른 기억을 가지고 있다면 부모의 관점과는 다른 관점을 유지할 수 있을 것이다. 손주들 중에는 나중에 자기 부모와 단절하는 경우도 있을 수 있다. 그럴 때 당신에게 조언을 듣게 되거나 부모가 알려준 것과 다른 당신의 모습을 보고 당신에게 의지할 수 있다. 당신이 그들의 삶에 더 많이 머물수록 그들의 마음속에 당신이 살아 있을 가능성이 더 커진다. 만나지 못한다면 선물이나 카드 등으로라도 계속 접촉하고 마음을 전해야 한다.

손주들이 당신에 대해 들은 안 좋은 내용을 되물을 때는?

당신의 대응은 손자 손녀의 나이에 따라 달라질 수 있다. 일반적으로 당신이 어떻게 느끼는지보다 그들이 어떻게 느끼는지에 초점을 맞추어야 한다. 예를 들어, 여섯 살 된 손녀가 "엄마가 어렸을 때 할머니가 엄마에게 정말 못되게 굴었다고 말했어요."라고 말했다면 다음과 같이 대응한다.

할머니 : 정말? 엄마가 그런 말을 했을 때 어떤 생각이나 느낌이 들었니?

손녀 : 싫었어요.

할머니 : 어째서?

손녀 : 할머니가 우리 엄마에게 못되게 하는 게 싫었어요.

할머니 : 나도 누군가가 우리 엄마에게 못되게 한다면 싫어!

손녀 : 그럼 왜 그러셨어요?

할머니 : 귀여운 것, 나의 기억은 네 엄마가 기억하는 것과 똑같지 않구나. 너도 알다시피 우리는 종종 오래전에 일어난 일을 다르게 기억한단다.

대화 방법은 다음과 같다.

- 방어하지 말아야 한다.
- 손자 손녀에게 그의 부모를 비난함으로써 당신과 그의 부모 사이에서 효심을 테스트해서는 안 된다.
- 비판을 받아들이면서도 침착함을 유지할 수 있다는 것을 보여줘야 한다. 이렇게 하면 당신에 대한 신뢰감은 더 올라가고, 마음을 털어놓기 편해진다.

나이가 더 많은 손주와는 상당히 다른 방법으로 대화가 진행된다.

10대 손자 : 엄마가 그러는데 할머니가 어렸을 때 엄마를 많이 때리곤 했다고 해요.

할머니 : 엄마가 그렇게 말하든?

10대 손자 : 네, 왜 때렸어요?

할머니 : 사랑스러운 것, 네 엄마와 나는 어린 시절에 대한 기억이 다르구나. 엄마가 그 말을 했을 때 기분이 어땠니?

10대 손자 : 짜증 나요.

할머니 : 화가 났구나.

10대 손자 : 할머니라면 안 그렇겠어요?

할머니 : 할머니가 엄마를 때렸다고 생각한다면 분명히 그렇겠지.

10대 손자 : 엄마가 거짓말을 하고 있다고 말하시는 건가요?

할머니 : 자녀들은 때로 부모와 다른 어린 시절의 기억을 갖고 있다는 뜻이란다. 나는 네 엄마를 때린 기억이 전혀 없거든. 그런 걸 잊어먹지는 않지. 우리는 분명히 다르게 기억하는 것 같구나. 이 시점에서 더 걱정되는 건 할머니가 엄마를 때렸다고 했을 때 네가 어떻게 느꼈냐는 거야. 아마 끔찍했을 것 같다.

아이 부모가 당신을 비난한 게 사실이라면?

이 경우 대화는 다음과 같이 진행될 수 있다.

10대 손자 : 할머니가 어렸을 때 엄마를 많이 때리곤 했다고 엄마가 그랬어요.

할머니 : 엄마가 그 말을 했을 때 기분이 어땠니?

10대 손자 : 짜증 나요.

할머니 : 화가 났구나.

10대 손자 : 할머니라면 안 그렇겠어요?

할머니 : 할머니가 엄마를 때렸다고 생각한다면 분명히 그렇지.

10대 손자 : 엄마가 거짓말을 하고 있다고 말하시는 건가요?

할머니 : 아니야. 너희 엄마를 한 번 이상 때렸고 때로는 자제력을 잃기도 했단다. 그 후회는 무덤까지 가지고 가마. 나는 네 엄마와 화해하려고 노력해 왔단다.

10대 손자 : 네, 그런데 엄마는 할머니 화해에 진정성이 없다고 말했어요.

할머니 : 글쎄, 그 말을 들으니 슬프구나. 왜냐면 나는 정말 화해하고 싶으니까. 그리고 너에게 그런 얘기를 듣게 해서 미안하구나. 듣기 힘들었을 거라고 생각한다. 그 이후로 나는 많이 성숙해졌고 다시는 그러지 않았지만, 너희 엄마가 여전히 화나 있다는 것은 알고 이해한단다.

여기서 당신은 손자에게뿐만 아니라 어쩌면 딸과도 의사소통을 하고 있는 것이다. 항상 당신이 말하는 것이 전해질 거라고 생각해야 한다. 이때 거짓말을 하거나 주제를 완전히 피하는 것보다 당신의 실수에 대해 심플하고 방어적이지 않게 받아들이며 대화를 주고받는 것이 더 좋다.

손주로부터 완전히 차단된 경우 어떻게 해야 하는가?

자녀에 의해서 손주들과의 관계가 완전히 차단된 경우, 유언장에 손자 손녀 앞으로 기록이나 일기를 남기는 것을 추천한다. 여기에 살아있을 때 하고 싶었던 말을 모두 담아야 한다. 하지만 손주들과 단절된 것에 대해 당신 자녀를 비난할 기회로 사용하지 않도록 주의해야 한다. 당신이 손주에게 준 선물이 되돌아왔다면 상자를 보관하고 선물도 그 상자에 넣어둔다. 유산 중 일부를 손주들 몫으로 남겨두거나, 예금계좌를 개설해서 유언으로 남기는 방법도 고려한다. 비록 손주들이 당신을 만나지 못하더라도 그렇게 하는 것이 손주들에게 의미가 있다.

손주들 중에는 부모의 집에서 독립해 나온 후 조부모와 연락을 하거나 가깝게 지낼 수도 있다. 그렇기 때문에 연락이 없더라도 계속해서 선물을 보내는 것이 중요하다.

다른 조부모(사돈)와의 경쟁

자신들은 자녀의 집에 발도 못 들이는데 며느리나 사위의 부모는 한 식구처럼 지낸다고 불평하는 사람들도 많다. 자녀와 관계가 단절된 고통에 더해, 자녀 배우자의 부모들은 많은 시간을 내 손주들과 함께 보내고 있다는 사실을 알게 되면 자연스럽게 시기와 질투가 생긴다. 이럴 때 당신은 다음과 같은 태도를 취해야 한다.

- 불평을 하지 말아야 한다. 옳든 그르든, 며느리나 사위 식구들이 손자 손녀와 더 많은 시간을 보내는 것에 대해 불평하는 것은 자녀를 방어적으로 만들 뿐이며, 더 멀리 떨어지게 만들 것이다.
- 원하지 않는 것 말고 원하는 것을 말해야 한다.
- 자녀와 소통을 하고 있다면 자녀가 죄책감을 느끼지 않도록 주의하면서 자녀에게 최대한 직접적으로 요청해야 한다.

자녀의 배우자가 원인이라는 충분한 증거가 있더라도 자녀의 배우자를 비판하거나 비난하지 말아야 한다.

손자 손녀를 잃는 것이 자기 자녀를 잃는 것보다 훨씬 더 고통스럽다고 하는 조부모들이 많다. 그들은 손자 손녀에 대한 사랑이 더 원초적이고 순수하며, 절실하고 필수적이라며, 그 사랑이 사라지면 더 혼란스럽고 갈피를 못 잡게 된다고 표현한다. 만약 당신이 손자 손녀와 관계가 단절되었다면, 이 장을 통해 그들에게 돌아갈 수 있는 잠재적인 경로가 제공되었기를 바란다.

11

변화하는 시대의 새로운 기준과 대응

단절을 극복하고 화해로 나가는 길

어떤 관계든 사과하는 데 있어 절대적으로 옳고 그름이 있는 것은 아니다. 사과는 좋은 의도로, 왜 상처를 주는 행동을 했는지에 대한 설명과 미안하다는 말이면 충분하다. 하지만 알다시피 자녀에게 사과하는 것에는 곤란한 점이 많이 있다. 무엇보다도 진실하지 못하다는 비난을 듣거나 면전에서 사과를 거부하거나 아니면 당신이 충분한 책임을 지지 않는다는 말을 들을 수도 있다.

여전히 적지 않은 부모들은 사과할 것도, 고칠 것도 없다고 생각한다. 속에 감추어진 자녀의 감정을 이해하려고 노력하지 않고 그들의 비난이 옳으냐 그르냐에 사로잡혀 있는 부모도 있다. 그래서 나는 이 주제에 대한 몇 가지 지침과 명확한 설명을 제공하고자 한다.

화해의 편지가 화해에 도움이 되는 이유

1. 당신이 신경 쓰고 있다는 것을 보여준다. 당연히 그 이전에도 그랬을 것이고 아이들도 그것을 알고 있겠지만, 관계 단절에는 부모가 한 번도 시도한 적이 없는 다른 종류의 접근 방식이 필요하다. 화해의 편지가 바로 그것이다.

2. 사과에는 용기가 필요하다. 자녀에게 상처를 주었던 선택이나 행동에 대해 용기 있게 인정하고 책임을 지겠다는 것을 보여주면 자녀는 부모를 더 존경하게 된다.

3. 책임이 있는 것과 없는 것을 명확히 한다. 훌륭한 부모라고 스스로 외쳐봐야 자녀는 우리가 틀렸다는 것을 더욱 소리 높여 주장할 것이고, 부모는 자녀의 기억이 얼마나 왜곡되어 있는지에 놀라게 된다. 자녀는 우리의 주의를 끌기 위해 과장해야 할 수도 있다. "엄마는 항상 없었어요.", "엄마는 항상 자기중심적이에요!"라고. 이때 건강한 반응은 당신이 없었던 그때가 문제였다는 것을 단순하게 인정하고, 그게 무엇이었든 부모가 자기 자신에게 집중했던 것이 자녀에게 문제가 되었음을 인정하는 것이다.

4. 가족생활의 서로 다른 특성을 우리가 이해한다고 자녀들에게 보여주는 것이 도움이 된다. 즉, 부모라도 자녀가 필요로 했거나 원했던 것을 놓칠 수 있으며, 부모가 완벽해야 했던 것처럼 행동하지 않고 실수를 간단하게 인정하는 것이다.

5. 사과는 자기 용서와 자기연민에 도움이 된다. 우리가 자녀에게 잘못을 저질렀다고 믿는다면, 우리는 남은 평생 고통받아야 한다고 생각할지 모른다. 우리가 자녀에게 다가가기 위해 가능한 모든 일을 했고 우리가 저지른 모든 실수를 만회하려고 노력했다는 것은 자녀와의 관계뿐만 아니라 우리 자신과의 관계를 치유하기에 가장 효과적인 방법이다. 현실적으로 자녀 양육은 실수투성이의 지뢰밭이다. 실수 없이는

누구도 거기서 벗어날 수 없다.

6. 좋은 역할 모델이 된다. 결점에 직면할 수 있다는 것은 좋은 부모가 될 수 있다는 것이다. 그것은 우리가 완벽할 필요가 없다는 것과 우리의 부족함을 받아들일 수 있다는 것을 보여준다.

7. 화해의 편지는 자녀에게 부모로부터 분리되었으며 어른이 되었다고 느끼게 도와준다. 당신이 자녀와 대등한 관계를 원한다는 것을 보여주는 효과적인 방법이 바로 화해의 편지이며, 자녀가 앞으로 어떻게 대우받기 원하는지, 과거에는 어떻게 대우받았는지에 대해서도 알려준다.

화해를 방해하는 5가지의 잘못된 믿음

1. 나는 아무 잘못도 하지 않았다 : 많은 부모들이 자신은 아무 잘못도 하지 않았다고 믿거나 적어도 자녀가 관계를 끊을 만큼 잘못한 게 없다고 믿는다.

2. 실수에 대해 생각하면 너무 기분이 상한다 : 관계가 단절된 대부분의 부모는 심한 자책감과 죄책감, 심지어 자기 혐오감으로 괴로워한다. 사실이든 아니든 실수에 대해 생각하면 그런 감정이 일어난다. 따라서 화해의 편지를 쓰는 것은 자기 고문 행위로 느껴질 수 있다.

3. 나에게 불리하게 작용할까 봐 걱정된다 : 많은 부모들이 자신의 실수를 인정하면 자녀가 계속 압박할 것이라고 걱정한다. 그러한 우려는 충분히 이해할만 하지만, 실제

그런 일이 일어나는 것을 거의 본 적이 없다. 대부분의 경우 자녀는 부모가 기꺼이 책임을 지는 모습을 존경한다.

4. 자녀를 더 미성숙하게 만들까 봐 걱정된다 : 자녀가 관계를 단절하는 것은 강한 한계선을 긋는 것과 같다. 그들은 당신에게 과거와는 다른 것이 필요하다는 것을 보여주고 있는 것이다. 화해를 청하는 것은 그들을 빠르게 성장하게 한다.

5. 전남편 혹은 전처에게 내가 틀렸다는 것을 인정하는 빌미가 될까 봐 걱정된다 : 화해의 편지는 실제로 당신의 힘과 사랑을 보여주는 강력한 방법이며, 전 배우자가 당신에 관해서는 틀렸다는 가장 좋은 증거가 될 수 있다.

화해의 편지를 작성할 때 저지르기 쉬운 5가지 실수

1. 충분히 인정하지 않기

부모가 편지에서 저지르는 가장 흔한 실수는 솔직하게 자신의 실수를 인정하지 않는 것이다. "그래, 내가 무척이나 통제적인 사람인 것 같구나. 그래서 너를 얼마나 힘들게 했는지 알겠다."라고 하거나, 자녀가 단순히 오해한 것처럼 들리게 말하기도 한다. "내가 통제적인 사람이라고 느꼈다니 미안하구나."라고 말하는 것이다. 이런 표현이 왜 잘못된 것일까? 실제로는 어떤 책임도 지지 않고 있기 때문이다. 차라리 정면으로 맞부딪히는 편이 낫다. 자신을 보호하려 하기보다 "이런, 맞다. 나는 결점투성이인 인간이야. 네가 왜 그것 때문에 힘든지 정말 알겠어."라고 말하는 것이다.

2. 변명이나 자기방어

누구의 불평이든 듣고서 변명이나 자기방어를 하지 않기란 어렵다. 우리가 사랑하는 누군가를, 특히 자녀를 실망시켰다고 생각하고 싶지 않기 때문에 그들이 틀렸다고 증명하려는 것은 인간 본성일 것이다. 그러나 관계 단절의 경우에는 항상 그것이 역효과를 낳는다.

3. 구구절절한 설명

설명은 마음이 열려있는 사람에게나 효과가 있지 그렇지 않은 사람에게는 들리지 않는다. 당신은 부드러운 태도로 절제하며 설명하려 하지만, 관계가 단절된 경우라면 효과가 없다. "나는 혼자 애를 키웠지. 그때는 돈도 없었고, 집안일 하랴 직장생활 하랴 몸이 두 개라도 모자랐단다. 그 당시에는 너희에게 무엇이 필요한지도 잘 몰랐어." 아이들은 우리의 이런 설명을 정말로 원하지 않는다. 자기들이 어떻게 느끼는지 우리가 이해한다고 말해주기를 원한다. 옳고 그름을 따져서는 안 된다. 이해하고 공감해야 한다.

4. 자녀 탓하기

많은 부모들은 비난을 받으면 비난으로 맞대응한다. "글쎄, 너도 문제가 많았어. 네가 얼마나 까다롭고 반항적이었는지…. 주의력 결핍이라는 소리까지 들었잖니." 당신의 비난이 근거가 있든 없든, 여기서 중요한 점은 그들이 얼마나 까다로웠는지가 아니라는 것이다.

5. 다른 사람 탓하기

자녀로부터 비난을 받으면 아빠 또는 엄마의 잘못, 또는 할아버지나 할머니 잘못이라고 핑계 대기 쉽다. 다시 말하지만, 자녀가 하는 말에 공감하고 반성해야 한다. 다른 사람을 비난하는 것은 아무리 그게 맞는다 해도 당신이 책임지지 않을 것처럼 보이게 한다.

화해하는 데에는 편지를 쓰는 것이 가장 좋다. 이메일이 더 격식이 없기 때문에 효과적이다. 편지나 이메일은 생각을 정리하고 하고 싶은 말을 신중하게 할 수 있게 한다. 또한, 자녀의 반응이나 방어에 순간적으로 맞대응하느라 원래 가려던 방향에서 벗어나는 것을 막아준다.

잘못된 편지의 예

사랑하는 모니카
내가 좋은 엄마가 아니었다고 생각한다니 미안하구나. 나는 내가 할 수 있는 최고의 부모가 되려고 진심으로 노력했어. 내가 자라던 때에 비하면 나는 항상 내가 잘해왔다고 느꼈단다. 가진 돈도 별로 없이 아빠의 도움도 못 받으면서 혼자서 너를 키우는 건 무척 힘들었단다. 내가 더 열심히 해야 했나 봐. 나처럼 고생하며 산 사람이 어디 있겠냐는 말을 하려는 건 아니야. 하지만 나는 노력했고 너를 사랑했고 그걸 알아주길 바란다.

이 편지에서 잘못된 것이 무엇인지 차례차례 살펴보자.

#1 "내가 좋은 엄마가 아니었다고 생각한다니 미안하구나."

문제 : "내가 좋은 엄마가 아니었다고 생각한다."라고 말하는 것은 방어적으로 들린다. 우리 모두는 어떤 식으로든 자녀를 실망시킨다. "내가 좋은 엄마처럼 행동하지 못해서 미안해."라거나 "내가 너에게 상처를 줘서 미안해".라고 말하는 편이 더 낫다.

#2 "나는 내가 할 수 있는 최고의 부모가 되려고 진심으로 노력했어."

문제 : 사실일 것이다. 하지만 편지의 목적은 당신이 자신을 방어하려는 것이 아니라 자녀의 관점에서 세상을 보려는 것을 자녀가 믿도록 하는 것이다. 스스로에게 하는 말과 자녀에게 하는 말은 다르다는 것을 기억해야 한다. 당신 스스로에게는 할 수 있는 한 가장 좋은 부모가 되기 위해 노력했다고 말해도 된다. 하지만 자녀에게는 당신이 좋은 부모가 아니었던 것에 대해 미안하다고 말해야 한다.

#3 "항상 내가 잘해왔다고 느껴왔다."

문제 : 편지의 목적과 이것은 관련이 없다. 편지의 목표는 있는 그대로의 자기표현이 아니다. 자녀의 관점에서 보려는 의지와 열망을 소통하는 것이 목표이다. 맞든 틀리든, 그들은 당신이 부모 노릇을 잘하지 않았다고 믿는 쪽으로 입장이 굳어지는 중이다. 따라서 자신을 방어하는 것

은 역효과만 날 것이다.

#4 "가진 돈도 별로 없이 아빠의 도움도 못 받으면서 혼자서 너를 키우는 건 무척 힘들었단다."

문제 : 여기서 가장 문제가 되는 부분은 아빠에 대한 비난이다. 다시 말하지만, 부모가 실제로 사실을 말한다 해도 그것은 자녀가 다른 쪽 부모를 변호하게 만들고 당신의 긍정적인 의도에서 빗나가게 한다.

5 "나는 노력했고 너를 사랑했고 그걸 알아주길 바란다."

문제 : "그걸 알아주길 바란다."는 말은 좋지 않다. 마치 자녀에게 엄마의 관점을 강요하는 것처럼 들린다. 따라서 자녀는 방어적인 느낌을 갖게 된다.

좋은 편지의 예

사랑하는 모니카

부모로서 너를 실망시킨 행동에 대해 미안하구나. 내가 여러 면에서 가혹했고 그것이 너에게 상처를 주었다는 걸 알겠어. 그래서 나와 가깝게 지내기가 더 어렵다는 것을 이해할 수 있단다. 네가 어렸을 때 내가 여러 가지 일로 마음을 빼앗겨서 네게 좋은 도움이 될 만큼 관여해주지 못한 것이 사실이다. 네가 그 점에 대해 어

떻게 느끼는지 알려줘서 고맙다. 그리고 앞으로 너에게 보상할 수 있는 방법이 있기를 바란다

이 편지는 어째서 좋은가? 한 줄씩 살펴보자.

#1 "부모로서 너를 실망시킨 행동에 미안하다."

강점 : 대충 둘러대려 하지 않는다. 대신 불만의 핵심으로 곧장 향한다. 자녀는 엄마가 부모로서 자신을 실망시켰다고 말했고 엄마는 그렇게 해서 미안하다고 한다.

#2 "내가 여러 면에서 가혹했다."

강점 : 가혹했던 것을 인정한다. 다시 말하지만, 자녀가 틀렸거나 지나치게 민감한 것을 증명하려고 하는 것이 아님을 분명히 한다. 그러면서 자신의 성격적인 결함을 솔직하게 인정한다.

#3 "그것이 너에게 상처를 주었다는 것을 안다."

강점 : 실수나 결점이 어떻게 자녀에게 고통을 느끼게 했는지 설명하고 있다.

#4 "그래서 나와 가깝게 지내기가 더 어렵다는 것을 이해할 수 있단다."

강점 : 자녀가 거리를 두기로 한 결정에 공감한다. 부모로서 자신의 실수를 인정하고, 자신에게는 고통스럽지만 자녀의 선택을 존중할 의지가 있

을 정도의 강인함을 보여준다.

#5 "그 점에 대해 어떻게 느끼는지 알려줘서 고맙다."

강점 : 딸의 비난을 이기심이나 고통의 관점이 아니라 건강의 관점에서 기꺼이 받아들이는 것은 성인 자녀가 말로 인정하지는 않을지라도 놓칠 수 없는 사심 없는 애정의 행동이다.

화해를 위해 얼마나 오래 노력해야 할까?

나는 보통 부모가 나의 조언에 따라 화해의 편지를 한 통 쓰게 하고, 응답이 없으면 6~8주 후에 다음 편지를 쓸 것을 추천한다. 다음 편지에는 이렇게 써야 한다. "그저 내 편지를 읽을 틈이 있었는지 확인하려는 거란다. 설명했더라면 더 좋았을 법한 몇 가지 상세한 부분들을 빼먹었겠지만, 그저 대화를 시작하고 싶었을 뿐이다. 긍정적이든 부정적이든 어떤 생각이나 반응이 있었으면 알려다오. 사랑하는 엄마 또는 아빠 등."

휴일과 생일 그리고 명절에 대처하기

당신은 휴일이나 명절, 아니면 당신의 생일이나 손자 손녀가 탄생한 날 무엇을 하고 있는가? 당신은 꿈에라도 이런 날에 당신이 배제될 거라고 생각해본 적이 있을까? 관계가 단절된 부모라면, 이런 날들이 다가오면 공포를 느낄 것이다. 이에 대한 몇 가지 공통적인 질문은 다음과 같다.

- 사람들이 휴일이나 내 생일에 자녀와 무엇을 할 거냐고 물으면 뭐라고 말해야 하나?
- 친구나 자녀에 대한 슬픔, 질투, 분노를 어떻게 다스릴 수 있을까?
- 자녀가 새집으로 이사 갔다는 소식을 들었지만 연락받지 못했다. 어떻게 대응해야 하는가?

다른 사람들이 자녀나 손주들에 관해 물을 때

내 대답은 "너나 잘하세요."다. 당신은 누구에게도 빚진 것이 없기 때문에 굳이 이야기하고 싶지 않다면 안 해도 된다. 별로 친하지 않은 사람이라면 가볍게 말하고 주제를 바꾼다. "그 애는 자신만의 세계에 살죠. 딸이나 손주들을 보고 싶은 만큼 자주 보지는 못해요. 요즘 애들이 다 그렇죠." 당신이 알고 있는 사실을 가지고 이야기를 해줄 수도 있다. 그러고 나서 주제를 바꾸면 된다.

움츠러들지 말고 나의 행복 찾기

자녀와 관계가 단절된 부모들은 자기가 늘 우울한 이야기만 해서 친구들이 부담스러워하지 않을까 걱정한다. 반대로 자기에게 동정이 쏟아지는 것도 반갑지 않다. 그러나 자녀와의 문제도 육체적인 질병이나 부모의 만성질환, 또는 건강이나 죽음에 대처하는 것처럼 생각해본다.

내 경험에 따르면 대부분의 관계가 단절된 부모는 친구에게 자신의 상황에 대해 충분히 이야기하지 않는 편이다. 우리는 끝없이 계속되는 비극적인 이야기로 사람들을 압도하게 만들까 너무 걱정되어 아무 말도 하지 않는다. 그리고 친구들이 우리가 가진 문제 때문에 지쳤거나 도울 방법을 몰라 죄책감을 느끼거나, 공감을 충분히 해주지 않았다고 걱정하거나, 우리가 아직 해결하지 못하고 있는 모습에 좌절감을 느낄 것이라고 생각한다.

이것은 관계 단절의 가장 문제가 되는 측면 중 하나인 사회적인 위축을 초래한다. 당신을 강하게 지켜주고 자신에 대해 좋게 느끼게끔 도와주는 이들의 공동체가 필요하기 때문에 사회적인 위축은 문제가 된다. 자녀가 불만스럽다고 지적하는 것은 너무 강력하고 설득력이 있기 때문에 당신도 마찬가지로 불만이 있을 거라고 지적해주는 다른 누군가가 필요하다. 우리는 자신에 관한 자녀의 의견을 믿을 수밖에 없다. 우리가 양육한 사람이야말로 우리가 좋은 부모인지 아닌지를 잘 판단할 수 있지 않겠는가? 그러나 관계 단절을 치유하는 작업의 일부는 권위를 되찾는 것이다. 이것은 우리의 실수를 미화하거나 무시하는 것을 의미하지 않는다. 이것은 부모로서의 가치에 대한 궁극적인 중재자 역할에서 자녀를 제외시키는 것을 의미한다.

우리는 자녀를 혼자 상대할 만큼 강하지 않기 때문에 공동체가 필요하다. 관계 단절이 주는 메시지는 가장 소중한 사람이 당신에게서 떨어져 나갔음에도 당신이 할 수 있는 것은 아무것도 없다는 것이다. 이 경험은 대부분의 사람들을 두렵고 무력하고 분노하게 만든다. 특히 당신이 다른 심리적 외상을 가지고 있는 경우라면, 자신이 근본적으로 가치가 부족하다는 것이 검증되었다고 믿게 만들 수 있다.

다른 사람들과의 만남은 관계 단절을 가장 강력하게 상기시키는 것 중 하나이기 때문에, 사회적인 행사에 어떻게 대처할 것인지 계획이 필요하다. 다음과 같은 몇 가지를 추천한다.

- 자신에게 거절할 수 있는 권한을 줘야 한다. 많은 부모들, 특히 엄마는 자신을 우선순위의 끝에 두도록 사회화되어 있기 때문에 자신의 행복을 우선시하는 데에서 어려움을 겪는다. 엄마들은 다른 사람들의 기분을 상하

게 하는 것을 과도하게 걱정하느라, 자신에게 최선의 이익이 되는 것을 적극적으로 생각하는 능력을 차단시켜버린다.

- 휴일, 생일 등과 같은 날에는 이기적이 되어본다. 친구나 다른 가족이 그들의 성인 자녀나 손자 손녀와 함께 있는 것을 보았을 때 너무 슬프거나 질투가 나거나 화나거나 속상할 것 같다면 가지 말아야 한다고 생각할 수 있지만, 그렇지 않다. 그걸로는 해결되지 않는다. 영원히 고립될 수는 없으니 말이다. 그러나 위험이 높은 날은 한꺼번에 충격을 받을 수 있다는 것을 알아두자. 온갖 추억들을 일깨우고 가족을 떠올리게 하는 광고와 매체가 주변에 넘칠 것이다. 그리고 친구들과 가족들로부터 사진과 초대장은 계속해서 온다.

사람들 속에서 불행해지지 않으려면

그러나 우리는 때때로 그렇다고 대답해야 한다. 그렇지 않으면 너무 많은 질문이 이어지기도 하고, 보고 싶은 사람들이 행사에 참여하기 때문에 기분이 상할 위험을 무릅써야 할 때도 있다. 우리가 거절을 해도 미처 피할 새 없이 사람들을 마주할 가능성은 여전히 있다. 행사에 가기로 결정했다면 자신을 위해 각본을 써보는 것이 좋다. 각본은 다음과 같아야 한다.

- 자녀나 손자 손녀에 대해 질문을 받을 때 할 말을 생각해둔다(위의 예시 참조).

- 자녀나 손자 손녀의 사진을 보여주거나 그들에 대해 이야기를 시작할 때 어떤 말을 할지 생각해둔다.
- 행사에서 빠져나갈 거리를 미리 생각해둔다. 컨디션이 좋지 않아 일찍 떠날 수도 있다는 사실을 주최자나 다른 사람들에게 미리 알려둔다.

관계 단절이 부부 사이에 미치는 영향

정신적인 스트레스는 애정 관계에 부정적인 영향을 미칠 가능성이 있다. 계속되는 고통과 좌절은 삶과 연애생활 전반에 성취감을 덜 느끼게 하며, 부부의 경우는 관계 단절에 대해 서로를 비난하거나 상대방의 태도가 단절을 지속시킨다고 생각하기도 한다. 부부간에도 다음 단계에 취할 최선책이 무엇인지, 자녀에게 계속 화해를 시도할지, 자녀를 유언장에서 배제할지, 문제가 있는 며느리나 사위와 화해할지 등등에 대해 서로 매우 다른 생각을 할 수 있다.

연구 결과에 따르면 외부에서 일어나는 스트레스는 부부의 결혼 만족도를 감소시키는 것으로 나타났다. 직접적인 배우자의 행동 때문이 아니더라도 직장에서의 갈등 같은 다른 부분의 불만이 포함될 수도 있다. 부부 관계에서 의사소통을 잘하려면 어느 정도의 에너지와 요령이 필요하기 때문이다. 여기에서 말하는 에너지란 인내와 배려로 상대방의 기분을 맞춰주고, 집안일이나 다른 가사 활동을 같은 비중으로 분담하고, 결혼생활에 활기를 불어넣을 만큼 충분히 행복하기 위해 필요로 하는 부분이다.

게다가 정신적인 스트레스는 배우자를 희생양으로 삼기 쉽다. 감정은 출구가 필요한데, 배우자가 쉽게 표적이 될 수 있다. 사람들은 배우자에게 가장 안 좋은 행동을 하곤 한다. 부부 상담 치료 중에 다음과 같이 말하는 사람들이 있다. "그게 바로 당신이 문제라는 거야. 내 친구 누구도 이런 걸로 당신처럼 불평하지 않는데 당신만 그러니까." 그러면 나는 당신이 배우자한테 하는 것처럼 친구를 대하는 게 아니기 때문이라고 말해준다. 우리는 배우자에게는 덜 조심하는 경향이 있다. 친구한테라면 용서를 기대하지도 못할 행동을 하면서 배우자는 용서해주기를 바라곤 한다.

아무리 못되게 굴더라도 배우자라면 끝없이 베풀어주고 시간을 내주고 관심을 줄 거라는 생각을 한다. 불행히도 관계 단절은 사람을 더 우울하게 하고, 괴팍하게 하고, 더 자기중심적으로 만들기 때문에 다른 사람이 볼 때는 그다지 좋게 보이지 않는다. 그렇기 때문에 자신을 돌보는 것이 중요하다. 아무리 배우자라고 해도 당신을 마냥 지지할 수만은 없고 당신도 관계를 위해 상대방에게 뭔가를 해줄 수 있어야 한다.

관계 단절이 부부간 비난의 구실이 되어서는 안 된다

관계 단절된 자녀가 부모 중 한 사람에게 더 분노의 감정을 갖는 경우가 많다. 관계가 단절되지 않았더라도 어느 한쪽의 부모를 더 가깝게 느끼거나 공감하기도 한다. 부모와 자녀 사이에 기질이나 성격 차이가 있어 어느 한쪽 부모와 더 잘 맞는 경우도 있다.

그렇다고 자녀와 문제가 적은 쪽이 더 좋은 부모라는 의미는 아니다. 어떤 경우에는 더 강한 부모를 선택해서 불평하기도 하는데, 그 부모라면 감당할 수 있다는 것을 알기 때문이다. 어느 쪽이든 계속되는 원망이나 비난의 감정은 부부의 결속력과 행복을 약화시킬 수 있다. 자녀와 관계 단절 문제가 있을 때, 부부 중 한 사람은 다른 한쪽을 다음의 이유로 더 비난하기도 한다.

- 화해하기를 거부한다.
- 며느리나 사위와 화해하지 않는다.
- 관계가 단절된 자녀의 합당한 요구, 예컨대 화를 더 잘 다스리거나, 회복 프로그램에 참여하거나, 관계가 단절된 자녀를 덜 소외시키거나 덜 상처 주는 방식으로 소통하는 방법을 배우는 것과 같은 요청에도 행동을 바꾸지 않는다.

이러한 경우에는 부부가 따로 시간을 정해 정기적으로 관계 단절에 관해 대화하는 것을 제안한다. 예를 들어, 매일 하루 5분에서 10분씩, 또는 일주일에 한 번 20분 정도로 정한다. 이때 각자의 방식을 존중하는 것이 좋은데, 상대방의 의견에 동의하지 않더라도 그 입장에 대해 공감을 표현하도록 한다.

한쪽 부모만 연락하고 다른 쪽 부모와는 연락하지 않으려 할 때

둘 다보다는 한쪽 부모만 멀어지는 편이 낫다. 자녀가 한쪽 부모만 만나주는 것에는 부부 관계를 분열시켜 정복감을 느끼려는 의도가 있다고 믿는 부모들이 많다. 그것은 관계에서 배제된 부모로 하여금 질투심, 분노, 굴욕감을 느끼게 할 수 있으며, 어떤 면에서는 관계가 단절되지 않은 부모가 마치 관계 단절을 부추기는 것처럼 보일 수 있다.

하지만 두 부모 모두 관계가 차단되면 자녀에게 무슨 일이 일어나고 있는지 누구도 알 수가 없다. 적어도 부모의 입장에서는 좋을 것이 없다. 만약, 관계가 단절되지 않은 부모가 아이에게 연락하지 말라는 관계 단절된 부모의 요청을 받아들이면, 자녀는 한쪽 부모에게만 분노하는 것이 아니라 양쪽 부모 모두에게 분노하게 된다. 자녀는 관계가 단절되지 않은 부모가 너무 약해서 관계가 단절된 부모에게 맞설 수 없다고 보는 한편, 부모가 자녀의 행복을 자신들의 행복보다 우선순위로 두지 못한다고 생각할 것이다.

그러나 관계가 단절되지 않은 부모가 다른 쪽 부모에 대한 자녀의 불만에 대해 어느 정도 공감을 보여주는 것은 필요하지만, 가능하면 관계 단절을 인정하지 않도록 해야 한다. 그러기 위해서는 다음과 같이 말해볼 수 있겠다.

"지금은 엄마 없이 우리끼리만 만나는 것도 좋아. 엄마와 나 둘 중에서 한 사람이라도 너와 우리 손주들을 만나고 싶어 했기 때문에, 엄마는 나라도 너를 만나러 오는 걸 원했단다. 나는 약간 중간 입장인데, 왜냐하면 엄마도 너를 보고 싶어 한다는 것을 알기 때문이야. 언제든 네가 마음의 준비가 된다면 엄마는 너와 관계가 좋아지기 위해서는 뭐든 기꺼이 할 거야."

이 정도는 당신이 말해줄 수 있다. 그렇지만 이런 말은 너무 자주 하면 안 된다. 잘못하면 상대 배우자를 일방적으로 편드는 것처럼 느껴져 자녀의 마음이 돌아서 버린다.

한쪽 부모와만 단절한 관계가 1년 이상 지속된다면 관계가 단절되지 않은 부모의 입장은 조금 더 확고해져야 한다. 당신은 이렇게 말할 수 있다. "이제 1년이 지났구나. 네 마음을 불편하게 하고 싶지는 않지만, 이 시점에서 최소한 몇 번이라도 엄마와 가족 모임을 갖는 게 좋지 않겠니? 네 불만도 이해하는데 그렇지만 여러 면에서 너에게 좋은 엄마이기도 했잖니. 그러니 엄마도 관계 개선의 기회를 가질 자격이 있을 것 같구나."

일반적으로, 자녀에게 압박감을 줘서는 화해하기 힘들다. 관계가 단절된 부모 중에는 자녀가 잘 따르는 조부모나 형제자매, 또는 가족과 친한 사람들을 개입시켜 부모의 입장을 옹호하게 하기도 한다. 하지만 그런 방법이 효과가 있는 경우를 본 적이 없다. 자녀는 으레 압박감을 느끼고 오해한다. 결국, 그들을 더 멀리 물러서게 만들 뿐이다.

내 아이가 돌아왔다, 이제 무엇을 해야 하나?

이 책에서 제안한 방법들을 사용한다면 화해를 이룰 수 있을 것이다. 그러나 화해를 했다고 해도 아직 당신의 할 일이 끝난 것은 아니다. 현실은 관계가 단절된 원인이 여전히 존재할 수 있으며 또다시 단절이 일어날 수 있다는 것이다. 당신을 불안하게 하려는 것이 아니라 당신의 불안감이 실제 위험을 경고한다는 것을 확인시켜주기 위해 이 말을 하는 것이다. 위험이 존재하는 이유는 다음과 같다.

- 한 번 관계를 단절해본 사람은 전혀 생각지 않던 사람보다 다시 단절할 위험이 더 높다.
- 관계 단절의 원인은 화해가 된 후에도 완전히 해결되지 않는 경우가 많다.
- 관계 단절에 대한 부모의 분노나 상처는 자녀와 더 많은 갈등을 일으키는

방식으로 반응이 나타날 수도 있다.

마음의 응어리를 어떻게 해소할까?

조심하는 것이 좋지만 자녀에 대해 불안한 마음이 들거나 두려워한다고 해서 스스로를 부끄럽게 생각하지 말아야 한다. 자녀가 당신에게 커다란 마음의 상처를 안겨주었기 때문에 슬프거나 두렵거나 화가 나는 것은 어느 면에서는 당연하고 충분히 그럴 수 있다.

대다수 부모에게 가장 큰 두려움은 또다시 관계 단절을 겪는 것이다. 특히 관계 단절의 원인이 별것 아니라고 믿거나 지엽적인 문제라고 생각하는 사람들에게 흔히 일어난다. 그렇지 않더라도 대부분의 부모는 또다시 그런 일이 일어날까 봐 어느 정도 두려움을 느낀다.

무엇보다 현실을 있는 그대로 받아들이는 것이 필요하다. 그럴 때는 스스로에게 이렇게 말해야 한다. "그래. 아이가 다시 나와 관계를 끊을 수 있을지도 모르고, 그렇게 된다면 몹시 화가 나겠지. 하지만 그건 내가 100% 통제할 수 있는 건 아니야." 아무리 고통스러웠더라도 당신은 처음에도 살아남았고, 만약 그래야 한다면 또다시 살아남을 것임을 스스로에게 상기시켜야 한다.

또 다른 일반적인 감정은 분노다. 많은 부모들의 경우, 화해 초기 단계에서 내 조언을 받아들일 때 가장 힘들었던 부분은 그것이 자신에게 얼마나 끔찍했는지 말하지 못하게 했다는 것이다. 그중에서도 특히 아버지들은 자신과 아내의 삶에 너무나 큰 괴로움을 안겨준 자녀에게 엄청난 분노를 가지고 있다.

"그게 얼마나 끔찍했는지 나는 왜 아이에게 말하지 못할까?" 새롭게 화해한 사람들이 하는 공통된 질문이다. 그에 대한 대답은 '그로 인해 또 다른 관계 단절을 겪을까 봐'이다. 물론 원한다면 언제든지 자녀에게 호통을 칠 수 있지만, 다시 문이 쾅 하고 닫히는 결과만 초래할 뿐 기분이 좋을 리 없다.

"그래, 그럼 이 분노를 어떻게 해야 하지?"

가장 좋은 것은 아들이나 딸을 만나기 전에 그 분노를 처리하는 것이다. 친구에게 전화해서 아이가 당신에게 얼마나 못되게 굴었는지 하소연하는 것도 좋고, 분노의 편지를 쓰고 불태우는 것도 좋다. 운동이나 명상도 도움이 된다. 중요한 것은 자녀 앞에서 분노를 드러내지 말아야 한다는 것이다. 적어도 관계가 확고한 단계로 돌아왔다는 확신이 들 때까지 말이다. 몇 개월이 아니라 몇 년이 걸릴 수도 있다. 순간적으로 화가 치밀 때면 잠시 밖으로 나가거나 화장실에 가거나 해서 그 자리를 떠나는 편이 좋다.

그들이 있는 곳으로 다가가기

부모와 자녀가 오랜 관계 단절 끝에 재회하고 나서 바로 이전의 해맑은 상태로 돌아갈 수 있는 방법은 없다. 한동안 어색하겠지만 자연스럽게 대하는 것이 좋다. 어쩌면 부모의 삶에서 가장 고통스러운 사건이 자녀에게는 어깨 한 번 으쓱해 보이는 것으로 끝날 작은 일인지도 모른다. 마치 아무 일도 없었던 것처럼 행동한다면 부모 역시 그렇게 대해야 한다. “잘 지냈니? 이렇게 만나니 얼마나 좋은지 모르겠구나.” 하는 식으로 다가간다.

자녀가 쾌활하고 편한 마음으로 지내고 싶어 하면 당신도 그 상태에 함께하길 권한다. 만일 자녀가 조심스럽게 당신의 반응을 확인하려 한다면, 당신의 기분이나 생각이 자녀에게서 멀리 벗어나 있지 않도록 조심스럽게 대응해야 한다. 다시 말해, 그들에게 당신은 괜찮고 행복하며, 상처 입지 않았고, 마지못해 수락한 게 아니며, 마음에 응어리가 남지 않았다는 것을 알 수 있도록 해야 한다. 화해의 초기 단계에서는 자녀와 대화를 시작하고 자녀의 삶에 다시 문을 여는 것이 중요하다.

내 친구들은 나를 만나면 관계가 단절되지 않은 자녀와의 관계를 나에게 자주 털어놓는다. 그들 중 상당수가 관계 단절까지는 아니더라도 어느 정도의 갈등과 실망을 경험하기 때문이다. 내 친구들처럼 당신도 미리 자녀와의 관계에 대해 기준을 정하고 마음의 준비를 하길 바란다.

자녀가 당신의 삶으로 돌아왔다고 해서 이제 얼마든지 소식을 들을 수 있다거나 언제든 만날 수 있고 응답을 받을 수 있는 것은 아니다. 그러한 조건들은 여전히 아이들이 정하는 것이며 유감스럽게도 항상 그럴 것이다. 만약 당신에게 더 자주 함께할 수 있고 응답을 잘해주는 다른 자녀가 있다면 정말 운이 좋은 것이며, 그것에 감사해야 한다. 그러나 과거에 관계가 단절되었던 자녀가 같은 방식으로 기대에 따를 것이라고 기대하지는 말아야 한다. 언젠가는 그렇게 될 수도 있겠지만, 조만간 되지는 않는다.

초기 화해의 단계

기준점 정하고 갈등 피하기

관계가 단절된 이유를 이해하든 하지 못하든, 자녀에게 앞으로 갈등을 피하는 방법에 대한 방향을 묻는 것은 관계 개선에 도움이 된다. 대화는 직접 만나서 또는 이메일을 통해서 다음과 같이 진행될 수 있다.

"다시 함께 시간을 보낼 수 있게 되어 매우 기쁘다. 과거에 내가 너를 화나게 한 일이 있었던 게 분명하니 앞으로는 어떻게 할지 서로 합의하면 좋겠다. 우리 중 한 사람을 괴롭히는 일들이 있으면 바로바로 말해서 나쁜 감정이 쌓이지 않도록 노력하자."

여기서 나는 '우리 중 하나'라고 말했지만, 당신은 자신을 괴롭히는 일은 말하지 못할 수 있다. 그렇게 해서 얻어지는 것이 없기 때문이다. 요점은 당신이 자녀를 불편하게 하는 것이 무엇인지 말하도록 격려한다는 것이고, 그것만으로라도 신뢰를 얻게 되고 소통의 기회가 늘어난다.

자녀들 가운데는 갈등을 피하기 위해 관계를 단절하는 경우도 있다. 어느 가정에서나 일어날 수 있는 일상적인 가정생활의 고난과 시련을 다루는 방법을 몰라서 문을 닫아버리고 물러나서 원망을 키우다가 다른 방법을 모르니 부모와 관계를 단절한다. 이런 자녀의 경우에는 부모가 어떤 문제가 갈등을 일으키는지 좀 더 세심하게 살피고, 예상치 못한 반응이 있었던 상황에 대해서 물어볼 필요가 있다.

이를테면 당신이 손자와 놀고 있을 때 아들이 화가 난 것을 알게 되었다고 하자. 다음 날 당신은 이렇게 말할 수 있다.

“어제 내가 제이콥과 놀고 있을 때 네가 나에게 짜증을 내는 것 같더라. 그랬었니?”

아들이 아니라고 거짓말을 하고 갈등을 회피하려고 할 수도 있을 것이다. 하지만 당신이 확실히 그렇게 느꼈다면 다음과 같이 말하면서 쉽게 풀어갈 수 있다.

“아닌 게 확실하니? 제이콥과 놀 때 너를 불편하게 한 것이 있어서 내가 다르게 행동했으면 좋겠다고 생각하나 싶어서 그래. 불만이 있으면 내게 털어놓았으면 좋겠다.”

그렇긴 하지만, 개중에는 무슨 의미인지 완전히 이해하지 못해서 일어난 일에 대해 이야기하고 싶지 않은 자녀도 있을 것이다. 또는 감당할 수 있는 것보다 더한 말을 당신에게서 듣게 될까 봐 걱정되거나, 죄책감 때문에 당신에게 그 일이 얼마나 끔찍했는지 알고 싶지 않은 것이다.

당신이 모른다면 자녀에게 무슨 일이 일어났는지 반드시 물어봐야 할 필요는 없다. 대신 다음과 같이 말하는 것이 좋다.

“네가 다시 돌아와서 정말 기쁘다. 무엇이 그렇게 오랜 시간 떨어져 있게 만들었는지 모르겠구나. 그럴 필요도 없었는데 말이지. 내 실수 때문이었다면 다시는 그러지 않겠다고 확실히 해두고 싶구나."

만약 자녀가 관계 단절을 불러온 문제에 대해 언급한다면, 당신 생각으로는 그게 아니고 크게 과장되었다고 하더라도, 당신은 공감하면서 경청하려고 노력해야 한다. 새롭게 재회한 시기는 누가 누구에게 무엇을 언제 했는지 따지고 논쟁하는 시간이 아니다. 언젠가는 그럴 수 있는 때가 오겠지만, 더 확고한 기반을 다지기 전까지는 아니다. 처음 1~2년은 다시 알아가는 기간으로 생각해야 하며, 이 기간 동안의 목표는 당신이 자녀와 위협적이지 않은 방식으로 함께할 수 있으며 당신과 재회하는 것이 좋은 생각이었음을 자녀에게 확신시키는 것이다.

자녀와 재회한 부모 중에서 자녀가 여전히 무례하게 행동하거나 경멸을 드러내서, 생각만큼 행복하지만은 않다고 말하는 경우가 있다. 그럴 때 당신은 이렇게 말해야 한다,

"네가 나에게 말하려는 것이 뭔지 정말로 듣고 싶고, 그게 중요하다는 것을 알고 있단다. 우리 관계에서 단절이 필요했던 이유 중에는 네가 정말로 힘들다고 느끼는 면이 나한테 있어서겠지. 네가 원하는 대로 하고 싶고 그럴 거라고 약속할 수 있는데, 고함치지 말고 조용히 말해줄 수 있겠니? 네가 큰 소리로 말하지 않으면 내가 못 알아들을까 봐 그러는 거겠지. 어쩌면 그게 사실일 수도 있고…. 하지만, 다른 방법을 시도해보면 어떨까?"

보통 이러한 종류의 대화는 흥분한 상태보다는 갈등이 끝난 후에 하는 것이 좋다. 흥분한 상태에서는 진정시키려는 노력을 해야 하고, 그게 안 된

다면 가능한 한 빨리 대화를 끝내도록 해야 한다.

혹시라도 억울한 마음이 남아있거나 거리감이 크게 느껴지면 적어도 한 번쯤은 표현하는 것이 좋다. 그때는 이렇게 말해보자.

"너를 다시 만나니 정말 행복하구나. 하지만 넌 아직까지 내게 분노나 원망을 품고 있는 것 같은데, 그러니? 설령 그렇다 하더라도 괜찮아. 네가 솔직히 털어놓았으면 해서 그냥 한번 얘기해보는 거야."

만약 자녀가 그렇지 않다고 하면 다음과 같이 말하는 것이 좋다.

"알겠다. 우리 관계에서 너를 힘들게 하는 거라면 뭐든 얘기할 수 있는 문이 언제나 열려 있다는 건 알고 있지? 모든 관계에는 노력과 열린 태도가 필요하다는 걸 나도 잘 알고 있단다."

내가 언제까지 사과를 해야 하나?

당신에 대한 자녀의 불만을 한동안은 계속 들어야 할 수도 있다는 걸 받아들여야 한다. 만약 자녀가 다시 당신에게로 돌아와서도 과거에 대해 계속 언급한다면, 당신이 변하지 않을 것 같아서 걱정하기 때문이거나 당신이 충분히 변하지 않았다고 생각하기 때문일지 모른다. 아니면 당신이 예전처럼 행동할까 봐 걱정되기 때문일 수도 있다. 결국, 가장 좋은 태도는 긴장을 풀고 관심을 기울이고 자녀의 불만을 수용하는 것이다.

이 책 전반에 걸쳐 분명히 밝혔듯이, 부모와 자녀의 관계 단절은 다른 대부분의 관계와는 완전히 다른 방식, 다른 논리로 작동한다. 다음 장에서 이 부분을 좀 더 명확히 하고 자녀가 생각하는 것에 대해 자세히 살펴보고자 한다.

12

부모와 자녀의
화해를 위한
새로운 규칙

부모와 자녀, 관계 회복을 위해 지켜야 할 것들

관계 단절된 부모의 관점

- 자녀가 자신의 어린 시절에 벌어진 일에 대해 절대적으로 다 알지는 못한다.
- 설문 항목 중에 몇 개가 들어맞았다고 별안간 부모가 자기애적 성격장애가 되는 것은 아니다.
- 실제로 자녀는 부모에게 신세를 졌다.
- 손자 손녀를 학대한 적이 없는 조부모와 관계를 단절하는 것은 아동 학대이자 노인 학대다.
- 자녀의 심리상담사가 부모를 만나보지도 않고 내린 진단은 완전히 틀릴 수 있다.
- 별다른 문제가 없던 부모와 단절하라고 배우자가 요구한다고 해서 자녀가 그 말을 따른다면 자녀는 결혼을 잘못한 것이다.

- 자녀를 키울 당시에는 존재하지도 않았던 양육 기준들을 따르지 않았다고 부모를 비난하는 것은 터무니없다.
- 마음을 상하게 한 것을 학대한 것이라 할 수는 없다.

관계 단절된 자녀의 관점

- 부모는 내 어린 시절에 일어난 일에 대해 절대적으로 다 알지는 못한다.
- 부모가 자녀를 위해 희생했기 때문에 원하는 것은 무엇이든 요구할 수 있다고 말하는 것은 항상 역효과를 낼 것이다.
- 손자 손녀와 시간을 보내는 것은 특권이지 권리가 아니다.
- 부모의 상담사가 나를 만나지도 않고 내린 진단은 완전히 틀릴 수 있다.
- 부모가 나를 다르게 키울 수 있었다는 나의 바람에 공감하지 않는 것은 잘못이다.
- 부모가 유언장에서 나를 지워버리겠다고 위협한다 해도 화해하고 싶지 않다.
- 조부모님이 우리 부모를 키운 것에 비해 우리 부모가 나를 더 잘 키웠다고 해서 나에게 상처를 주지 않았다는 의미는 아니다.

관계 단절과 행복 추구

당신의 자녀는 행복한 삶을 추구하기 위해 관계 단절이라는 선택을 했다. 직장과 개인 간의 관계가 점점 더 취약해지고, 안정된 직장에서부터 안정된 결혼에 이르기까지 무엇이 좋은 삶인지 한 마디로 규정하기 어려운 이 시대의 성인이라면 그나마 자신의 성장과 삶의 만족을 추구하는 데 집중하는 것은 놀랄 일도, 비합리적인 것도 아니다.

그러한 예로, 미국연방준비위원회의 경제학자들은 최근 발표한 보고서에서 "밀레니엄 세대는 이전 세대의 같은 나이대에 비해서 소득도 적고 자산도 적고 재산도 적다."라고 밝혔다. 이제까지 어떤 세대보다 가장 교육을 많이 받은 세대임에도 불구하고 그런 형편이다. 미국 사회생활의 주요 지표인 총사회조사 결과에서는 2018년 미국 청년들의 행복 지수가 사상 최저 수준인 25%로 떨어진 것으로 나타났다. 같은 보고서에서 청년 남성의 22%와 청년 여성의 28%만이 "매우 행복하다."라고 답했다. 동시에 특히 고소득층 여성의 정신질환 비율이 급증하고 있다.

이런 상황에서 젊은 세대가 삶의 최우선순위를 행복에 둔다는 것은 어찌 보면 당연하다. 그런 맥락에서 관계 단절을 이해할 필요가 있다. 부모는 단절이 아니라 화해를 원하지만, 자녀에게는 관계 단절이 정신적 생존과 행복을 위해 필요하다는 것을 부모가 이해해야 한다. 자녀와 부모의 관계에 급격한 변화가 없다면 치유는 일어나지 않을 것이다.

관계가 단절된 부모가 명심해야 할 5가지

최근 수십 년 동안 현실이 얼마나 많이 변했는지 부모들은 잘 모른다. 그러다 보니 관계 단절이 시작되면 문제를 더 악화시키는 경우가 많다. 관계가 단절된 부모가 하게 되는 흔한 실수와 명심해야 할 5가지는 다음과 같다.

1. 당신의 감정을 이해시키려는 생각을 버려라

자녀와 관계가 단절돼버리면 화해의 과정에서 당신에게는 선택권이 거의 없다. 자녀를 양육하며 당신이 저지른 실수에 대해 이해를 구한다거나, 자녀 양육에 들인 모든 비용과 성장할 때까지 제공한 모든 기회와 경험에 대해 생색을 내거나, 부모로서 최선을 다했다는 이야기도 할 수 없다. 자녀에게도 문제가 있었다거나, 자녀의 배우자와 가까이하기 어렵다거나, 자녀의 배우자가 부모와의 관계를 멀어지게 하는 것 같다는 이야기를 해서도 안 된다. 이런 모든 당신의 입장은 문제 해결에 방해가 되기 때문에 입 밖에 꺼내서는 안 된다.

당신이 얼마나 슬프고 상처받았는지, 얼마나 억울한지 이야기하고 싶어도 소용이 없다. 그것이 당신을 더 화나게 해도 마찬가지다.

자녀에게 무엇인가 요구하거나 당신의 감정을 이야기하겠다는 생각은 버려야 한다. 이 모든 것이 얼마나 불공평한지, 당신이 얼마나 부당하게 대우받고 거부당하고 분노를 느끼는지 이해하지만, 당신과 자녀는 동등한 입장이 아니라는 것을 알아야 한다.

관계가 단절된 자녀와 화해할 때 당신이 취해야 할 태도는 자녀가 두세 살이었을 때 취하던 태도와 같다. 자녀를 어린아이로 생각하면 도움이 된다. 무엇보다 많은 것을 기대하지 않고 일방통행 같은 관계를 받아들이는 이타심이 필요하다. 그리고 시간이 오래 걸릴 것이므로 인내심 또한 반드시 필요하다. 어떤 어려움이 있더라도 자녀로부터 거부당하는 것보다 더 화나고 굴욕적이며 지독한 것은 없다는 것을 기억하라.

관계 단절의 한가운데에 있는 경우라면, 당신은 이미 몇 년 동안 이렇게 해왔을 것이다. 앞으로 몇 년이 더 남았을 수도 있다. 단거리 경주가 아니라 마라톤으로 보아야 한다.

2. 요구하고 질책하고 죄책감을 느끼게 할수록 멀어진다

예전에는 부모가 요구를 할 수 있었고, 자녀가 약속한 것에 최소한의 책임을 다하지 않으면 화를 내거나 야단을 칠 수 있었다. 그러나 이제 상황은 달라졌다. 나의 최근 임상 사례를 보면 죄책감을 이용하거나 야단을 치는 것이 부모와 자녀 간 관계에 어떻게 안 좋은지 알 수 있다.

딸(24살) : 엄마는 내 또래였을 때 엄마가 원해서 매일 할머니에게 전화를 드렸나요, 아니면 할머니가 원하니까 했나요?

엄마 : 할머니가 원하시니 전화했던 것 같다. 너도 알다시피 나는 할머니와 그다지 친하지 않았지만 그게 옳은 일이라고 생각했지.

딸 : 네, 저는 엄마와 그런 관계를 원치 않아요.

상담사 : 이 문제에서 당신은 엄마와 어떤 관계를 원하나요?

딸 : 내가 전화 걸고 싶을 때 전화할래요. 그러고 싶지 않을 때라도 죄책감을 느끼고 싶지는 않아요.

이 대화에서 알 수 있듯이, 딸은 의무감에서 엄마에게 전화하는 것이 정직과 성실이라는 자신의 가치에 어긋난다고 믿고 있다. 그리고 거리를 설정하는 것이 성인으로서 건강한 개성을 표현하는 방법이라고 생각한다. 그녀는 또한 이것이 엄마와 더 나은 관계를 유지하는 데 도움이 되며, 엄마도 그렇게 생각해야 한다고 믿고 있다.

그녀의 엄마는 딸이 자신에 대한 의무감으로 인해 부담을 느낀다는 사실에 상처받고 화가 났다. 하지만 비록 상처가 되더라도 거짓으로 자신을 표현하는 것보다는 정직한 것이 더 낫다.

50, 60년대에 태어나 순응과 의무감이 여자의 미덕이라고 교육받은 엄마는 자신의 딸만은 자기처럼 살지 않기를 바랐다. 그래서 자기 딸을 독립심과 자기주장이 강한 사람으로 키웠다. 엄마는 딸을 그렇게 키우는 데 성공해서 기쁜 마음이 드는 한편, 자신의 부모가 자신에게 주었던 것보다 더 풍요로운 삶을 딸에게 제공했기 때문에 딸이 자신의 요구에 부응하지 않는 것에 대해 화가 났다.

엄마는 자신의 유년기와 비교해 이렇게 말하곤 한다. "내가 자랄 때에 비하면 너는 얼마나 좋은지 모른다." 이 비교는 딸과의 갈등의 근원이었는데, 엄마는 권위를 존중하고 가족 의무에 충실하도록 키워진 반면 정작 자기 딸에게는 그러한 것들은 자신의 행복과 독립에 제약이 된다고 보도록 키웠기 때문이다.

이 엄마의 사례는 자녀에게 오랜 시간 많은 투자를 한 대가로 무엇을 기대할 수 있는지 궁금해하는 많은 부모들이 경험하는 딜레마를 보여준다.

요즘은 어떤 관계가 죄책감처럼 나쁜 느낌이 들게 하거나 스스로에게 좋은 느낌을 주지 않으면, 그 사람이 부모라 하더라도 상대를 삶에서 완전히 차단하는 것이 합리적이라는 의식이 강하다. 그런 관점에서 자녀에게 질책을 많이 하고, 더 많은 요구를 하며, 죄책감을 더 많이 느끼게 할수록 자녀가 당신 삶에서 더 멀어지게 하는 결과를 불러올 것이다.

3. 감정을 가라앉히고 차분하게 대응한다

자녀로부터 관계 단절을 통보받은 부모는 자식에게 오해받고 이용당하고 배척당했다는 생각에 분노를 느낀다. 그동안 자녀 양육에 쏟아부었던 사랑과 헌신이 보답으로 돌아오기는커녕 비난의 화살로 돌아와 허탈감을 느끼기도 한다.

앞서 보았던 엄마와 스물네 살 난 딸의 사례는 부모와 자녀 간에 여전히 혼란과 갈등이 계속되고 있다는 것을 보여준다. 비극적이게도, 자녀로부터 관계 단절을 통보받은 부모가 더 많은 실수를 저지르게 된다.

자녀가 부모에게 심하게 상처를 주고 잔인한 말을 하는 데는 여러 가지 이유가 있는데, 그것들을 가볍게 여겨서는 안 된다. 설사 요령 있게 표현하는 기술이 없다 하더라도, 자녀가 전달하고자 하는 것을 그들 관점에서 바라보는 것이 중요하다.

둘째로, 그들이 과거의 일로 당신을 비난할 때 당신이 너무 화를 내거나 방어하면 논점만 흐려질 뿐이다. 상대의 의견을 경청한다는 태도로 그들에게 공감하고 존중할수록 상황을 더 명확하게 파악할 수 있다.

무조건 인정하고 받아줄 필요는 없지만, 그렇다고 감정적으로 반응하면 상황이 진전될 기미도 보이지 않고 관계가 개선될 가능성도 사라진다. 감정을 가라앉히고 상대방이 마음을 열 수 있도록 대응하는 것이 좋다. 여기에 몇 가지 아이디어가 있다.

상대방의 마음을 열게 하는 13가지 아이디어

1. 대화하기 전에 하고 싶은 말을 결정한다. 목표는 무엇인가, 꼭 확인하고 싶은 것이 있는가 등 말하고 싶은 가장 중요한 두세 가지를 적는다. 특히 긴장될 때는 큰 소리로 말하는 연습을 한다.
2. 출구 전략을 마련한다. 상황이 안 좋은 쪽으로 흐르는 것 같으면 어떻게 전화를 끊을지, 어떻게 대화를 마무리할지 미리 생각해둔다.
3. 이전의 대화가 성공적으로 마무리되지 않았다면 몇 가지 기본 규칙으로 대화를 시작한다. "이전 만남에선 대화가 잘되지 않았지? 오늘은 우리 둘 다 침착하고 이성적으로 이야기해보자. 대화를 통해 얻고자 하는 게 뭔지 말해주면 나도 얘기해 볼게."
4. 좋은 의도를 표현해야 한다. "네 이야기를 잘 들어볼게. 네가 더 가까워졌으면 좋겠구나."라거나 "전에 이런 식으로 대화했던 게 너는 마음에 들지 않았나 보네."
5. 자녀가 말하는 방식이 마음에 들지 않더라도, 자녀의 좋은 의도에 대해 믿음을 표현하는 것부터 시작해야 한다. "내가 반드시 이해해줬으면 하는 것 같구나. 네가 매우 중요하다고 생각하는 것 말이야."

6. 불손한 태도로 말하는 자녀에게 당신이 느끼는 것을 솔직하게 털어놓는다. “넌 세게 나가지 않으면 내가 이해할 수 없다고 생각하는 것 같구나.”

7. 당신의 고민을 설명한다. “무슨 말인지 주의 깊게 듣고 싶은데 흥분하거나 소리를 지르면 집중을 잘 못 하겠어. 내 말 이해할 수 있겠지?”

8. 다른 행동을 요청한다. “네 말에 집중할 수 있게 좀 더 차분하게 말해줄 수 없을까? 이런 식으로 얘기하면 사실 내가 들어야 할 말인데도 듣기가 어렵구나.”

9. 적절한 행동을 예를 들어 알려준다. “나에게 화가 난다거나 나의 모든 게 싫다고 말해도 좋다. 하지만 화를 내거나 소리를 지르지는 말아다오.” 이렇게 말하고 심호흡을 한다.

10. “네가 좀 더 공손한 어조로 말할 수 없다면 전화를 끊어야겠다.” 하는 식으로 선을 긋는다.

11. 최대한 인내한다. 그래도 자녀가 난폭한 행동을 계속한다면 전화를 끊는다.

12. 만 하루가 지나기 전에 침착하고 평온하고 다정한 태도로 다음 연락을 한다. “잘 있는지, 어떻게 지내는지 궁금해서 전화했어. 다시 이야기 나눠볼래?” 자녀가 거절하거나 모욕적인 말을 하면 침착하게 이렇게 말한다. “알았다. 우리가 좀 더 생산적인 대화를 나눌 수 있는지 보고 싶었어. 준비되면 연락 줘.”

13. 생산적인 논의가 되도록 끊임없이 반복한다. 그게 안 되면 적어도 현 상태를 유지한다.

4. 화해는 기나긴 여정이다

화해가 빨리 이루어질 거라는 생각은 버려야 한다. 단절된 관계가 회복되는 데는 시간이 걸린다. 몇 개월 혹은 몇 년이 걸리기도 한다. 부모가 일찍 문제점을 인지하고 능동적으로 대처한다면 기간은 훨씬 더 빨라진다. 관계 단절이 한참 진행되었다면 해결에 오랜 시간이 걸린다는 것을 염두에 두어야 한다.

부모들은 기나긴 화해의 시간에 지쳐 내게 하소연한다. “나는 할 만큼 한 것 같아요. 너무 고통스럽네요. 상처받고 거부당하고…. 이제 더 이상 못하겠어요.” 그들의 심정은 충분히 이해가 간다. 그러나 참고 기다려야 한다. 완전한 화해에 이르는 시간은 사람에 따라 다르다. 길게는 1, 2년이 걸릴 수도 있고, 어떤 사람에게는 그 시간이 오지 않을 수도 있다. 기나긴 화해의 여정에 지치지 않도록 한다.

화해의 시간을 갖다가 언쟁으로 이어지는 경우가 있다. 자녀와 언쟁을 하고 나면 며칠간은 힘든 시간을 보낸다. 그러면서 어디서 잘못되었나, 내가 이럴 자격이 있나, 내가 어떻게 했어야 할까 등등 스스로 자문하게 된다. 이럴 때 균형을 회복하는 데 도움이 되는 몇 가지 사항은 다음과 같다.

자녀와 언쟁 후 마음의 균형을 회복하는 방법

1. 자신의 좋은 의도를 스스로에게 상기시킨다. ‘내 목표는 내 아이와 더 긴밀한 관계를 갖는 것이었다.’
2. 기회를 날려 버렸더라도 자신을 용서한다. ‘이기적이라고 말하지 말았어야 했는데 내가 너무 자극받았나 봐. 다음에는 더 잘할 수 있을 거야.’

3. 스스로를 진정시키는 활동을 한다. 운동나 명상, 요가 등 주의를 환기시킬 수 있는 다른 일을 함으로써 스트레스에 대한 신체의 반응을 바꾸는 것이 중요하다.
4. 무슨 일이 있었는지 기록한다. 언쟁으로 인한 스트레스에서 벗어나는 데 도움이 된다. 나중에 기분이 나아졌을 때 분석해볼 수도 있다.

5. 관계가 단절되었다고 모든 것을 부정하지는 말아야 한다

핵가족화되면서 가족 간 친밀감에 대한 기대치가 높아진 요즘, 부모와는 관련이 없음에도 불구하고 자녀의 행동을 개인화해서 해석하는 경향이 있다. 자녀의 모든 행동을 개인적인 것과 결부시키고 불평한다. 하지만 대다수 자녀의 행동은 부모와 관련이 없다.

부모들은 자녀를 돌보고 키우는 데 모든 정성과 사랑을 쏟는다. 자녀를 키우면서 부모는 정신적인 도전에 처하기도 한다. 부모에게 자녀는 잘할 때는 무엇보다 큰 기쁨과 즐거움이고, 가까이 있을 때는 중요한 집착의 대상이며, 관계가 차단되었을 때는 커다란 고통이다.

어떤 쪽이 됐든 자녀는 항상 우리 마음에 많은 부분을 차지한다. 우리가 항상 자녀들 마음에 많은 부분을 차지하지 않는다고 해서, 그들이 우리를 사랑하지 않거나 관심이 없는 것은 아니다. 그들은 부모에 대한 불만과 그로 인해 관계 단절이 필요하다고 말하면서 다음과 같이 덧붙인다. "나는 부모님을 사랑해요. 사실 그 때문에 죄책감을 느껴요. 부모님이 고통받는 것 같아 안타까운 생각이 들어요."

관계 단절이 계속될 때는 자녀가 당신만을 미워하고, 당신이 그들을 키

우는 데 바친 모든 선의와 헌신을 완전히 잊었다고 생각하기 쉽다. 그것이 자녀의 의식에서 차지하는 비중이 크지 않더라도 어느 정도는 사실이다. 자녀의 불만을 주의 깊게 다루기 전까지는 그들이 진정으로 무슨 생각을 하는지, 어떤 느낌을 갖고 있는지 모를 때가 많다.

그렇게 볼 때 화해는 완전히 새로운 사고방식이 필요한 길고도 불확실한 여정이다. 새로운 규칙은 다음과 같다.

부모와 자녀 관계를 위한 10가지 새로운 규칙

1. 당신의 자녀는 언제든 떠날 준비가 되어있기 때문에 관계 조건을 정하는 데 당신보다 더 많은 권한을 가지고 있다. 덜 신경 쓰는 자가 더 많은 힘을 가진다는 것이 게임의 기본 이론이다.
2. 자녀와의 관계는 의무나 정서적 부채감, 책임감에서가 아니라 행복과 개인적인 성장을 만드는 환경에서 이루어져야 한다.
3. 부모로서 얼마나 잘 해냈는지 판단하는 사람은 당신이 아니다. 과거에 대해 자녀의 이야기와 의견을 들어볼 필요가 있다.
4. 죄의식에 사로잡히거나 반대로 비난을 해서는 자녀에게서 원하는 것을 결코 얻지 못할 것이다. 관계가 단절된 상태라면 더욱 그렇다.
5. 평등주의적이고 정신분석적이며 자각적인 방식으로 소통하는 방법을 배우는 것은 자녀와의 좋은 관계를 위해 필수적이다.
6. 자녀를 키울 때도 부모였고 자녀가 죽을 때까지도 부모다. 당신은 자녀를 이 세

상에 데려왔다. 그러니 자녀가 목표에 이르는 것이 불가능해 보일지라도 화해가 목표라면 당신은 계속 노력해야 한다.

7. 자녀에게 재정적이나 정서적으로 많은 투자를 한다고 해서 자녀들이 원하는 것보다 더 많은 만남이나 애정을 받을 자격이 주어지는 것은 아니다.
8. 자녀의 배우자를 비난하면 관계가 단절될 위험이 높아진다.
9. 자녀의 이성에 대한 취향이나 성적 정체성을 비난하면 관계가 단절될 위험이 높아진다.
10. 당신이 어려운 어린 시절을 보냈고 당신의 부모보다 더 나은 부모 노릇을 했다고 해서 당신의 자녀가 당신에게 상처받은 모든 방식을 받아들여야 한다는 의미는 아니다.

관계 단절의 고통을 관리하는 방법을 이해하는 것은 대부분의 부모가 직면하게 될 가장 큰 도전 중 하나다. 그것은 관계 단절이 우리의 가장 약하고 기초적인 곳을 공격하기 때문이다. 좋은 부모가 되는 것은 우리의 정체성과 자존감의 핵심이다. 자녀에게 자신이 좋은 부모가 아니라는 말을 직접 또는 간접적으로 들으면 두려움, 슬픔, 걱정, 분노, 죄책감, 후회와 같은 깊은 감정을 느끼게 된다. 이러한 감정적인 반응은 치유를 훨씬 더 어렵게 만드는 문제를 가져온다.

13

단절의 고통을 어떻게 치유할 것인가

상처를 딛고 일어서는 법

계속되는 슬픔으로 괴로워하는 부모들은 나에게 이런 질문을 한다. “다시는 우리 아이를 볼 수 없다면 어쩌죠?”, “손자 손녀가 내가 자기들을 사랑하지 않는다고 생각하면 어떻게 하죠?”, “아들은 우리가 함께했던 멋진 시간들 가운데 어느 하나라도 기억할까요?”, “딸이 나를 보지 않기로 결정해도 여전히 나를 걱정할까요? 아니면 그냥 나를 미워하는 걸까요?”

이들은 또한 가슴 아픈 삶의 마감에 대한 문제에 대해서도 혼란스러워한다. “누가 내 장례를 치러줄까요?”, “병이라도 걸리면 위로해줄 자식 하나 없이 홀로 이 세상을 떠나게 되겠죠?”, “내가 죽고 나면 우리 애들이 나를 그리워하긴 할까요?”, “내가 암이라도 걸리면 애들한테서 연락이 올까요? 그렇지 않다면 그땐 어떤 심정일까요?”

누구도 그 입장이 되어보지 않는 한 가슴이 미어지는 고통을 고스란히 이해하기는 힘들다.

당신은 밥을 먹다가도, 길을 걷다가도, 심지어 꿈속에서도 고통을 느낀다.

당신은 길에서 할머니가 곁에서 미소 짓고 있는 딸과 함께 자신의 손녀를 반갑게 맞이하는 장면을 보고 고통을 느낄 것이다.

당신은 친구들이 자기 아들이나 딸, 손자와 손녀와 함께 갔던 꿈같았던 여행에 대해 이야기하는 것을 듣고 고통을 느낄 것이다.

당신은 아들과 더없이 행복하게 화해하는 꿈을 꾸다 깨어날 것이고, 그 순간 아들과 연락을 안 하고 지낸 지 몇 년이 되었다는 것을 기억하고는 고통을 느낄 것이다.

당신은 안 그래야지 하면서도 자녀의 페이스북이나 인스타그램에 들어가 그들이 올려놓은 사진을 찾아보고, 거기서 처가 식구들이나 친구들과 어울려 즐겁게 지내는 모습을 보고 나서 고통을 느낄 것이다.

고통은 관계가 단절된 부모에게는 필연적이고 피할 수 없는 부분이다. 불행히도, 고통은 상대적으로 거의 통제할 수 없다. 하지만 시간이 지나면서 차츰 고통에 대한 인식과 통제력이 생기기도 한다.

당신은 고통의 의미를 축소시킬 수도 있고, 고통을 증가시키는 행동을 줄일 수도 있으며, 고통이 당신 삶의 다른 측면으로 옮겨가는 것을 줄일 수도 있다. 이것은 괴로움의 영역이라고 볼 수 있다.

고통과 괴로움의 차이는 현대적 심리치료에서 다음과 같이 설명한다. 정신과 의사 마크 레빈은 "부엌 바닥을 걸어 다니다가 발가락을 찧으면 정말 아프다. 그것이 고통이다. 하지만 발가락 찧은 것을 두고 자신에게 자조 섞인 질책을 한다. '이 바보 같으니, 왜 앞을 제대로 안 보고 다니니?'라거나 '이번엔 발만 찧었기에 망정이지 다음번에는 다리가 부러질지도 몰라!', 또는 '늘 허둥대니까 그렇지. 어쩌자고 그렇게 맨날 실수를 저지르는지 모르겠네!'" 이것은 괴로움이다. 괴로움은 고통으로 끝이 나는 인지적 순환 고리를 만들어내기 때문에 고통의 경험을 연장시킨다. 괴로움이 괴로움을 낳는 것이다.

좀 더 직접적인 예를 들어보겠다. 당신이 친구의 집에 초대받아 갔는데 거기에 친구의 자녀가 와있다. 가족이 서로 알고 지내며 자녀들이 자라나는 것을 봐오던 터라, 오랜만에 친구의 자녀를 보고 반가워한다. 그리고 잘 자라 성공한 자녀들과 함께 있는 절친한 친구를 보니 기쁘다. 그러나 한편으로는 당신이 잃어버린 모든 것을 거울처럼 보여주는 것 같아서 지독히도 슬프다. 그래서 실례를 무릅쓰고 화장실에 가서 아무도 들리지 않게 손으로 입을 막고 흐느껴 울었다.

이 예시에서 고통은 슬픔과 상실감을 느끼는 것이다. 괴로움은 다음 중 하나일 것이다.

- 자신을 부끄러워함 : 내 자녀가 나에게 등을 돌리니, 나는 끔찍한 사람, 끔찍한 부모임에 틀림없다.
- 사회적 수치심 : 내 자녀가 나에게 등을 돌리니 다른 사람들은 내가 끔찍하다고 생각할 것이다.

- 사회적 수치심과 연관된 사회적 고립 : 이런 일이 계속된다면 나는 차라리 집에서 나가지 말아야겠다.
- 두려움과 파국 : 이 문제를 절대 해결할 수 없다면 나는 그 고통에서 어떻게 살아남을 수 있을까? 자녀나 손자 손녀를 볼 수 없는 고통에서 어떻게 살아남아야 할까?
- 죄책감과 반추 : '내가 이 문제를 일으킨 거겠지.' 또는 '내가 문제를 해결하기 위해 할 일은 뭘까.' 하는 생각을 멈출 수가 없다. 그리고 자녀 때문에 내가 얼마나 상처받고 부당한 대우를 받는지에 대한 생각을 멈출 수가 없다.
- 분노 : 내 자녀가 어떻게 나에게 이럴 수 있을까? 도대체 자기가 누구라고 생각하는 걸까?
- 부러움 : 다른 사람들은 아들이나 딸, 손자 손녀와 시간을 잘도 보내는데 왜 나는 그렇지 못할까?
- 과거의 흔적 : 부모도 나를 사랑하지 않았는데 내 자녀까지 나를 거부하는 고통을 어떻게 견딜 수 있을까? 난 사랑받을 자격이 없는 사람일까?

행동치료 전문가이자 심리학 교수인 마샤 리네한은 고통에 직면했을 때 고통으로 이어질 수 있는 어떤 생각이 떠오르든 다양한 이미지들을 사용해 그것을 관찰하는 방법을 제안한다. 예를 들어 고통과 그에 따른 생각을, 천천히 떠내려가며 시야에서 사라지는 시냇물 위의 나뭇잎으로 생각해보는 것이다.

감정을 차단하거나 억제하지 말고 물줄기에 올라탈 파도로 생각한다. 그것을 붙잡으려 하지 말고 단지 어느 지점에서 그것을 느끼는지 주목하고, 가능한 한 그 감각에 집중한다. 감각이 줄어들기까지 얼마나 시간이 걸리는지도 관찰한다.

감정이 얼마나 잘게 쪼개질 수 있는지 파악하는 것도 도움이 된다. 그냥 슬픈가? 아니면 실제로 절망감이나 비통함, 비참함, 고뇌, 거부감, 불안감, 아쉬움, 패배감인가? 그냥 분노인가? 아니면 실제로 분개, 격노, 짜증, 질투, 성가심, 씁쓸함인가? 당신은 왜 좀 더 구체적으로 느끼지 않는가? 심리학 교수이자 〈감정이 어떻게 만들어지는가(How Emotions Are Made)〉의 저자인 리사 펠드먼 배럿은 감정을 잘게 쪼갤수록 약물치료와 입원 일수가 줄어들며 감정 조절이 유연해진다고 주장한다. 당신이 느끼는 감정을 자세하게 나누면 당신 마음의 한 부분이 다른 부분에 전달하려고 하는 메시지를 파악하는 데 도움이 된다. 그리고 그 감정에 반응해 당신이 행동해야 할 방향을 결정할 수 있다. 또한, 당신이 느끼는 것을 더 구체적으로 알 수 있어서 감정에 의해 덜 지배당할 수 있다.

자기연민이 없으면 행복도 없다

관계가 단절된 삶을 어렵게 만드는 것 중 하나는 관계가 단절된 부모에 대한 대중의 인식과 지원이 부족하기 때문이다. 멀쩡히 살아 있는데도 부모와 관계를 끊은 자녀를 둔 부모는 어디에도 하소연할 수가 없다. 아무리 정성을 다해 자녀를 길렀어도 인정을 받지 못한다.

실제 자녀가 죽기라도 한다면 모두가 당신을 안쓰러워할 것이다. 그러나 자녀가 당신과 관계를 끊고 대화를 거부한다면 모두가 당신을 판단하려 들 것이다. 이러한 인식으로 인해 적절하게 슬퍼하고 자신을 돌보는 것이 훨씬 더 복잡하고 어렵다.

관계가 단절된 부모들을 대상으로 상담을 하면서 내가 알게 된 것이 또 하나 있다. 자기연민이 가장 중요하다는 것이다. 자기연민이 없으면 평온도 행복도 회복도 미래도 없다. 그렇게 되면 평생을 자기혐오와 자기의심, 자기증오로 가득한 지옥에서 보내게 될 것이다. 결국은 당신이 사랑하는 사람들이나 당신을 사랑하는 사람들로부터 등을 돌리고, 그들을 떠나게 될 것이다. 만약 당신이 먼저 그들에게서 떠나지 않으면, 스스로를 돌보지 못하는 당신의 무능력이 그들을 도망가게 만들 것이다.

무엇이 당신 앞을 가로막고 있는가? 자기연민에 장애물이 되는 것들은 무엇인가?

심리학자로서의 경험에 따르면, 가족으로부터 학대를 받은 사람일수록 자기연민을 느끼기가 더 어렵다. 학대나 방치, 잦은 비난, 수치심을 주는 환경에서 길러지면 자녀를 낳기 훨씬 전부터 스스로에게 가혹했을 것이기 때문이다.

또한 동료나 형제자매, 또는 다른 사람들에게 놀림이나 굴욕을 당할 때와 같이 스스로를 결함투성이라고 믿게 만든 다른 경험을 했을지도 모른다. 그 결과는 다음과 같다.

- 자녀의 비난에 대한 내성이 적다.
- 거부당하거나 심지어 버림받을 만하다고 느낀다.
- 당신이 하지 않은 일에 대해서 스스로를 비난할 가능성이 더 높거나, 당신이 원인이 된 것과 그렇지 않은 것을 구별하는 데 어려움을 겪는다.
- 자녀 양육과 관련이 없는 일에도 죄책감으로 힘들어한다.
- 계속되는 불안이나 우울증으로 어려움을 겪는다.

'모성'이라는 이름의 장애물

당신이 평온함을 유지하는 데 가장 큰 장애물 중 하나는 좋은 엄마가 되려면 계속 자신을 탓하고 자신이 저지른 모든 실수에 대해 죄책감을 느껴야 한다고 생각하는 것이다. 또는 자녀가 당신의 실수라고 생각하는 것이라면 전부 스스로를 탓하는 것이다.

그렇다고 자식과의 관계 단절이 아빠에게는 덜 힘들다는 말은 아니다. 이 점은 내가 쉽게 입증할 수 있다. 게다가, 남자는 분노와 사회적 고립, 정신적 구획화(상충하는 생각과 감정을 따로 분리하거나 격리된 상태로 유지하는 심리적 방어기제)로 우울증을 가려버리는 경향이 있어서 실제보다 덜 영향을 받는 것처럼 보인다. 그러나 남자다움이라는 정체성에 대한 자기 강조가 있어서 아버지들은 죄책감에 대해 더 잘 방어하고, 아이에게 거부당하면 더 공격적으로 밀어내고 계속 노력해야 한다는 의무감을 덜 느낀다.

반면, 어머니에게는 그 같은 문화적인 방패막이가 없다. 예를 들어, 모성에 대한 일반적인 정의에 따라 다음과 같이 의무적으로 행동한다.

- 자녀가 염려되는 경우, 자신을 우선순위의 가장 마지막에 둔다.
- 아프도록 퍼준다.
- 희생하지 말아야 할 때도 희생한다.
- 항상 자녀를 걱정한다.
- 도움이 되는 선을 넘어서까지 자녀의 행복에 몰두한다.

이상적인 모성에 대한 이러한 대중적인 개념이 자책과 후회와 슬픔을 떨쳐내는 것을 어떻게 방해하는지 알겠는가? 이런 감정을 느끼지 않는다면 당신은 이기적이고 무책임하고 사랑이 없는 엄마라고 꾸준히 세뇌되어왔다. 말하자면 모성이 없다는 것이다.

여기에 모순이 있다. 당신을 좋은 부모로 규정하던 개념들이 이제 자기연민을 느끼려는 당신에게 반대로 작용한다. 보다 더 많은 자기연민을 느끼기 위해서는 다음과 같은 믿음을 받아들여야 한다.

- 내가 내 자녀를 생각하지 않아도 나는 여전히 좋은 사람이고 좋은 부모다.
- 남의 행복보다 자신의 행복을 먼저 생각해도 나는 여전히 좋은 사람이고 좋은 부모다.
- 나 자신을 먼저 생각한다고 해서 남을 가장 뒤로 제쳐두는 것은 아니다.
- 자기 본위의 것(즉, 나의 행복을 우선시하고 무엇이 나를 행복하게 하는지 생각하는 것)과 이기적인 것에는 차이가 있다.
- 자녀가 나와 함께 시간을 보내지 않기로 선택한다면, 내 인생에서 자녀 없이 시간을 어떻게 보낼 것인지를 생각하는 것이 건강한 것이다.
- 자녀를 내 마음에서 덜어내는 것이 내 행복과 마음의 평화에 도움이 된다.
- 과거에 대해 스스로를 벌하는 것은 나는 고통받아 마땅하다는 그릇된 믿음을 영원히 지속시킬 뿐이다.
- 나는 충분히 고통을 받았다. 오늘부터 나는 부모로서 그리고 한 사람으로서 나 자신에 대해 좋은 느낌을 가지기로 선택했다.

관계 단절된 부모가 갖고 있는 6가지 잘못된 믿음

잘못된 믿음 1

나는 내 자녀나 손자 손녀 없이는 행복한 삶을 살 수 없다.

사실 : 관계 단절의 고통은 엄청나지만, 가장 큰 장애물은 자녀가 없다는 것이 아니다. 가장 큰 장애물은 당신의 죄책감과 수치심 그리고 자신을 벌하려는 성향이며, 더 잘할 수 있었을 뿐만 아니라 더 잘했어야 한다는 당신의 믿음이다.

잘못된 믿음 2

내 아이가 나를 거부한다면, 그것은 내가 사랑받을 수 없는 사람이라는 증거다.

사실 : 당신의 가치는 자녀나 다른 사람이 결정할 수 없다. 당신의 가치는 타고난 권리의 일부이며, 목숨을 걸고 그것을 지켜야 한다.

잘못된 믿음 3

나는 항상 내 아이를 생각해야 한다. 그렇지 않으면 나는 무관심한 부모가 되고, 나쁘고 이기적인 사람이 된다.

사실 : 단절된 자녀와의 관계나 자녀의 행복에 집착하는 것은 정신 건강에 좋지 않다. 사실은 자녀를 생각에서 지워버리는 것이 당신의 행복과 평안에 도움이 된다. 당신이 자녀를 생각하지 않아도 당신은 여전히 좋은 사람이고 좋은 부모다.

잘못된 믿음 4

만약 내가 그런 결정을 내리거나 그런 실수를 하지 않았더라면 내 자녀의 인생이 완전히 달라졌을 것이다.

사실 : 그럴지도 모른다. 하지만 부모는 자녀의 인생이 어떻게 결정지어질지 영향을 미치는 요소 중 일부분에 불과하다. 때로는 유전이나 사회계급, 이웃, 형제자매, 또래, 문화, 파트너, 우연한 행운이 훨씬 더 커다란 영향을 미친다.

잘못된 믿음 5

내 자녀는 내가 현재 어떤 부모이고, 과거에 어떤 부모였는지 말해줄 가장 적절한 사람이다.

사실 : 자녀는 다음과 같은 이유로 가장 적절하지 못하다.

- 자기 배우자나 당신의 전 배우자(자기 아버지 또는 어머니)로부터 영향을 너무 크게 받는다.
- 정신적인 문제가 있다면 그것으로 인해 왜곡된 렌즈를 통해 당신을 보게 된다.
- 자녀의 심리상담사가 당신이 어떤 부모이며 어떤 부모였는지에 대한 인식을 바꿔버린다.
- 자녀는 당신을 양육과 관련 없는 이유로 평가절하한다.

잘못된 믿음 6

내가 아이를 다르게 키우거나 잘 도와주었다면 지금 이렇게 관계가 단절되지 않았을 것이다.

사실 : 누가 관계 단절을 당할지 아닐지는 그 누구도 모른다. 실제로 자녀를 혹독하게 다루었지만 부모와 관계 단절은 꿈도 꾸지 못하는 자녀들이 많다. 반대로 헌신적인 부모 중에서도 자녀로부터 관계 단절을 통보받은 부모도 많다. 오늘날 수많은 헌신적인 부모들이 관계 단절을 겪는다는 사실은 이것이 어느 한 부모의 문제라기보다는 더 큰 사회적 현상의 일부임을 보여준다.

어떻게 하면 용서할 수 있을까?

어떻게 하면 내 자녀를 용서할 수 있는가, 왜 내가 굳이 그래야 하는가? 자녀를 용서하기 전에 다음과 같은 현실을 이해해야 한다.

- 당신이 여전히 자책하거나 자신을 공격하고 있다면 자녀를 용서할 수 없다.
- 당신이 관계 단절을 당할 만하다고 믿는다면 자녀를 용서할 수 없다.
- 당신이 인생의 즐거움이나 의미, 또는 삶의 여유가 없다면 자녀를 용서할 수 없다.
- 당신이 자신의 근본적인 가치에 대해 혼란스러워하는 경우에는 자녀를 용서할 수 없다.

자녀를 용서하는 것은 당신이 삶에서 이와 같은 고통을 받아 마땅하다는 의미가 절대 아니다. 자녀를 용서한다는 것은 그들의 행동을 용서하거나 그들이 당신을 잘못 대우한 것을 용서한다는 의미가 아니다. 당신이 앞으로 더 많은 것을 위해 나서야 한다는 것을 의미하지도 않으며, 당신이 잘못 대우받아 마땅하다는 것을 의미하지도 않는다. 또한, 화해를 하고 나면 당신이 자신의 입장에 서거나 자신에게 미친 영향에 대해 말하지 못한다는 의미가 아니다(하지만 화해를 하고 나서 충분한 시간이 지난 후에 매우 천천히 그렇게 하도록 당부하는 것이 좋다).

그렇다면 용서하기 위해서는 어떻게 해야 하나?

- 그들이 당신과의 관계를 단절하게 만든 것이 무엇인지 이해하기 위해 열심히 노력한다.
- 용서는 당신에게 매우 완고한 자녀로부터 느끼는 비통함을 부모로서의 현명한 애정으로 대체하는 것이다.
- 용서는 당신의 기분을 나아지게 하고, 분노하는 것보다 스스로의 삶을 잘 통제하게 한다.
- 용서는 다른 사람, 특히 자녀에게 권한이나 힘을 주는 한편, 당신을 더 멋진 사람으로 만든다.

한 발짝 물러서서 부모 역할 하기

자녀와 화해가 잘 이루어지지 않는다면 자녀의 삶에서 차지하는 당신의 역할을 받아들이는 수밖에 없다. 일반적으로 우리는 부모 역할이란 조언, 방문, 손자 돌보기, 전화 통화 등으로 참여하는 능동적인 활동으로 생각한다. 그러나 문제를 해결하기 위해 적극적으로 시도했음에도 자녀가 관계를 원치 않는다면 그것을 그대로 받아들이는 수동적 형태의 부모 노릇도 있다. 그러한 형태는 당신이 원하는 것은 아니지만, 맞서 싸우지도 않고 자녀를 죄책감에 빠지게 하지도 않으며 지나치게 희생하는 것처럼 보이지도 않으면서, 거리를 둘 필요가 있다는 자녀의 의견을 받아들이는 것이다.

자녀가 부모와 연락을 끊는 것은, 그들을 짜증 나게 하고 상처 주고 화나게 했던 부모로부터 분리 · 독립하고 덜 자극받게 하는 과정이라는 것을 인정해야 한다. 그렇게 하면 그들이 그토록 화난 것이 무엇이었든 진정할 시간을 주고, 부모에게 과잉 반응하거나 비난한 것에 대해 자기반성을 할 수 있게 한다.

내가 만나는 많은 부모들, 특히 엄마들은 제한된 부모 역할을 받아들이는 것을 두려워한다. 그러면서 "이 문제를 해결하기 위해서 내가 해야 할 것이 분명히 있을 것입니다."라고 말한다. 그러면 나는 "아니에요, 정말 없습니다. 적어도 지금은 아닙니다."라고 그들을 달랜다. 그때 나는 부모가 적어도 1년 동안 아무것도 하지 않고 있다가 1년이 지난 후에 연락하는 것이 좋겠다고 권유한다. 왜 1년일까? 1년은 자녀가 부모의 빈자리를 느끼기에 충분히 긴 시간이다. 그러고 나면 부모가 다가가 다음과 같이 말할 수 있다. “나와 떨어져 있는 시간이 필요했던 게 분명하구나. 이제 나와 다시 대화할 수 있는지 확인하고 싶구나."

시간과 수용은 치유의 강력한 매개체가 될 수 있다. 시간은 때로는 새로운 관점을 만들어낼 만큼 충분한 공간을 준다. 그래서 나는 이것을 ‘한 발짝 물러서서 부모 역할 하기’라고 부른다. 당신 자녀는 당신의 시야와 인식을 벗어나서도 당신과 적극적으로 관계를 맺을 수 있다.

관계 단절의 고통에서 벗어나기

건강하고 균형 잡힌 삶을 위해서는 규칙적인 운동과 충분한 수면, 적정한 식사 관리, 규칙적인 요가와 명상, 친구 또는 지인들과의 정기적인 교류가 무엇보다 중요하다. 관계 단절의 고통을 치유하는 데도 이 모든 것들이 필요하다. 관계 단절을 치유하려면 계속되는 고통 앞에서 균형 감각과 회복 탄력성을 키워야 하기 때문이다. 고통 앞에서 정면으로 맞서기 위해서는 충분한 수면과 적절한 식사, 규칙적인 운동, 그리고 당신을 걱정해주는 사람들로부터 얻는 자원이 필요하다.

모든 일이 이유가 있어서 생겨나는 것은 아니다. 더 강해지고 더 현명해지기 위한 어떤 목적이 있어서 관계가 단절된 것이 아니다. 신은 괴로움을 잘 감당하는 방법을 가르치기 위해 당신에게 이와 같은 악몽을 내린 것이 아니다.

좋은 사람에게도 나쁜 일은 얼마든지 일어난다. 당신이 관계 단절을 겪는 것도 마찬가지다. 설사 당신이 자녀에게 결과적으로 안 좋은 결정을 내렸더라도 자녀가 없는 삶을 살아 마땅한 것은 아니다. 당신의 자녀가 당신을 사랑하고 수용하고 용서받을 가치가 있는 사람으로 볼 수 없다면, 당신은 월터 벤저민이 말했듯이 재앙의 연속 속에 존재하는 작은 균열에서 구원을 찾아야 한다. 그리고 목숨을 걸고 그것을 지켜야 한다.

맺는 글

나의 부모세대는 자녀교육에 있어서 관대하고 자유방임적이었다. 나는 몇 시간이고 텔레비전을 보았고, 학교에 갔다 오면 책가방을 팽개치고 나갔다가 어둑해질 때면 집에 들어왔다.

우리 부모님은 그렇게 엄격하지는 않았지만, 그렇다고 해서 우리는 자식의 본분을 망각하지는 않았다. 우리는 부모님께 순종해야 한다는 것쯤은 잘 알고 있었다. 당시 많은 부모들이 자녀에게 강압적이거나 매를 들었던 것에 비하면 우리는 운이 좋은 편이었다.

그러다가 가정에도 민주화가 찾아왔다. 특히 중산층의 부모들은 자녀의 내면의 삶에 더 많은 관심을 가지기 시작했다. 자녀의 자존감을 높여주고 개성과 자기주장을 존중하며, 삶이 죄책감이나 의무감에 지배당하지 않도록 도와주었다. 과거 아이들의 목소리가 무시되던 것에서 이제는 아이들이 가족 삶의 중심이 되는 방향으로 바뀌었으며, 이 흐름은 오늘날까지 계속되고 있다.

사회의 발전과 변화는 가정의 행복과 평화에 큰 영향을 미쳤다. 오늘날의 아이들은 정신질환으로 고통받는 비율이 전보다 높고, 부모들은 이전 세대보다 훨씬 더 걱정이 많다. 특히 중산층 부모들은 더 좋은 집, 더 좋은 차, 명품 등 고가의 사치품에 관심을 쏟는 한편, 더 많이 더 열심히 일해야 자신의 지위를 유지할 수 있게 되어 더 혼란스러워졌다. 자녀의 미래 전망에 대한 두려움도 높아져 자녀들에 대한 압박도 심해졌다.

행복 찾기, 사회 참여 형태로 추구하는 것이 바람직

행복한 삶을 영위하기 위한 요구가 높아지면서 자기계발 관련 산업은 엄청나게 성장했다. 심리 치료 및 자기계발의 공통 주제는 누구와 가까워지고 누구를 멀리할지 결정하는 것이다. 사회학자 앤드류 첼린은 저서에서 “21세기를 사는 당신은 개인적인 삶의 방식을 선택해야 한다.”라고 말한다.

“자신의 느낌을 지속적으로 관찰하고 자신이 결혼이나 동거 생활과 얼마나 잘 맞는지 들여다보아야 한다. 맞지 않는다고 생각된다면 당신은 떠나야 한다. (중략) 더 이상 당신의 요구에 맞지 않는 관계는 진실하지 않고 공허하다. 당신에게 맞지 않는 관계는 당신이 누릴 수 있고 얻을 수 있는 것들을 제한한다.”

이 같은 첼린의 견해는 가족관계에 대한 요즘 사람들의 생각과 딱 들어

맞는다. 가족관계에 대한 요즘의 트렌드는 '만일 가족이 당신의 개인적인 성취를 제한한다면 당신은 거기서 빠져나와야 한다. 그렇게 하지 못한다는 것은 나약하고 비겁하며 실패했다는 것을 보여주는 신호다.'라는 것이다.

물론 가족에 대해 높은 기대치를 갖는 것은 중요하다. 가족들의 기대가 우리의 가치관을 더 견고하게 정립시켜주며, 가족에 둘러싸여 있다는 사실이 우리를 든든하게 한다. 그러나 한편으로는 가족 간에 기대치가 높을수록 가족관계가 깨지기 쉽다. 기대치가 높다는 것은 가족에게 더 많은 것을 기대하는 동시에 더 많은 것을 주지 않는다고 원망하는 것을 의미한다. 이는 자립이 가능하다는 잘못된 믿음을 갖게 하고, 가족으로부터의 정신적 독립을 부추기며, 개인의 건강과 행복, 삶의 의미를 위해 가족을 포함한 다른 사람들과의 연결을 불필요하다고 여기게 만든다.

중요한 것은 행복을 추구하는 데 있어 개인주의가 가장 큰 만족을 주는 것은 아니라는 점이다. 수많은 연구에 따르면, 의미와 성취를 찾기 위해 적극적으로 개인의 행복을 추구할수록 더 불행해지고 더 외롭고 우울해진다고 밝혀졌다. 반면에 개인적 추구가 아닌 사회적 참여의 형태로 행복을 추구하는 경우에는 더 많은 행복을 얻는 결과가 나타났다.

관계 회복에 가장 중요한 것은 서로에 대한 공감

나는 인터뷰 중에 관계 단절에 대해 어떻게 생각하는지, 관계 단절이 정당화될 수 있는지에 대해 자주 질문을 받는다. 상담실에 앉아 관계 단절로 눈물 흘리는 부모들을 매일 봐온 나로서는 그보다는 다음과 같은 것에 의문점을 갖고 있다. '부모의 삶을 망칠 거라는 사실을 알면서도 부모와의 관계를 끝내는 것이 옳은 일인가?', '자녀로부터 단절을 당한 부모의 고통과 상실감은 어느 정도인가?', '다른 이유로 자녀를 잃은 것보다 관계 단절이 더 심각한 상실감과 우울증, 고통을 가져다주나?'

어떤 사람은 부모를 비난하기도 한다. "그러게, 진작에 아이한테 잘하지 그랬어."라고 말이다. 어쩌면 맞는 말인지도 모른다. 하지만 문제가 닥치기 전에 미리 예측할 수 있는 능력을 가진 사람이 몇이나 될까? 나중에 이혼을 하게 돼서 전 배우자와의 갈등 때문에 자녀와도 골이 깊어지리라는 것을 미리 알 수 있었을까? 잠재되어 있던 어린 시절의 상처가 부모가 돼서 나타나 자신의 부모처럼 자녀를 혹독하게 다루게 될 것이라는 걸 미리 알 수 있었을까?

많은 성인 자녀들이 부모와 단절하기 전 오랜 기간 대화를 통해 문제를 해결하려고 노력하지만, 그렇지 않은 사람들도 많다. 그들은 자신의 자녀나 배우자에게는 건강하고 애정 깊은 관계를 형성하려고 노력하면서 부모에게는 단 몇 번의 기회도 주지 않는다.

부모와 관계를 끝내려는 자녀에게 공감을 해주고 지지하는 사람들은 많다. 물론 어떤 부모는 계속해서 상처를 주고 반성도 하지 않으며 자녀의 요구에 귀 기울이지 않아서 자녀가 떠나는 것 외에 다른 방법이 없는 경우가 있다. 그러나 어떤 경우라도 부모와 인연을 끊는 게 당연하다는 주장은 하지 말아야 한다. 부모로부터 상처받은 자녀에게 공감해주는 것만큼이나, 자녀로부터 거부당한 부모에게 공감해주는 다른 목소리도 필요하다.

이 책 전반에는 두 가지 목소리가 공존한다. 하나는 성인 자녀가 자신의 행복에 해가 된다고 믿는 부모와의 관계를 끝내야 한다는 주장이다. 그들은 자신들의 가치가 존중받는 삶을 살고자 하는 몸부림과 열망을 무시하지 말아달라고 요구한다. 그리고 그런 열망을 지나친 요구라거나 이기적이라는 식으로 단순화하고 냉정하게 평가하지 말아달라고 요청한다.

다른 하나는 부당하게 버림받았다고 느끼며 영원히 함께할 줄 알았던 자녀와의 삶을 거부당한 부모의 목소리다. 그들은 자신의 행복에 가장 중요하다고 생각했던 자녀가 없는 세상이 무슨 의미가 있느냐고 하소연하며, 외롭고 남들에게 비웃음거리가 되는 세상에서 내가 그들을 지지해주길 바란다.

어느 관계나 마찬가지지만, 부모 자식 관계도 어느 한쪽이 일방적으로 노력하는 것보다 서로가 이해하고 접점을 찾는 게 좋은 결과를 가져온다. 관계 회복을 위해 양쪽 모두 상대방의 말을 경청하는 법을 배워야 한다. 그러기에는 얼마나 많은 노력이 필요한지 모른다.

부모가 자녀의 눈을 통해 자신을 들여다보며 행동을 고치려 한다면 자녀와의 거리가 좁혀질 가능성이 크다. 이때 자녀의 반응이 아무리 차갑더라도 공감을 보여주고 관계를 위해 계속해서 노력하는 것이 중요하다. 그저 지난 일이니 다 잊고 극복하라는 식의 말을 하는 부모보다는, 성인 자녀가 이해받았다고 느낄 때까지 충분한 시간을 들여서 노력한 부모가 더 나은 결실을 보게 된다.

자녀 역시 부모를 끊임없이 비판하기보다는 부모에게 연민을 갖고 공감한다면 이전에는 보지 못했던 부모의 새로운 모습을 발견하게 될 것이다. 그런 태도가 부모의 마음을 열어 자녀의 말을 더 잘 경청할 수 있게 한다. 자녀가 계속해서 성장하고 변화하면, 부모는 그들이 상상했던 것보다 훨씬 더 성장하고 변하게 된다.

자녀는 왜 부모를 거부하는가

지은이 | 조슈아 콜먼
옮긴이 | 정보경

표지 일러스트 | 이건웅

편집 | 김연주 이희진
디자인 | 이미정
마케팅 | 김종선 이진목
경영관리 | 서민주

인쇄 | 금강인쇄

초판 인쇄 | 2022년 2월 14일
초판 발행 | 2022년 2월 24일

펴낸이 | 이진희
펴낸곳 | (주)리스컴

주소 | 서울시 강남구 밤고개로 1길 10, 수서현대벤처빌 1427호
전화번호 | 대표번호 02-540-5192
영업부 02-540-5193
편집부 02-544-5922 / 544-5933
FAX | 02-540-5194
등록번호 | 제2-3348

ISBN 979-11-5616-257-5 03180
책값은 뒤표지에 있습니다.

블로그
blog.naver.com/leescomm

인스타그램
instagram.com/leescom

유튜브
www.youtube.com/c/leescom

유익한 정보와 다양한 이벤트가 있는 리스컴 SNS 채널로 놀러오세요!